プーチンの帝国論

何がロシアを軍事侵攻に駆り立てたのか

石川陽平
YOHEI ISHIKAWA

日本経済新聞出版

まえがき

ロシアのウクライナ侵略はこの夏で2年半が過ぎ、なお終わりが見えない。ウクライナだけで民間人の死傷者が一万人を大きく超えた。ウクライナとロシア軍双方の犠牲者も増え続けている。なぜ兄弟民族が殺し合う悲劇が21世紀の現代に起きたのか、何がロシアのプーチン大統領を戦争へと駆り立てたのか。こうした疑問が本書を執筆した動機となっている。

ウクライナ侵略が始まった2022年2月、筆者はモスクワ駐在の記者だった。直前まで開戦の決断をプーチン氏が下す可能性は低いと見ていた。ロシアの独立系の政治、外交の専門家の間でも侵略という最悪の事態は避けられるという見方が少なくなかった。

欧米との決定的な関係悪化や甚大な経済的影響、明白な国際法違反であることを考慮すれば、国家と政権の将来を危うくしかねないほど重大な戦争になる恐れがあった。それでもプーチン氏は侵略に踏み切った。

日本や米欧では「独裁者のソ連復活の野望」としばしば断じられるが、それだけではウクライナ侵略の根深い問題をとらえることは難しいのではないだろうか。本書には、今回の侵略にロシアという国家の姿や歴史が深くかかわっていることを明らかにする目的がある。『プーチンの帝国論』という書名にも、そうした意図を込めた。

ロシア帝国が革命で倒れた後、20世紀の帝国であるソ連が誕生した。ソ連崩壊後に再び姿を現した現代のロシアという国もやはり帝国的性格を備え、プーチン氏もその宿命から逃れることはできない。

では、その帝国性とはどのようなものか、ウクライナ侵略と米欧との対立がなぜ不可避だったのかを探りたいと考えた。

実際にはプーチン氏自らが、ロシアを「帝国である」と定義したことはない。現代の政治家として、自ら帝国を賛美することはありえない。

それでも、保守主義を強めたプーチン氏の発言や政策はロシアの帝国性を確かに肯定し、支持している。政権を支える保守派の多くも同様の政治的志向を持つ。

本書では20年以上に及ぶプーチン体制に決定的な影響を与えたものとして、ロシア正教の原理主義と20世紀の思想家イワン・イリインに焦点を当てる。両者もやはりロシアの帝国性を論じ、国家を守ることを唱えた。

あるいは、悲惨な戦争を引き起こした「犯罪国家」を分析する必要はなかったのかもしれない。ただ、その一因がロシアと米欧の相互不信や相互理解の欠如にあったとすれば、ロシアについて掘り下げて考えることはやはり必要ではないだろうか。

また、世界が同じような過ちを繰り返さないためにも何らかの意味があることではないだろうか。プーチン政権の今後を予測する一助になるとも期待したい。

文中のウクライナの地名や人名は、ウクライナ語とロシア語の表記が混在している。すべてウクライナ語の発音で統一すべきだったが、読者の混乱を避けるため、できるだけ新聞や通信社など多くの日本メディアの表記に合わせた。

2024年8月

石川 陽平

目次

第2章

プーチン氏の懺《ざん》悔《げ》聴聞僧

――ロシア正教会の原理主義

第3章 ナショナリズムの源泉
――亡命思想家イワン・イリイン

第4章 保守強硬への転換
——パヴロフスキー元政治顧問の証言

ロシアが占領するウクライナの領土

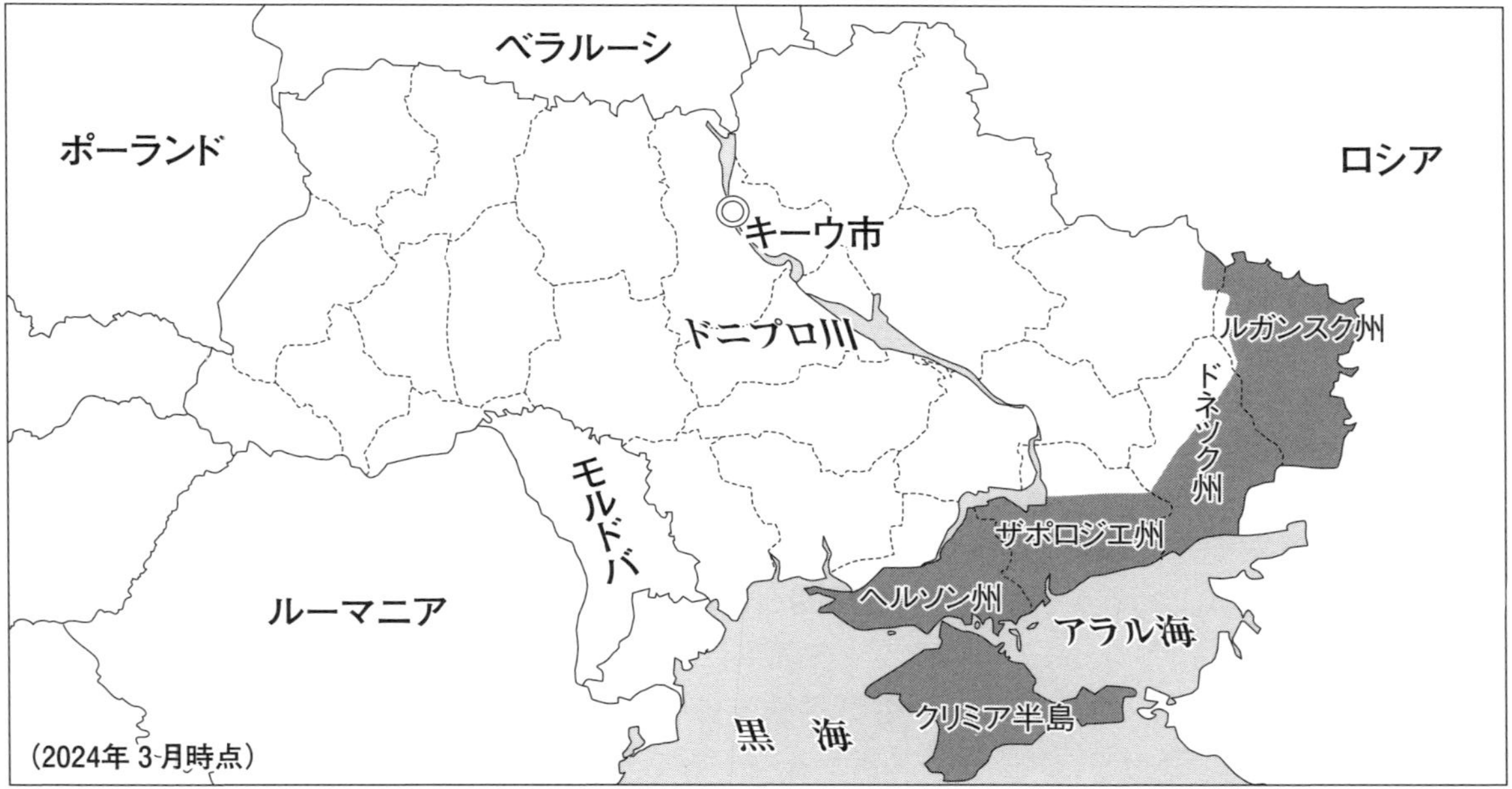

序章

専制と
正教会と
軍

プーチンの
帝国論

何がロシアを
軍事侵攻に
駆り立てたのか

軍事礼拝

ロシア軍の無数の大部隊がウクライナとの国境を越えてから1カ月あまりたった2022年4月3日。モスクワ郊外の大聖堂に、鐘の音が幾重にも重なりあって響きわたった。金色の刺繍を施された紫のあでやかな祭服に身を包んだロシア正教会のトップ、キリル・モスクワ総主教が姿を現すと、荘厳な奉神礼（礼拝）が執り行われた。

大聖堂の内部は、キリスト教の教会とは思えない異様な雰囲気に包まれていた。何百人もの軍服姿の男女が祭壇をコの字型に囲むように整列し、軍の合唱隊が賛美歌を歌っていた。祭壇後方の巨大な壁には、直立不動のロシア軍兵士たちを見守るように、復活のキリスト像が金色に輝いていた。

礼拝は2時間以上も続き、最後にキリル総主教が軍人たちにこう語りかけた[1]。

「いま、わが祖国は困難のときにある」。ウクライナでの「特別軍事作戦」に言及し、「軍での勤務は真の偉業だ」と鼓舞した。さらに「世界の大半の国はいま、残念なことに、わが国民の力に対立し、敵対するひとつの巨大な影響力のもとにある」として、「わが国民の歴史的運命を左右しうる特別なときが到来した」と訴えた。

聖職者が戦場に向かう兵士の命のために祈りをささげることはまだ理解できる。だが、ウクライナで多くの市民が犠牲となっているさなか、戦争を煽っているようなロシア正教会のトップの発言には違和感を覚えざるをえない。「敵対するひとつの巨大な影響力」が米国を指しているのは明らかで、自ら敵をつくり出しているように聞こえた。

米欧諸国や日本では、憲法で「政教分離」の原則が規定される。ロシアの憲法でも第1章第14条で

「宗教諸団体は国家から分離し、法の前で平等である」と定められている。それでもロシアで正教会と政権との相互依存が際立つのは、10世紀にビザンチン帝国から正教を受容し、国家と教会が緊密な関係にあった伝統を引き継いだからなのだろうか。[2]

18世紀初めのピョートル大帝による教会改革では、宗務院《シノード》が設けられ、教会が専制国家の統治機構に組み込まれた。神の存在を否定する無神論を掲げた20世紀のソ連では、一部の聖職者が教会と信仰を守るため、あるいは自身の生き残りを図り、政府や治安機関に協力したこともよく知られている。こうしたロシアの政治権力と教会の分かちがたい関係は、西側の国々から見ると分かりにくい。

軍大聖堂の金色のキリスト像

キリル氏には総主教に次ぐ地位の府主教を務めていた2008年秋、東京の在日本ロシア大使館でインタビューをしたことがある。[3]日本初のロシア正教会「聖アレクサンドル・ネフスキー教会」が東京都目黒区に創建されたのを機に来日し、新しい聖堂を神とつながる聖なるものに変え、教会活動を始めるための成聖《せいせい》式を執り行った。キリル氏は当時、ロシア正教会全体を統率するモスクワ総主教庁の対外教会関係局長を務め、国際的な宗教交流を広げることに力を入れていた。

インタビューでは、成聖式で聖水をふりまく宗教的意味などいくつか質問をした後、「政権とロシア正教会の緊密な関係がしばしばメディアで取り上げられています。どうお考えですか」と聞いたことを、いまでもよく覚えている。

ぶしつけな質問に気を悪くされないかとの不安が頭をよぎった。だが、キリル氏は嫌な顔もせず「いまのロシアでは政教分離の原則が守られている」ときっぱりと否定した。

2000年にプーチン氏が大統領に就任して間もなく、ロシア正教会と政権との深まる関係はすでに国の内外で話題にのぼっていた。ロシア正教会はプーチン体制に組み込まれていた。

軍大聖堂

復活大祭前の大斎期の4月3日にキリル総主教が礼拝を行った軍大聖堂は「キリスト復活記念総主教寺院」と呼ばれ、「ロシア連邦軍大聖堂」との別名を持つ。大祖国戦争（第2次世界大戦の枢軸国とソ連の戦争）の戦勝75周年を記念し、ロシア軍の栄光をたたえる大規模な事業として、2018年9月に建設がスタートした。起工式にはプーチン大統領も出席した。

建設地はモスクワから南西へ約60キロメートル、車で1時間ほど走ったところにある軍事公園「パトリオット（愛国者）」だ。この公園も2014年10月のショイグ国防相（当時）の命令で造営された。

5500ヘクタールもの広大な敷地には、大祖国戦争で使用された戦車や砲門などさまざまな歴史的兵器が並べられた各種の博物館や演習場、射撃訓練場などがつくられ、さながら軍事テーマパークだ。国民の愛国心を高める目的があるという。軍大聖堂はその公園の入り口に近い一角に建てられ、

２０２０年６月14日に成聖式があった。

威容を誇るという表現がふさわしい。ロシア正教で教会堂の壁の色は白いことが多いが、この軍大聖堂はほぼ全体が軍服を想起させる暗緑色に塗られている。玉ネギ型のクーポル（円屋根）だけが神と軍の栄光をたたえるように金色に輝く。その頂に飾られた十字架も含めると大聖堂の最高点は96メートルに達する。完成時、ロシア国営メディアはしきりに国内有数の巨大な聖堂だと報じていた。

聖堂内は正教会らしく、多くのイコン（聖像画）やモザイク画で飾られている。6面の壁のモザイク画はすべて第２次世界大戦での勝利をテーマにしており、軍人たちの姿が描かれている。

軍大聖堂の壁に描かれたモザイク画

なかには戦利品の日本国旗を手にした赤軍（ソ連軍）兵士たちを描いたモザイク画もあった。ロシアがナチス・ドイツや日本の軍国主義者との戦いで勝利したことを神話化し、世界平和に貢献したとする偉業がたたえられている。

実はそのモザイク画のひとつは当初、２０１４年３月のクリミア半島併合をたたえるものとなる構想だったという。多くの政権幹部や軍人に囲まれる最高司令官、つまりプーチン大統領の姿が描かれることになっていた。

だが、そのモザイク画が完成に近づいたころ、ロシア・メディアに写真入りで暴露され、急遽取りやめになった。「プーチン礼賛」が行きすぎれば、内外で問題視されかねないとクレムリン（大統領府）が警戒したと見られている。

軍大聖堂には歴史のシンボルもちりばめられた。ショイグ国防相によると、中央に立つ金色の大きなイコンは「神の御業の救世主」と呼ばれ、ロシア北西部のネヴァ川の底から引き揚げられた1710年製の砲架から切り取った板に描かれた。北の大国スウェーデンに勝利した北方戦争で使われた遺物だ。大聖堂の入り口に上がるための正面階段の材料となった合金は、第2次世界大戦で破ったドイツ軍の戦車の部品を溶かして流し込み、鋳造したという。

ロシア人は神秘的な、象徴的な数字を好むところがある。

鐘楼の高さは75メートルで戦勝75周年を象徴する。大聖堂の中央のクーポルがある塔は直径が19メートル45センチで、終戦の1945年を示唆している。大聖堂を囲むように建てられた大祖国戦争の博物館「記憶の道」は、羽を広げたように左右に建てられ、その長さは歩数にして「1418」、つまり戦争が続いた1941～45年までの日数の合計と同じだという。

「記憶の道」には祖国防衛のために立ち上がった3600万人以上の国民の写真などを記録したカードが保管され、名前とともに展示されている。大祖国戦争の主要な戦闘や出来事を、開戦から終戦へと日を追って紹介している。

建設費用は合計60億ルーブル（約100億円）で、そのうち半分をモスクワ市とモスクワ州が拠出した。残る建設費は9万人以上の個人と1000以上の団体が寄進したという。寄進者にはショイグ国防相、ゲラシモフ参謀総長、ボルトニコフ連邦保安庁長官ら武力機関のトップ、ウォロジン下院議長やマトビエンコ上院議長ら議会幹部、国営企業や政権に近い民間企業の社長らが名をつらねた。まさに国家事業の様相だ。

多くのロシア人にとって、大祖国戦争の「偉業」は尊い記憶だ。旧ソ連では民間人も含めて2700万人近い人々が亡くなった。開戦時の総人口は約2億人で、10人に1人以上が命を落としたことになる。どの家庭にも必ずといっていいほど犠牲者がいた。

ソ連は、310万人とされる日本や700万人近いドイツをはるかに上回る人的損失を払いながら、祖国と世界の平和を守った。そうした誇りは、ロシア人が共有する歴史的、精神的遺産になっている。

プーチン氏の軍大聖堂訪問

プーチン大統領がこの軍大聖堂を訪れたのは、大祖国戦争でナチス・ドイツがソ連への侵攻作戦「バルバロッサ作戦」を始めた日から数えて、ちょうど79年後の2020年6月22日のことだった。初夏の暖かい日ざしがふりそそぐなか、軍大聖堂に黒い大統領専用車が横付けされた。

プーチン氏は出迎えたショイグ国防相と正面階段を踏みしめるように上り、扉のところでキリル総主教のあいさつを受けた。キリル総主教から新しい軍大聖堂の説明を受けながら、イコン「神の御業の救世主」に近づき、敬虔《けいけん》な正教徒がそうするように口づけした。

続いて、プーチン、ショイグ両氏が見守るなか、キリル総主教が短い祈りをささげた。終了後、3人は並んで大聖堂の庭に出ると、きらびやかな正装で整列した大勢の軍人たちの前に立った。まず演説したのはキリル氏だ。

「79年前のまさにこの日、完全武装し、わが国に対する完全なる優位にひたり、誇っていた敵が、たちまち完膚なき勝利を収め、わが国を壊滅できるという確信を持って、わが祖国の神聖なる境界線を侵した」。だが、「恐怖の、運命を決する時に、国家として国民として、われわれは耐え抜き、自らの独立を守り、あらゆる外部の影響から自由を守った」。こう訴え、ナチス・ドイツに勝利したロシアの偉業をたたえた。

演説が終わりに近づくと、隣に立つプーチン氏に一瞬、敬意を表すかのように視線を送った。「今日、この国で起きていることは何もかも、多くが大統領の決定に、軍のことも最高司令官にかかっている。信仰する者として、われわれは貴殿（プーチン氏）の健康を祈り、神があなたを強くし、わが国民への責任ある奉仕を続けるために精神的、肉体的な力をお与えになるようお祈りします」と語った。

続いて軍最高司令官のプーチン氏が演説した。

「われわれロシア国民にとって、大祖国戦争とそこで戦い、散り、そして勝利を全力で引き寄せたすべての人々の記憶は絶対的に神聖である。記憶はつねにわれわれとともにあり、われわれに力を、そこから後退する権利を持たず、また後退することは決してないという道徳的遺訓によって、国に奉仕する力を与えてくれる」

「われわれはここ、ロシア軍大聖堂のかたわらに、深い尊敬の念を持って過去の英雄を思い起こし、わが国民の不滅の偉業と古代ルーシからわれわれの時代にいたるすべての祖国防衛者の武勇に敬意を表し、祖国の地の自由を守るため命をささげた人々の記憶にこうべをたれるために集まった」。こう力を込めて第2次世界大戦での勝利をたたえた。

この日、ロシア軍大聖堂という創建されたばかりの舞台で、「ツァーリ（皇帝）」と称され、独裁的

2020年6月22日、モスクワ郊外の軍大聖堂を訪れたプーチン大統領（アレクセイ・ニコリスキー氏撮影、タス通信）

な権力をふるうプーチン氏とロシア正教会、軍がひとつになったように見えた。ロシア革命まで続いたロマノフ王朝の国家理念は、「正教と専制と民衆」という三位一体だったはずだ。いまのプーチン体制では「民衆」が抜け落ち、「軍」に代わってしまったのか。いや、いつの時代もそうだったのではないだろうか。

共犯関係

ロシア正教会とツァーリの特別な関係は、1547年1月16日に始まる。この日、モスクワのクレムリンにあるウスペンスキー大聖堂で、16歳の若きモスクワ大公、イワン4世（雷帝）が戴冠式に臨んだ。「タタールのくびき」と呼ばれるモンゴルの支配を脱し、ロシア統一をなしとげてから間もないモスクワ大公国で、式典を執り行ったのは正教会のトップ、マカリー府主教だった。

「精霊の恵みにより、ツァーリの冠が授けられた」。戴冠式で府主教はこう宣言した。「神により戴冠された正教のツァーリ」は「キリスト教の信仰を守る専制君主」となった。このとき、ロシアで初めてツァーリの称号が正式に使用された。イワン4世の即位により、ツァーリは神意による地上の最高・絶対の統治者とされ、ロシアは専制君主の国となった。

ツァーリの呼び名は正式には、ビザンチン帝国の皇帝と、モンゴル人が現代の中央アジアから東欧に広がる広大な地域を支配していた遊牧国家、キプチャク・ハン国の君主にのみ用いられていたという。ツァーリを名のったイワン4世は、かつてのビザンチン帝国の皇帝と同等の地位を主張できるようになった。

ツァーリの戴冠式を行うだけでなく、すべてお膳立てしたのも、マカリー府主教だったと見られている。イワン4世に正教と信仰を守る専制君主というビザンチン的なキリスト教君主の教えを説いた人物だ。ロシア正教会の宗教的地位を高めるために「ツァーリ」をつくり出し、正教会の後ろ盾となる世俗権力、モスクワ大公の権威を強化しようともくろんだ。

ロシア精神史を専門とする国立ノヴゴロド大学のアレクサンドル・モトリン教授は、宗教と世俗を代表する2人が手を組み、「ロシア正教会の専制国家」を誕生させたと指摘する。[4] マカリー府主教が若きイワン4世の「宗教上の師であり、国政上の同志」となっていたという。

以降、専制君主の意志を正教会と軍が支えるという聖俗協力の構図がロシアで固まった。イワン4世は絶大な権力をふるい、政府機関を整え、中央集権化を推し進める。同時に軍制改革を急ぎ、軍事大国ロシアの礎を築いた。その軍事力を駆使し、キプチャク・ハン国から分かれたカザン・ハン国やアストラハン・ハン国を南方で併合した。現ウクライナの東部でも領土を広げ、巨大な帝国への道を

モスクワのクレムリンにあるウスペンスキー大聖堂

切り開いていく。

「息子殺し」のモチーフ

イワン4世には血ぬられた暴君の汚名がつきまとう。並ぶ者のない権力を手にした雷帝は数多くの側近や民衆を拷問にかけ、虐殺し、後継者だった息子のイワン皇太子さえも自らの手にかけたと伝えられる。

モスクワ郊外のアレクサンドロフスカヤ・スロボダにあった皇帝の邸宅で起きた惨劇だった。自分を権力の座から追い出す陰謀が張りめぐらされているとの病的な猜疑心にかられた雷帝は、皇太子の妻の流産をめぐる口論から我を忘れ、皇太子を杖で滅多打ちにした。

「息子殺し」を題材にした絵画は、19世紀から20世紀初めに活躍した著名な画家でロシアの写実主義を代表するイリヤ・レーピンによって描かれた。その油絵はモスクワ市内のトレチャコフ美術館に収められ、鑑賞に訪れる人たちにいも多くを語りかける。
「1581年11月16日のイワン雷帝とその息子イワン」。こう名づけられた絵画は縦2メートル、横2・5メートルの大作だ。床に倒れ、こめかみから血を流すイワン皇太子を、茫然自失の雷帝が両手で抱きかかえる。目を見開き、青ざめ、悔恨にさいなまれる老君の表情が迫真の筆致で描かれた。以降、ロシアが歴史的にたどることになる専制国家の歴史の暗部を預言しているようだ。
この惨劇については、レーピンやロシアの歴史学者の多くも、ローマ・カトリック教会の聖職者で、ローマ教皇の特使として初めてモスクワを訪れたアントニオ・ポッセヴィーノの著書『モスコヴィヤ』（1586）の叙述に依拠してきた。[5]
ロシアの治安機関の原形が生まれたのもイワン雷帝の時代だった。「オプリーチナ」と呼ばれた親衛兵だ。もともとはイワン雷帝が設けた皇帝直轄領を指し、そこに属する軍隊もこう呼ばれるようになった。反政権的な貴族の処刑やロシアへの統合に抵抗するノヴゴロドの市民虐殺をはじめとする弾圧事件では、その残酷さで悪名をはせた。[6]
確かに、中世から近代のロシアでは激しい権力争いが続き、宮廷クーデターも相次いだ。農民がほとんどの民衆は貧しく、長く圧政に苦しんだ。戦争が絶え間なく続き、新たに獲得した領土でツァーリに従わない者は迫害された。政敵排除のためには拷問や虐殺、粛清といった凄惨な政治手法もいとわなかった。ソ連になってもこうした政治的体質は基本的に変わらなかったようだ。
1991年のソ連崩壊後も、ロシアは時に残忍な、荒々しい顔を見せてきた。プーチン政権下でも2020年8月に起きたアレクセイ・ナワリヌイ氏に対する毒殺未遂事件をはじめ衝撃的な暗殺事件や反政権デモの弾圧が相次いだ。「兄弟国家」であるウクライナへの軍事侵攻では、1万人を超す無《む》辜《こ》の民衆が殺害されている。

これらもまた、歴史的に形成されてきたロシアという国のかたちに起因するのだろうか。ロシアの政治体制が持つ破壊的な力と、ロシアの人々がしばしば見せる善良さや敬虔さ、従順さ、情け深さといった肯定的な性格がかけ離れているように見えるために、外国からこの国を理解することはいっそう難しくなっている。

2023年秋、モスクワの名門「マールイ劇場」で、ドミトリー・メレジュコフスキー原作「ピョートル1世」が上演された。初演は2021年秋で、人気はいまも衰えない。17世紀から18世紀にかけてロシアの西欧化改革を推し進めた名君とされ、プーチン大統領も尊敬するピョートル大帝と後継候補の息子アレクセイの確執を描いた作品だ。

2時間あまりに及ぶ史劇の結末で、ピョートル大帝が自ら獄死に追い込んだアレクセイの遺体を抱え、許しを請う場面がある。その様子を見ていたアレクセイの主治医がこう叫ぶ。「不可解な国、不可解な人々」。ピョートル大帝の改革後も西欧にとって不可解な国であり続けてきたロシアは、現代のロシア人にとってもなお理解しがたい顔を見せることがある。

侵攻を支えるロシア正教会

イワン雷帝が475年前に戴冠式に臨んだウスペンスキー大聖堂で2022年4月25日、キリル総主教が祈りをささげ、信者にこう呼びかけた。

「いまこそ、わが国民は特に内なる結束を必要としています。あらゆる難しい状況が祖国に生じています。みなさんは、このことを私と同じようによく知っていることでしょう。ゆえに、わが国民は今日、全ルーシの歴史的中心地、モスクワという都市のまわりに団結しなければなりません」

ルーシとはロシアの古名であるというだけでなく、9世紀にドニプロ（ドニエプル）川中流域に形成された東スラヴの最初の統一国家の名称でもある。ルーシは、現在のウクライナの首都キーウ（キエフ）を中心に栄え、キエフ・ルーシとも呼ばれる。大河ドニプロはロシア西部からベラルーシを経由し、ウクライナを縦断して黒海にそそぐ。キリル総主教が「全ルーシ」と口にするとき、そこには現在のウクライナやベラルーシも含まれる。

キリル総主教は殺人行為である戦闘に賛同するわけではないが、ロシア軍の勝利を絶えず祈る。国難に直面したプーチン政権と戦場に向かう兵士への支援や激励も惜しまない。[7]

2023年3月2日、モスクワの救世主ハリストス大聖堂で大斎の祈禱《きとう》を終えたキリル総主教はこう語った。「今日、戦場でとても多くの人々が英雄となっている。祖国と近親者のため、つまり、ロシアがいま守っている価値観のために、命を惜しまないからだ」

同年5月7日には、戦場に向かう空挺《くうてい》部隊の隊員たちに「あなたがたをあらゆる災厄から守ってくれる」と、自ら小さなイコン（聖像画）を手渡した。

ロシア正教会は正教徒の兵士のため、前線にも従軍の聖職者を送り込んでいる。8月にモスクワ郊外の公園「パトリオット」で開かれた軍事フォーラムではトラックの荷台を改造した移動式寺院が公開され、話題となった。

ロシアの侵略を受け、兵士や民間人に多大な犠牲を出しているウクライナの人々にとっては、キリル総主教の発言やロシア正教会の兵士への支持には強い反発を覚えずにはいられない。ウクライナ国防省情報総局はフェイスブックに「ロシア正教会の奉仕者たちはウクライナに対する戦争のため、（ロシア）軍に勤務するよう扇動している」と書き込み、厳しく批判した。

欧州連合（ＥＵ）の外相に当たるジョセップ・ボレル外務・安全保障政策上級代表も２０２２年５月末、キリル総主教がウクライナ侵攻を支持しているとして「そこ（ＥＵの対ロシア制裁の対象リスト）に載るべきだと思う」と、嫌悪感をあらわにした。

このとき、聖職者であるキリル氏のＥＵの対ロシア制裁リスト入りには、ロシアとの良好な政治、経済関係を維持するオルバン首相のハンガリーが反対して見送られた。それでも、ウクライナや同国を支援する米欧の多くの国は、キリル総主教らロシア正教会の幹部をそれぞれの国の制裁リストに加えることをためらわなかった。

ただ、キリル総主教が特別にプーチン政権に肩入れし、軍事侵攻を支持しているというわけではない。ロシアは10世紀にキリスト教を受容して以来、20世紀の無神論のソ連時代を除いて、いつも正教会が政権を支えてきた。ロシアの戦争ではつねに正教会の聖職者が勝利を祈り、神のご加護を兵士に願い、祝福を与えてきた。だから、現代のプーチン政権で同じようなことがあっても国民の多くは不思議に思わない。

２０００年5月7日、クレムリンでプーチン氏の初の大統領就任式の直後、同じ敷地内にあるブラゴベシェンスキー大聖堂で就任を祝する特別礼拝が行われた。そのとき、当時のアレクシー2世総主教はプーチン氏にこう語った。

ロシア正教会は変わることなく祖国復活に向けた事業において政権をお助けしていく――。

ロシアと正教は「切り離せない」

ルーシが東方正教を受容したのは988（または989）年とされる。ローマ・カトリックを選ばなかった意味は大きいといわれる。ルーシの領土の西側、いまの東欧に、ポーランドなどカトリックの国々との間に分断線が引かれたからだ。

その正教の受容から1000年以上が過ぎた。社会主義国家のソ連だった20世紀の70年あまりを除いて、ロシア正教会は国家の庇護の下、民衆に多大な影響力を及ぼし、文化や社会思想の源泉ともなってきた。

プーチン氏は2016年11月、キリル総主教の生誕70年に合わせて国営テレビで放送された映画「総主教」で、ロシアにとっての正教の重要性をこう強調している。

「正教とロシアは切り離せない。長い歴史のなかで、正教はわが国家とわが国民の生活できわめて重要な役割を果たしてきた」

現代都市に生まれ変わったモスクワではいまも、一日に何度も礼拝の始まりを告げる鐘が鳴り響く。市内を歩いていると、どこを振り返っても、玉ネギ型のクーポルをいただく教会や修道院が見えるといっても過言ではない。

モスクワは昔から教会の多い都だった。文豪レフ・トルストイは、1812年9月2日に大軍を率いてモスクワに到達したフランスの皇帝ナポレオンの姿を描いた。郊外のポクロンナヤ丘で市街を見下ろしたナポレオンは、馬上からこう言葉を発した。

「〈無数の寺院を持つこのアジアの都、モスクワ、聖なるモスクワ！　ついに来たぞ、この有名な都へ！　ついに〉」[8]

「塔や円屋根を星のようにゆらめかせ」「見なれぬ形の風変わりな建築を持つこの妖しい都会」を見て、ナポレオンは心を奪われた。当時、モスクワ市とその周囲のモスクワ県を合わせた正教の宗教施設の数は、修道院を含めて１２００を超えていた。[9]

いまでは人口が急増し、当時とは行政区や教会管区も異なるが、ロシア正教会によると、ウクライナ軍事侵攻直前の２０２１年12月時点のその数はモスクワ市とモスクワ州を合計して３２００を超えた。ソ連時代に多くの教会が破壊されたり、閉鎖されたりしていたことを思えば、その数の多さに驚くばかりだ。１９９１年のソ連崩壊後、ロシア正教会が急速に復権を果たしたことが分かる。

国民の７割が「正教徒」

世論調査からロシア国民の宗教意識を探ってみよう。

政府系の調査機関、全ロシア世論調査センターが軍事侵攻後の２０２２年３月に公表した信仰に関する調査結果によると、68％のロシア人が正教徒だと答えた。男女別では男性の60％、女性の74％が正教を信仰していると回答した。

その割合は45歳以上の中高年で75％以上を占めており、若い世代よりも多い傾向にある。２０１９年の調査では、正教徒だと答えた人の割合が70％、２０２１年３月は66％だったことから、ほぼ７割前後で推移していると考えられる。

ロシアの独立系調査機関、レバダ・センターの世論調査でも、ソ連崩壊前の１９９０年に33％だった正教の信者の割合が、２０００年以降は、ほぼ７割前後で推移している。２０２２年４月は71％だった。無神論の共産党が支配したソ連が崩壊し、正教が国民の精神世界に戻ってきた。

ロシアはロシア人のほかに160ほどの民族が暮らす多民族国家で、さまざまな信仰を持つ人々が共存している。レバダ・センターの前述の調査によると、イスラム教徒が5%を占めたほか、プロテスタントやカトリック、仏教の信者もそれぞれ1%程度いた。「信仰を持たない」や「無神論者」と答えた人も合わせて20%近くを占めた。

一方で、正教徒が国民の7割を占めるという事実を過大評価することもできない。全ロシア世論調査センターの前述の調査では、大斎期間中に教会に通う人の割合は49%、懺悔《ざんげ》をする人は35%にとどまった。

世論調査が発表された3月といえば、キリストの受難に思いをはせ、食事制限を行う大斎に重なるが、肉食を避けるなど大斎の厳しい食事制限を守る人の割合はもっと低くて、24%にすぎない。ソ連時代に宗教が抑圧され、人々が宗教生活から離れていた影響も残る。都市部では若い世代を中心に宗教離れの傾向が再び強まっており、敬虔《けいけん》な信者が多いとはいえない。

正教と保守層

正教の歴史的な役割について、ロシア社会で異論を唱えるのは難しい。エリツィン政権時代の1997年9月に成立した連邦法「信仰の自由と宗教組織」でも「ロシア史、その精神性と文化の形成と発展における正教の特別な役割を認める」と定めた。

ロシア正教の敬虔な信者は一般に地方に多く、生活習慣だけでなく、政治や社会問題でも保守的な傾向を持つ。正教には古来、キリスト教の信仰を守る、また教会を守るという大義があるために、ロシアでは歴史的に保守主義の源泉になってきた。

ロシアは多民族国家なので、民族や地域によってイスラム教や仏教なども保守的な価値観を支えている。キリル総主教は2016年7月21日、訪問先のロシア中部カザニで「われわれはイスラム教により近い。私もそう考える。伝統や道徳的モラルという視点から、他のいくつもの米欧のキリスト教共同体よりもイスラムにもっと近い」と語った。

プーチン政権も保守主義を掲げる。伝統的な価値観を支え、文化や歴史的遺産を護持しようとする立場だ。家族や地域のつながり、秩序を重視する政治的な志向へと国民を誘導しようとしており、ロシア正教会の強い支持を受けている。

一般の正教徒が必ずしも保守的であるとはいえないが、敬虔な信徒に保守的な人が多いのも確かだ。したがって、正教徒の保守層にはプーチン政権の支持者が多い。各種世論調査によると、ウクライナへの軍事侵攻の直後、プーチン大統領の支持率は6割台前半から8割超に上がったが、保守層が支持基盤を形成してきた。

一方、米欧に近いリベラルな価値観を強める大都市の若者や知識人の間では、侵攻への反対の声が多い。こうした人々は反政権デモに参加し、野党勢力に共感してきた。リベラル派と保守層の間には伝統的に深い溝があり、その2極分化がロシア社会に緊張をもたらす要因になってきた。

2022年5月末、北西部のプスコフに夜行列車で取材に行ったときのことだ。寝台車で4人用のコンパートメントを利用した。中年の男性2人と初老の女性が同室だった。ロシアの寝台列車では、見知らぬ乗客同士でも世間話に花を咲かせることがよくある。筆者が外国人だと見て取ると、初老の女性がさっそく話しかけてきた。

この女性はプスコフ市内に長く住んでおり、孫が12人いて、ダーチャ（郊外の菜園付き小別荘）も持っているという。週末には市内の正教会に通う。夫と幸せな暮らしを送っている様子だった。しばらく互いの家族や故郷について話した後、女性は「ロシアでは男性よりも女性の方が政治論議を好むものよ」と切り出し、国際情勢に話題を移した。

「どうして、ロシアは世界で好かれていないのかしら。ウクライナ問題ではロシアばかりが批判されているわね」。軍事侵攻について強い関心を持って、いろいろな情報を集めているようだった。侵攻への経緯や戦況に関しても、ロシア語の情報だけにもとづくとはいえ、かなり詳しい。ロシアが米欧から好まれていないという理由も、自分からこう切り出した。

「天然資源が豊富で、大きな国だからでしょう」

「米国は唯一の超大国として主導的地位を守ろうとしていて、ロシアがその地位に挑戦しようとしているのが気に入らないのでしょう。ロシアがドイツに向けて建設した天然ガスパイプライン、ノルドストリーム2の稼働を米国が阻止しようとしたのは、そのいい例だわ」

「西側ではまったく反対のことを言っていますよ」と反論を試みたが、無駄だった。彼女はプーチン政権の主張とほとんど同じことを話しているのだが、自説を信じて疑わない様子だった。

「聖戦」か

ウクライナ軍事侵攻の開始から2カ月半ほどたった２０２２年5月9日、ロシアの全国各地で、大祖国戦争の対独戦勝記念日が盛大に祝われた。モスクワでもクレムリンのとなりの「赤の広場」で軍事パレードが華やかに催された。天気は曇りがちで、時折、晴れ間がのぞくものの、パレードが始まる午前10時になっても気温は10度ほどにしか上がらなかった。

クレムリンの赤い壁の前に設けられた観覧席には行進が始まる直前、プーチン大統領も到着し、最前列に腰を下ろした。背広姿のプーチン氏の左胸には、ロシア軍を象徴する黒とオレンジのしま模様の聖ゲオルギー・リボンが飾られていた。

精鋭部隊の入場行進とともに戦勝パレードが始まって15分ほどすると、プーチン氏が演説に立った。

「祖国防衛とは、そのとき、祖国の運命が決し、いつも神聖なものであった」

冒頭でこう強調すると、続いてミーニンとポジャルスキーに始まる国家防衛の歴史的英雄や戦いの名を次々と挙げ、こう訴えた。

「いまもそうだ、この日々も、ドンバスでわれわれのために戦ってくれている。わが祖国、ロシアの安全のために！」

ロシアの国民にとって、またプーチン政権にとって「ドンバス」と呼ぶウクライナ東部での「特別軍事作戦」も「聖戦」なのだろうか。米欧や日本では、ロシアはまがう方なき侵略者だ。

プーチン氏は演説で、ウクライナのゼレンスキー政権を「ネオナチ」と呼

赤の広場の聖ワシリー大聖堂の前に立つミーニンとポジャルスキーの記念碑

び、今回の軍事侵攻を「ナチズムを粉砕した」という大祖国戦争の記憶に重ねた。ナチス・ドイツによるソ連侵攻と同じく、「ネオナチ」のウクライナ軍が東部のドンバスへの先制攻撃を始めようとしていたのは明らかだと侵攻を正当化した。

プーチン氏が祖国防衛の英雄として真っ先に言及したミーニンとポジャルスキーとは、17世紀の初め、動乱《スムータ》と呼ばれた時代、モスクワをポーランド軍の占領から解放する義勇軍を率いた2人の英雄クジマ・ミーニンとドミトリー・ポジャルスキーを指す。赤の広場の聖ワシリー大聖堂の前に記念碑があり、ロシア国民には知られた英雄たちだ。

ポーランドは当時、リトアニアと連合する欧州最大の国のひとつであり、ロシア正教と対立するカトリックの国でもあった。1612年のモスクワ解放は、正教がカトリックに勝利するという宗教的高揚感もロシアの民衆にもたらした。

モスクワ解放の戦いでは、中部の都市カザンからポジャルスキーに「生神女《マリヤ》」のイコン（聖像画）が届けられ、義勇軍を庇護するシンボルとなった。プーチン氏はその義勇軍を率いた2人の英雄に真っ先に言及し、ドンバスでの戦いに宗教色を与えた。

2人の英雄への言及で「聖戦」という言葉に重みが増した。ほとんどのロシア人は、今回の軍事侵攻で、ウクライナのゼレンスキー政権を最も強く支援している欧州の国がポーランドだと知っている。ミーニンとポジャルスキー率いるロシアの義勇兵がモスクワのクレムリンを解放した11月4日は、2005年から「国民団結の日」と呼ぶ祝日になった。プーチン大統領が連邦法案に署名した。

モスクワの解放後、ロシア帝国でこの日を国家の祝日と定めていたものの、ソ連時代には代わって11月7日に「偉大な十月社会主義革命の日（革命記念日）」が祝われた。プーチン政権下で、ロシア帝国の祝日が復活した。タス通信によると、法案には「英雄的精神と全国民の結束の模範を誇示する」との趣旨が明記された。[11]

ロシア正教会など保守派も、プーチン氏のようにウクライナ軍事侵攻を「聖戦」だと公言してはばからなくなっている。

キリル総主教が議長を務め、プーチン政権を強く支持する民族主義的な保守派の社会組織「全世界ロシア国民大会議」は2024年3月27日にモスクワで開いた大会で採択したアピール文で、こう表明した。

「精神的、倫理的な点から見ると、特別軍事作戦は聖戦であり、そこでロシアとその国民は聖なるルーシ（東スラヴの古名）の統一の精神的空間を守り、グローバリズムの圧力と悪魔主義に陥った西欧の勝利を『阻止』し、世界を守る使命を果たしている」

第1章

「ひとつの民《たみ》」ウクライナ侵略への狂信

侵攻の予感

ウクライナ国境に集結していたロシア軍が基地に戻り、軍事緊張が緩和に向かうかのように見えた2021年6月30日、プーチン大統領がウクライナ問題で「本気」だと国の内外に示す出来事があった。この日、プーチン氏はモスクワのテレビ局のスタジオで、国民との直接対話に臨んでいた。その場で女性アナウンサーとの間で次のようなやり取りがあった。

「こんな質問が届いています。どうしてウクライナは最も非友好的な国のリストに入らないのでしょうか」

「ウクライナがわれわれには非友好的な国民だとは思わないからです。すでに何度も言ってきましたが、もう一度、繰り返します。ウクライナ人とロシア人――これは要するに、ひとつの民[1]だと私は考えています」

そして、イスラエル人などと「ルーシの人々」を対比してみせた後、このテーマについて「私は個別の分析的な論文を書きます」と明かした。プーチン氏のウクライナ問題への執念がはっきりと見えた発言だった。

以前とは異なり、ロシア軍の集結後には「ひとつの民」という言葉はきわめて重い意味を持った。論文を書くと発言したプーチン氏には、ウクライナを別個の民族として認める考えはなく、ウクライナの人々とその領土をロシアの勢力圏にとどめなければならないとの危うい決意が透けて見えた。

国民との直接対話とは、プーチン氏がエリツィン氏から大統領職を引き継いだ翌年の2001年に始めた年1回の生放送の番組だ。事前に公募した質問や全国の中継地の住民から受け付けた質問に、国家元首であるプーチン氏が国営放送を通じて即答する。必要に応じて対応策も明らかにする。年によっては質問項目が50を超え、番組が4時間以上続くことも珍しくない。

言葉巧みなプーチン氏の独壇場だ。生活環境や地方自治、国際情勢に関する国民の意見に耳を傾け、身ぶり手ぶりを交えて答えていく。質問者から出される苦情には状況を精査すると約束したり、ただちに地方自治体の幹部に改善するよう指示を出したりする。こうした長時間に及ぶ政治ショーを、日本や米欧も含めて主要国のトップがやっているのを見たことがない。

国民との直接対話が、ロシアの民衆の間で根強い「良き皇帝（ツァーリ）」への信仰を踏まえたパフォーマンスであることは疑いない。ロシアで絶大な権力を持つ皇帝は良き人物だが、皇帝を取り囲む貴族や官僚らはしばしば悪い人間たちであり、民衆の生活状況に関する真実を皇帝から隠している。だから皇帝に真実を直訴し、不正をただして悪人を処罰してもらうしかない、民衆はそう信じていた。

迷信に近い。それでも、専制の長い歴史を生きてきたロシアの人々の深層心理には「良きツァーリ」への信仰がいまも潜んでいるようだ。人々はツァーリに直接に訴え、正しい答えを聞くことができると信じている。たとえ解決につながらなくても、プーチン大統領の言葉を聞くだけで、少なくとも満足感を覚えることができる。政権はこうしたロシアの大衆の性格をよく理解し、直接対話を世論の形成や誘導、不満の解消に利用してきた。

その直接対話でプーチン氏は、わざわざ「ひとつの民」だと主張し、「論文」の計画にまで言及した。その特別な意味は、半月近くたった7月12日、実際に大統領府（クレムリン）のホームページに掲載されたプーチン氏の論文「ロシア人とウクライナ人の歴史的一体性」で確認された。論文は、軍事侵攻が近い将来、避けられないのではないかという予感と不安を多くの人にもたらした。

「死ぬまであきらめない」

ウクライナのゼレンスキー大統領も、そうした不安を隠せなかった一人だ。プーチン氏と国民の直接対話から一夜明けた7月1日、ゼレンスキー氏はインタファクス・ウクライナのインタビューで、ロシアと「ひとつの民」であることをきっぱりと否定した。

「われわれはひとつの民ではない。もしひとつの民であるというなら、モスクワではきっとフリブナ（ウクライナの通貨）が流通し、ロシア下院では黄・青色の（ウクライナの）国旗がはためいていることだろう。そういうわけで、われわれがひとつの民ではないということは確かだ。われわれのいずれにも自分の道がある」

ゼレンスキー氏や多くのウクライナ人には、１９９１年に独立を果たしたウクライナが民主的な国として、確かな歩みを始めたという自負がある。19世紀末以降、ウクライナのナショナリズムが高揚し、歴史の見直しも進んでいた。ロシアではなくウクライナこそが東スラヴで初の統一国家とされるルーシを継承する正統な国だと考えるようにもなった。[2]

引用したゼレンスキー氏の発言には、そうした矜持がよく表れている。亜流のロシアでこそウクライナの通貨が流通すべきであり、議会で青色と黄色の国旗がはためいていてもおかしくないのではないかと皮肉を交えて主張した。

同時に、ロシア人と長く歴史や文化を共有してきたウクライナ人は、隣人の性格やウクライナに対する見方を肌で感じ、本能的に理解しているところがある。プーチン氏のロシアがウクライナを再び支配しようとするだろうという不安が、7月12日の論文の発表で確信に変わっていった。

プーチン氏と交渉の場で何度も渡り合い、たがいをよく知るウクライナのティモシェンコ元首相は軍事侵攻から2カ月近くたった2022年4月18日、ウクラインシカ・プラウダ紙の電子版に公表されたインタビューでこう語った。

「彼(プーチン氏)が生きている限り、ウクライナの奪取をあきらめることはない。ドンバスでもクリミアでも、いかなる個別の領土でもありえない。ウクライナのすべて(の奪取)だ。だから、私はきょう、確信を持ってこう述べることができる。いかなる交渉もありえない、と」

プーチン論文「ひとつの信仰で結ばれる」

プーチン氏の論文はかなり長い。論文癖でもあるようだ。以前も自らいくつもの論文をロシア・メディアで発表してきた。今回は突出して長文だ。過去の論文は主に政治方針を国民に説明する内容だったが、今回の「ロシア人とウクライナ人の歴史的一体性」は趣がかなり異なっていた。ウクライナの人々にも読んでもらうため、ロシア語とウクライナ語の2つの言語で同時にクレムリンのホームページに公表された。

論文の冒頭、プーチン氏は直接対話での自らの発言を振り返りながら「ロシア人とウクライナ人はひとつの民であり、まったく同一だ」と改めて主張した。「これは私の信念だ」とも断言した。「現在をよりよく理解し、未来をのぞき見るためには、歴史に問いかけなければならない」として、東スラヴの歴史について、古代から現代へとたどり、独自の解釈を試みる。

前半で特に注目されるのは、ロシア人とウクライナ人、ベラルーシ人が「同じ民」であるという根拠を説いた部分だ。東スラヴの人々が古来、「ひとつの言語で結ばれていた」と述べると同時に、「ルーシがキリスト教を受容した後、ひとつの正教の信仰でも結ばれた」と指摘した。

ルーシでは988年に、大公ウラジーミルがクリミア半島で洗礼を受けた。大公がギリシャ正教を国教として受容した歴史的事実をひもとき、「ルーシの土地の西部でも東部でもひとつの言語で話されていた。信仰は正教だった」と強調した。

ところが13世紀前半、いくつもの公国に分立して弱体化していたルーシの土地に、強大なモンゴル（タタール）の軍勢が来襲する。1240年にはキーウ（キエフ）が攻略された。それから100年あまりたった1362年、今度はルーシに勢力を伸ばしたリトアニア大公国がモンゴルのハン国の一つ、キプチャク・ハン国の軍勢を破り、現在のロシア西部からベラルーシ、ウクライナの広大な地域で支配を固めた。1569年には「ルブリンの連合」でポーランド・リトアニアの連合国家が発足し、ウクライナの土地を領有した。

現在のウクライナの土地が本格的にロシア帝国領に組み込まれるのは、1667年にポーランドと結んだアンドルソヴォの講和からだ。このとき、ロシアはキエフとドニプロ（ドニエプル）川左岸を支配下に置いた。裏を返せば、ロシアによるウクライナ支配はそれ以降、ソ連崩壊までの300年あまりにすぎない。

一方、14世紀半ばまで存続したルーシ公国のひとつ、ハーリチ・ヴォルイニ大公国が形成された現ウクライナの西部は、1772年に始まるポーランド分割までなおポーランド・リトアニア共和国の支配下にとどまった。ポーランド分割の結果、ハーリチ（ガリツィア）はオーストリア帝国の版図に、ヴォルイニがロシア帝国にそれぞれ組み込まれることになる。

中世に話が及ぶと、プーチン氏の論文はますます東スラヴの宗教史の様相を帯びてくる。リトアニアが14世紀にカトリックを受容し、のちに「ルブリンの連合」が成立すると、ポーランド王国のカトリックの貴族がルーシを占有するようになり、正教徒が抑圧されたと指摘する。

歴史が動いたのは１６４８年。ポーランドからの独立をめざすウクライナ・コサック（ドニプロ中下流域に広く存在した軍事組織）の最高指導者ヘチマンのボフダン・フメリニツキーが反乱を起こした。コサックの「ヘチマン国家」を形成したフメリニツキーは１６５４年、コサック全軍によるペレヤスラフ会議を開き、ロシア帝国の保護下に入ることを決定した。プーチン氏の論文では、ロシア皇帝がウクライナ・コサックの要請を受け入れた最大の理由が「同じ信徒（であるウクライナ・コサック）を支持する」ことだったと説明される。

ウクライナ・コサックがロシア帝国の保護下に入ることを決めたペレヤスラフ会議をめぐっては、当時から双方の解釈に食い違いがあった。ウクライナ・コサックは「同じ権利を持つ両者による同盟」だと理解し、ロシアはウクラ

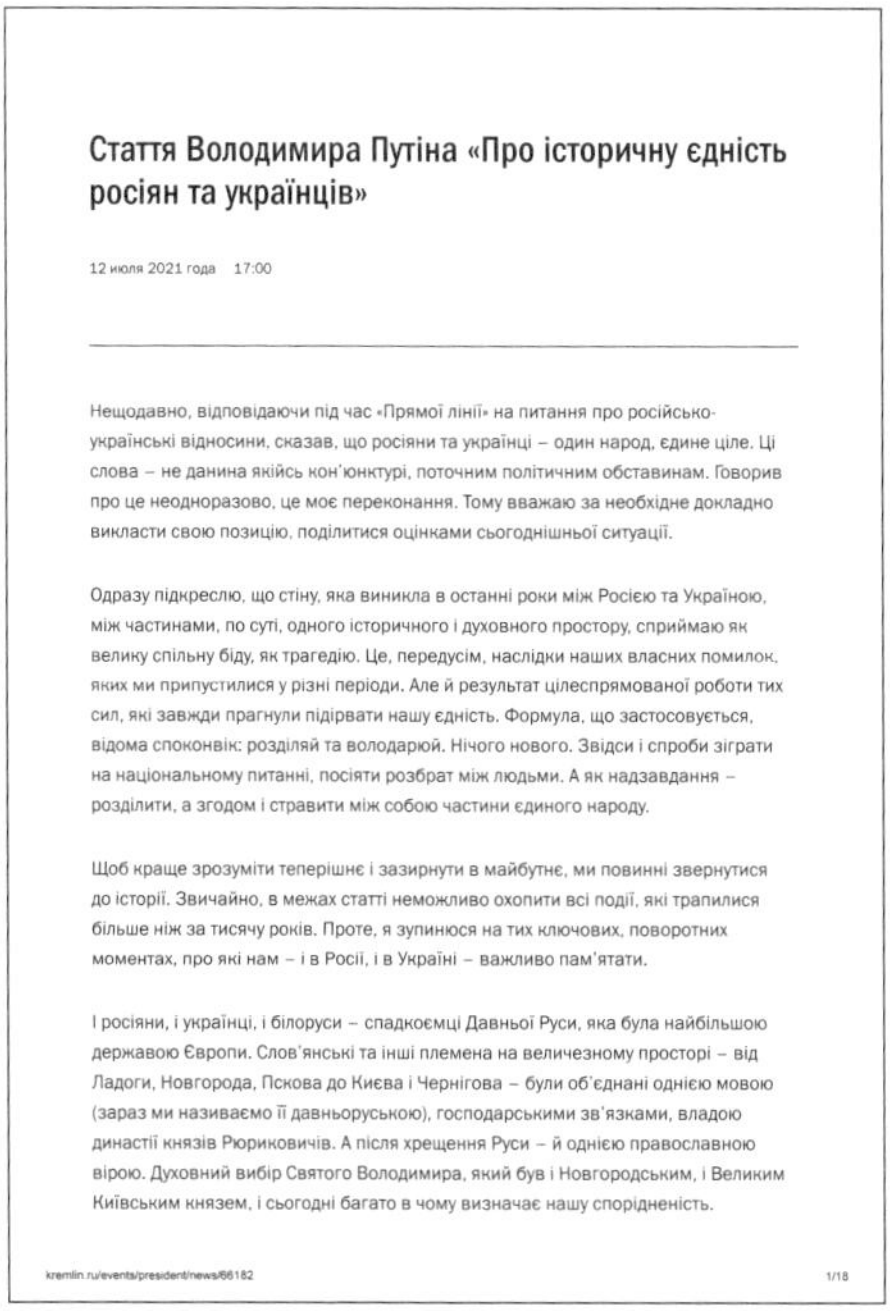
Стаття Володимира Путіна «Про історичну єдність росіян та українців»

12 июля 2021 года　17:00

Нещодавно, відповідаючи під час «Прямої лінії» на питання про російсько-українські відносини, сказав, що росіяни та українці – один народ, єдине ціле. Ці слова – не данина якійсь кон'юнктурі, поточним політичним обставинам. Говорив про це неодноразово, це моє переконання. Тому вважаю за необхідне докладно викласти свою позицію, поділитися оцінками сьогоднішньої ситуації.

Одразу підкреслю, що стіну, яка виникла в останні роки між Росією та Україною, між частинами, по суті, одного історичного і духовного простору, сприймаю як велику спільну біду, як трагедію. Це, передусім, наслідки наших власних помилок, яких ми припустилися у різні періоди. Але й результат цілеспрямованої роботи тих сил, які завжди прагнули підірвати нашу єдність. Формула, що застосовується, відома споконвік: розділяй та володарюй. Нічого нового. Звідси і спроби зіграти на національному питанні, посіяти розбрат між людьми. А як надзавдання – розділити, а згодом і стравити між собою частини єдиного народу.

Щоб краще зрозуміти теперішнє і зазирнути в майбутнє, ми повинні звернутися до історії. Звичайно, в межах статті неможливо охопити всі події, які трапилися більше ніж за тисячу років. Проте, я зупинюся на тих ключових, поворотних моментах, про які нам – і в Росії, і в Україні – важливо пам'ятати.

І росіяни, і українці, і білоруси – спадкоємці Давньої Русі, яка була найбільшою державою Європи. Слов'янські та інші племена на величезному просторі – від Ладоги, Новгорода, Пскова до Києва і Чернігова – були об'єднані однією мовою (зараз ми називаємо її давньоруською), господарськими зв'язками, владою династії князів Рюриковичів. А після хрещення Русі – й однією православною вірою. Духовний вибір Святого Володимира, який був і Новгородським, і Великим Київським князем, і сьогодні багато в чому визначає нашу спорідненість.

kremlin.ru/events/president/news/66182　1/18

プーチン氏の論文「ロシア人とウクライナ人の歴史的一体性」（ウクライナ語版、ロシア大統領府ホームページから）

イナ側を「ツァーリの臣下」になるとみなした。
ペレヤスラフ会議については、現代のロシアとウクライナでも評価が異なる。ウクライナで最も普及している歴史の教科書のひとつは、「17~18世紀、ウクライナ人によって、コサックのウクライナが独立していたことを示す最も確かな証しだとみなされていた」と記述している。[3]
一方、ロシアでは、コサックが支配していたウクライナの土地がロシア帝国に編入された歴史的出来事だと解釈される。プーチン氏もロシアとウクライナがキエフ・ルーシ以来の再統合に向かった転機とみなし、ペレヤスラフ会議を政治的に利用した。ロシア国民の大半も、ソ連時代から続く同様の歴史観に沿って理解している。
プーチン氏によれば、ウクライナ・コサックは「自らをロシア（あるいはルーシ）の正教の人々」と定め、カトリックのポーランドからの解放をめざし、ロシア帝国に保護を求めてきた。「マロロシア（小ロシア）[4]」と呼ばれたウクライナの土地で当時、「さまざまな階層の人々が自分をロシア人であり、正教徒だとみなしていた」という主張に力点を置いた。論文の狙いのひとつは、ウクライナをめぐる米欧との対立に、宗教的な意味合いを持ち込むことにあった。

「ひとつの言語」

「ひとつの言語で結ばれていた」というプーチン氏の指摘は正しい。それでも、12世紀ごろからロシア語とウクライナ語、ベラルーシ語が枝分かれし、個別の言語になっていった過程も忘れてはならないだろう。

ウクライナ語と同じスラヴ語派の周辺言語との間でどれだけ共通の単語があるかと見てみると、興味深い。モスクワ国立言語学大学の旧ソ連・近隣諸国言語文化講座でウクライナ語を教えるアソーリ・オフシャンニコワ主任講師によると、ウクライナ語の単語はベラルーシ語との共通率が最も高く、86％に達する。発音も似ているので、意思の疎通が可能だ。

2番目に共通率が高いのはポーランド語で70％。次にスロバキア語の68％が続き、ロシア語は4番目の62％だ。つまり、単語の共通率だけを見ると、ウクライナ語は同じ東スラヴ群のロシア語よりも、西スラヴ群のポーランド語により近いことになる。

ただ、ウクライナ語のキリル文字や文法はロシア語にかなり近く、ラテン文字を利用するポーランド語とは異なっている点などは差し引く必要があるだろう。

ウクライナ語は時代背景によって、ポーランド語化やロシア語化がそれぞれ進んだ。ポーランドに支配された時代にはポーランド語の言葉がとり入れられ、ロシアの支配下ではロシア語と同じ単語や表現が増えた。

ウクライナ国内でもポーランドと国境を接する西部に近づけば、ポーランド語と共通する言葉が多くなり、ロシアに近い東部ではロシア語との共通率が高まる。ウクライナの土地が東西の強国に支配され、分割されてきた複雑な歴史が透けて見える。

ウクライナでは2014年3月にクリミア半島がロシアに一方的に併合され、東部紛争が起きた。以降、反ロシア感情が強まり、ロシア語の使用を避ける動きが広がった。

それ以前は、ウクライナ語の日常会話にロシア語の単語が混じることが少なくなかった。特に、ロシア系住民も多く暮らすウクライナ東部や南部で、こうした傾向が強かった。公共の場ではロシア語を、家庭ではウクライナ語を使い分けるというウクライナ人が多かった。

ウクライナ語とロシア語の要素が混じり合うことを指して「スルジク」（原義は「さまざまな種類の粉をまぜてつくるパン」）という言葉も生まれた。現在はウクライナ人の間では正しい母国語を学び、使用するという意識が高まり、ウクライナ語の純化が急速に進んでいる。

プーチン氏は「同じ言語を話していた」と強調するが、12世紀以降の、また1991年の独立以降、さらに2014年以降のロシア語とウクライナ語の分離の過程も軽視してはならないだろう。ウクライナの土地を取り巻いてきた政治情勢や、人々の民族意識と独立運動の高まりが、両言語の距離を広げてきた事実を見逃すことはできない。

クリミア併合演説との類似性

プーチン氏が宗教的な観点からウクライナ問題を論じたのは、2021年7月の論文が初めてではない。2014年3月18日、クレムリンで上下院議員や政府幹部、市民団体の代表らを前に行ったクリミア半島併合の演説もすでに宗教色を帯びていた。

同年2月、キーウでは親欧米派勢力が親ロシア派のヤヌコヴィチ政権を打倒する政変が起きていた。これを受け、ロシア系住民が多いウクライナ南部クリミア半島のクリミア自治共和国とセヴァストーポリ特別市で3月11日、ロシアの武力を背景に、ウクライナからの独立が宣言された。5日後の16日にはロシアへの編入を問う住民投票が実施され、賛成が9割以上の圧倒的多数を占めていた。

3月18日、クレムリンの会場に詰めかけた聴衆は、プーチン氏の演説を待ちかねていた。住民投票の結果を受け、クリミア半島のロシアへの「再統合」が発表される歴史的な瞬間をすべての参列者が予期していた。プーチン氏が演説の冒頭、「尊敬するクリミアとセヴァストーポリの代表、彼らはこ

バシリカの円柱が立ち並ぶヘルソネス・タブリチェスキーの遺跡

こに、われわれの中にいる、ロシアの皆さん、クリミア共和国とセヴァストーポリの住民の方々！」と呼びかけると、会場は早くも大きな拍手に包まれた。

続いて、クリミアがロシア編入を選んだ理由を知るためには「クリミアの歴史を知る」ことが必要だと主張し、演説の本題に入った。

「聖ウラジーミル大公が洗礼を受けたのが、そこ、古代のヘルソネスだった。彼の宗教上の功績は正教の受容にあり、ロシアとウクライナ、ベラルーシを結びつける共通の文化的、価値観の、文明の基礎を定めたのだ」

ヘルソネス（ヘルソネス・タブリチェスキー）は、クリミア半島南部のほぼ先端部に位置するロシア軍の軍港都市セヴァストーポリの郊外にある。紀元前528年、ギリシャ人が現在のトルコ領を経て黒海北部に進出し、この都市の礎を築いたと伝えられる。黒海を望む広大な土地に白い石造りの都市遺跡が広がり、紀元前のものと見られる円形劇場の跡もある。古代ローマの建築物をしのばせる遺跡が遠く離れたクリミアにあることに驚かされる。

ヘルソネスはその後、ローマ帝国からビザンチン帝国の支配下に移り、交易都市として栄えた。教会もいくつも建てられた。ウラジーミル大公は軍事支援と引き換えに皇女アンナをめとらせるとビザンチン皇帝から約束されたが、その条件がキリスト教への改宗だった。ウラジーミル大公は988年、当時「コルスニ」と呼ばれたこの地で洗礼を受けたとされる。

ルーシの歴史を記し、12世紀初頭に成立した『ロシア原初年代記』では、ウラジーミル大公の洗礼のいきさつがこう語られる。重い目の病にかかった大公が、ビザンチン皇女アンナの勧めで洗礼を受けると、洗礼の場でたちまち病気が治った。大公は「いま、われは初めてまことの神を知った」と神をたたえたという。

ヘルソネスは東スラヴがキリスト教を受容した聖なる場所であり、ルーシの正教の歴史もここから始まった。皇女アンナは洗礼を受けたウラジーミル大公との結婚に応じ、ビザンチン帝国とルーシの同盟関係も生まれた。ルーシがビザンチン帝国と正教のきずなによって結ばれた。

プーチン氏は演説で、ヘルソネスに始まるキリスト教受容に言及し、「クリミア半島はいつも人々の心と意識のなかで、ロシアの切り離せない一部だった」と訴えた。「クリミア、それは昔からロシアの土地であり、セヴァストーポリはロシアの町だ」と語った。

実際には、13世紀前半に始まったモンゴル軍の襲来により、クリミア半島は長くモンゴル帝国の系譜につらなるクリミア・ハン国の領土となった。後にそのクリミア・ハン国はオスマン帝国の属国となった。ロシア帝国がクリミアを併合したのは、エカテリーナ2世の治世だった1783年のことに

ウラジーミル大公洗礼の地に建てられた聖ウラジーミル大聖堂

すぎない。
それでも多くのロシア人にとって、キリスト教を受容したクリミア半島は特別な土地であり、聖地に思える。ウラジーミル大公が洗礼を受けたと伝承される場所には、ロシア帝国に革命の足音が迫りつつあった1891年、ロシア正教の聖ウラジーミル大聖堂が創建された。

「疑似国家」

プーチン氏の2014年のクリミア併合演説では、クリミアがロシアの聖なる土地であり、1954年にソ連がウクライナに移管する決定を下したことは、「当時でさえ、明らかに憲法の規範を破っていた」とも指摘された。ペレヤスラフ会議から300周年を迎えたこの年、ソ連共産党トップに就いて間もないフルシチョフ中央委員会第1書記が、ウクライナの官僚の支持を取りつけようとして、クリミア半島のウクライナへの編入替えを実行した。

ウクライナは「ウクライナ・ソビエト社会主義共和国」と呼ばれ、ソ連を構成する一共和国だった。実質的には同じソ連という国のなかにあることに変わりなかった。当時は「ウクライナとロシアが一緒ではなくなるということがありえるとは、また異なる国になりうるとは想像することさえ不可能だった」。その想像できないようなことが1991年に起きてしまった。

ウクライナにとっては、クリミア半島は国際法的に自国の領土に違いない。これに対して、プーチン氏は「86%のロシア国民がこれまでもロシアの領土だと確信している」と述べ、ロシアが演出した住民投票で圧倒的な賛成があったとして併合を正当化した。

ただ、2014年の併合演説でプーチン氏の要求がクリミア半島にとどまっていたことには注意が必要だ。プーチン氏の歴史観に明確な変化が見られるのは、2021年7月の論文だ。国家独立に向けた長年のウクライナの運動を否定し、国家としての存在さえ疑問視するようになった。

確かに、ソ連崩壊前にウクライナが独立した国家として存続した期間は短い。ロシア帝国のなかで民族意識に目覚めつつあったウクライナが国家樹立を宣言したのは、ロマノフ朝が打倒された1917年のロシア革命がきっかけだ。

ロマノフ朝が倒れた「二月革命」の混乱のさなかにあった3月4日、民族主義的なウクライナ人の代表は党派を超えた中央組織「ウクライナ中央ラーダ」を創設した。共産主義勢力ボリシェビキが権力を握った「十月革命」後の11月7日に出した第3次ウニヴェルサール（布告）で、「ウクライナ人民共和国」の樹立を宣言した。

だが、民族主義的な中央ラーダとウラジーミル・レーニン率いるボリシェビキ政権との対立が深まる。ボリシェビキ軍はウクライナ東部から中部や南部へと侵攻し、12月6日からウクライナ側と戦争状態に入った。12月25日にはキーウへの攻撃を開始し、翌1918年1月26日に首都を奪取してしまった。

中央ラーダは反撃に出た。キーウ攻防のさなか、1918年1月9日の第4次ウニヴェルサールでロシアからの完全な独立を宣言した。1月27日[5]、ドイツ、オーストリアと条約を結んで軍事支援を取りつけ、ボリシェビキ軍を敗走させた。

以降、ウクライナではドイツ軍の後ろ盾でいったんはウクライナ人民共和国政府が息を吹き返したものの、ポーランド軍やロシアの反革命の白衛軍による侵攻、各地での反乱で国内は大混乱に陥った。

1920年秋、ウクライナはロシアのボリシェビキ軍により再び制圧された。現代のウクライナから見れば、当時の軍事対立は、革命により独立を果たしたウクライナを、ロシアが支配下に取り戻そうとして仕掛けた国家間の「戦争」だ。

ウクライナがロシア革命のさなかに国家として存続したのは、ほんの数年にすぎない。しかも外部勢力に翻弄され、混乱が続いた。それでもウクライナ人にとっては悲願の国家独立の証しに違いなかった。

ソ連や現代ロシアの歴史観では、革命直後のボリシェビキとウクライナの軍事対立は「内戦」とみなされてきた。プーチン氏も上記の論文で、革命期のウクライナ情勢も含めて「さまざまな種類の疑似国家の形成にどれほど持続性がなかったかは明らかだ」と断じた。

「レーニンが設計した」

ロシア革命後の内戦を収拾したボリシェビキは1922年12月、「ソビエト社会主義共和国連邦

（ソ連）」を創設した。複数の共和国（ロシア、ベラルーシ、ウクライナ、ザカフカス）を統合した世界初の社会主義国家であり、ウクライナもその構成国のひとつになった。プーチン氏は論文で、レーニンが「平等の権利を保有する共和国の連邦」を掲げたソ連建国の誕生にも疑問を投げかける。ソ連は憲法で自由意志により結合された連邦国家と規定され、1924年の改憲では「連邦から自由に脱退する権利」が定められた。プーチン氏の理解によれば、これは「遅効性の地雷」だ。1991年にソ連が崩壊すると、各構成共和国が独立を宣言し、ロシア帝国とソ連の時代にひとつだった国がばらばらになる根拠を与えた。

レーニン批判は2022年2月21日夜、親ロシア派武装勢力が占領する東部2州の独立承認を表明したテレビ演説で、さらに明確なかたちで繰り返された。プーチン氏はレーニンを「その（ウクライナ国家形成の）発案者であり、設計者だ」と呼び、ソ連指導部が惜しみなく領土という「贈り物」を分け与えたと批判した。

しかも、レーニンらソ連指導部は各共和国にそれぞれの民衆の文化や言語、アイデンティティーを強化、発展させることを奨励する政策を取った。この政策は「コレニザーツィヤ（土着化）」と呼ばれた。ソ連の中央政府への信頼を高めて、各共和国の主要民族との関係を安定させる目的があった。

こうしたソ連の民族政策について、プーチン氏は論文で「ベリコロシア（大ロシア＝ロシア）、マロロシア、ベロルシアという3つで1つの大ロシア民族の代わりに、国家レベルで3つの個別のスラヴの人々、ロシア人とウクライナ人、ベラルーシ人という地位を固定化してしまった」と結論づける。

ロシア帝国時代、大ロシアはロシアを、マロロシア（小ロシア）はウクライナを指す言葉として使われた。1764年にはコサックの「ヘチマン国家」に代わって「マロロシア県」という行政地域も設けられたが、ロシア革命後、この言葉は公には使用されなくなった。

「贈り物」のひとつとなったのが1939年のソ連によるポーランド侵攻で解放された領土であり、1940年にはルーマニアに占領されていたベッサラビアや、北ブコヴィナもウクライナの一部となったという。第2次世界大戦後にはチェコスロバキア領だったザカルパチア地方がウクライナに編入されてしまったとも主張した。

フルシチョフによる1954年のクリミア半島の帰属替えは、「贈り物」の最たる例だ。「現代のウクライナは完全にすべてがソ連時代の産物」にすぎない人工国家であり、「相当部分、歴史的ロシアを犠牲にして形成された」と議論が展開される。本来はロシアのものだった領土が切りとられ、現代のウクライナ領ができたとみなす。

プーチン氏によれば、ソ連とは実際にはロシア帝国の版図の大部分を引きついだ一つの国だ。しかも、ソ連では「構成共和国間の国境は国家間のものではなく統一国家の枠組みのなかで仮定の性格」しか持っていなかった。共産主義社会の建設をめざしたソ連ではいずれ、共和国間の境界線すら消滅することになっていた。

その連邦国家が1991年12月のソ連解体で消えてしまった。

では、どうすればよいのか。プーチン氏はここで、1990年代に第1副市長として働いたサンクトペテルブルク市で師事したアナトリー・サプチャク元市長の言葉を引用する。「ソ連の創設者である共和国は、1922年の（ソ連創設の）条約を自分たちで無効にしたのだから、ソ連に加盟したときの国境に戻らなければならない」。ソ連という前提が消滅した以上、各共和国はソ連創設の直前、つまり帝政ロシア時代の境界線に戻る必要があるという結論だ。

２０２２年2月からの軍事侵攻で、プーチン氏がどこまでウクライナの領土をロシアに併合しようとしているのか、さまざまな見方があった。仮にプーチン政権がソ連創設前のウクライナ領の領域をどう定めているのかが判断の基準になるとすれば、「ノボロシア（新ロシア）」と呼ぶ現ウクライナの南部と東部が「歴史的なロシア」の土地だとして、当初から併合の対象になっていた可能性が高い。

ノボロシア（新ロシア）

ノボロシアは17世紀後半以降、南下政策を推し進めたロシア帝国とオスマン帝国の戦争の結果、ロシア帝国が併合した黒海北方の広範な土地を指す古い言葉だ。現在のウクライナ領南部や東南部を含む。１７６４年以降は「ノボロシア県」という行政区画も設けられた。

２０１４年にロシアの軍事介入でウクライナ東部紛争が起きると、ロシアが紛争を正当化するための地域概念として再び広く利用されるようになった。プーチン大統領は、２０１４年4月17日の国民との直接対話でクリミア併合と東部紛争に関して、こう説明した。

「問題になっているのは、ウクライナ南東部のロシア人とロシア語を話す住民の合法的権利と利益を保障することだ。帝政時代の用語で思い起こしてもらいたい。それはノボロシアであり、そのハリコフ、ルガンスク、ドネツク、ヘルソン、ニコラエフ、オデッサは帝政時代にはウクライナに含まれていなかった。これらの領土はすべてソ連政府によって１９２０年代にウクライナに引き渡されたのだ」

１９１７年の二月革命の直後からウクライナの領土の範囲をどう定めるかについて、ロシアの臨時政府とウクライナの中央ラーダとの間で対立があった。

中央ラーダは１９１７年11月7日の第3次ウニヴェルサールで、ウクライナ人が大半の住民となっている土地だとして、キエフ、ポドリスク、ヴォルイニ、チェルニゴフ、ポルタワ、ハリコフ、エカテリノスラフ、ヘルソン、タヴリダ（クリミア半島を除く）の各県（呼び名はすべてロシア語）がウクライナ人民共和国の領土に属すると宣言した。さらにその近隣地域の統合についても、住民の意志により定められなければならないとした[6]。

中央ラーダが「ウクライナ人民共和国の領土」だと宣言したこれらの土地は、周辺地域も含めれば現在のウクライナ領の範囲に近い。ロシア南西部も一部含む。ただし、第2次世界大戦までオーストリア帝国やポーランドの支配下にあったハーリチと、1954年にロシアからウクライナに移管されるクリミア半島などは除かれている。このうち南部と東部はプーチン氏が歴史的なロシア領とみなすノボロシアとほぼ重なり、対立の火種がくすぶる原因となってしまった。

ウクライナ領をめぐる混乱は続いた。1919年にボリシェビキによって「ウクライナ社会主義ソビエト共和国」が創設されても、ウクライナの領土がどこまで含まれるのかを画定できなかった。こうした対立と混乱に終止符を打とうとしたのが、レーニンだったというのがプーチン氏の主張だ。

ロシアの保守派が宣伝に利用する歴史的事例として、1918年にノボロシアと地域的に重なる現ウクライナの南東部[7]に一時創設された「ドネツク・クリヴォロジ・ソビエト共和国」がある。同共和国では、ウクライナからの独立を維持し、ロシアへの編入を求める動きもあった。

これに対し、レーニンは、ウクライナの弱体化を避け、ナチス・ドイツに対する統一戦線を構築するため、「ドネツク・クリヴォロジ・ソビエト共和国」をウクライナの一部とする決定を下した。こうした経緯もあり、レーニンの判断でマロロシアの境界線を越えてノボロシアの土地がウクライナに編入される形になったと、プーチン氏やロシアの保守派は解釈した。

現在のウクライナ軍事侵攻との関連でノボロシアの問題の検討を続けたい。2022年7月3日、ロシアはルガンスク州を制圧したと明らかにした。ルガンスクに続いてドネツク州での軍事攻勢を強め、侵攻前に両州の約3割にとどまっていた親ロシア派占領地域を広げ、両州全域を完全に支配下に置こうと戦闘を続けている。これがプーチン政権の第1の軍事目標だ。

2024年春の時点で、戦況はロシアに優位に転じつつあるが、仮にロシアが第2の目標を設定しているとすれば、プーチン氏が言及したノボロシア全域を対象とする可能性が高い。すでに南部のヘルソン州やザポロジエ州のかなりの部分も占領した。ノボロシアのうち、ウクライナ側がほぼ掌握しているのは、東部のハリコフ州と南部のニコラエフ、オデッサ両州だ。

これを裏づけるように、ロシア軍幹部は2022年4月22日、スベルドロフスク州で開いた軍需産業の企業団体の会議で「ロシア軍の任務のひとつはドンバス（東部2州）とウクライナ南部の完全な支配を確立することだ」と述べた。ウクライナ南部全域を制圧することで、「沿ドニエストルへの出口ができる」とも指摘した。

旧ソ連から独立したモルドバの東部でウクライナと接するドニエストル川の沿岸地域では、ソ連崩壊前の1990年、ロシア軍の支援を受けたロシア系住民が分離・独立を宣言して「共和国」を一方的に樹立した。現在もロシア軍部隊が駐留を続ける。ロシア軍が沿ドニエストル地域につながるニコラエフ、オデッサの2州も制圧すれば、ウクライナは貿易に欠かせない黒海への出口を失う。

プーチン氏は2024年3月17日、同日投票の大統領選での勝利を確実にした後、記者団に対し、東部ハリコフ州を念頭に「キエフの体制（ゼレンスキー政権）に服従する地域に一定の緩衝地帯を設けざるをえない」と注目の発言をした。新たな攻勢でハリコフ州での占領地拡大を視野に入れた。

ロシアの極右政党、自由民主党の党首だった故ウラジーミル・ジリノフスキー氏は軍事侵攻開始の約3年前の2019年4月、ウクライナの地図を模した大きなケーキを切るパフォーマンスを演じた。ナイフを入れて3分の2と残る3分の1に切り分け、ロシアがウクライナの南部と東部を中心とする3分の2の領土を奪取すると豪語した。

「ケーキはとてもおいしい。見てごらん、私がどうやって軽々と切っているかを、だれの気分も害さないようにね。3分の1は彼らに、3分の2はわれわれに」

ジリノフスキー氏はこのとき、ノボロシアとドンバスだけでなくマロロシアもロシアが領有するようになると主張した。西部のハーリチだけをウクライナに残すと主張した。ロシアの民族主義者の極端なウクライナ観を表している。

プーチン氏は歴史に執着する。論文での記述や演説での詳細な発言に加え、2024年2月に米FOXニュースの元看板司会者、タッカー・カールソン氏のインタビューに応じたときも、ウクライナ問題について、とうとうと自らの歴史認識を披露した。

プーチン氏の指摘する歴史的な出来事は確かに存在し、それ自体は反論することが難しい。問題は、その解釈が一方的なことにある。ロシアから見たウクライナ史であり、ウクライナ側の解釈とはしばしば真っ向から反する。例えば、1654年のペレヤスラフ会議をめぐる解釈の対立がそうであり、革命期に中央ラーダが出したウニヴェルサールによる領土の定義もプーチン氏やロシアによって無視されている。

ロシアに都合良く解釈して内外に訴えたとしても、国境の現状を一方的に変更する試みが、既存の秩序を破壊する国際法違反であることは言うまでもない。侵攻後、モスクワの市民に尋ねても、クリミア半島はロシアの領土だとの意見が少なくなかったが、東部や南部についてはなぜ侵攻するのかと首をかしげる人が多かった。

「ロシア世界」とは

「米欧はすべてのロシア世界に対して全面的な戦争を宣言した。このことをいまやだれも隠していない」。ウクライナへの軍事侵攻が長期化の様相を強めていた2022年5月27日、ロシアのラブロフ外相は地方政府代表との会合でこう言い放った。米欧がロシア文化の抹殺を試みており、作曲家のチャイコフスキーや作家のドストエフスキー、トルストイらの催し物を禁じていると憤った。

「ロシア世界」という聞き慣れない言葉が一般に使われるようになったのは、プーチン氏が大統領に就任した2000年以降のことだ。ウクライナとの関係が決裂した2014年の前後からは、ロシアによるクリミア半島併合や東部紛争を正当化するキーワードにもなった。

「ロシア世界」はロシア語で「Русский мир（ルースキー・ミール）」と表記し、頭文字は大文字で書かれることが少なくない。「ロシア（人）の」を指す「ルースキー」と「世界」「～界」などを意味する「ミール」という2つの単語で構成される。

ロシア語の外国人学習者が基礎段階で学ぶように、ロシア語には日本語で「ロシアの」を意味する形容詞がルースキーとロシースキー（российский）の2通りある。

前者は「ロシア人の」という人種的、民族的な意味合いを帯びており、人種としての名詞「ロシア人」としても使われる。同時にウクライナやベラルーシも含めた東スラヴの古名「ルーシ」の形容詞として「ルーシの」という意味に解釈することもできる。

後者は一般に国としてのロシアを指す場合が多く、正式な国名のロシア連邦（Российская Федерация）では後者を使う。派生語にはロシア国民を指す「ロシヤーニン」というやや古い単語もある。

つまり、「ロシア世界」という言葉は、ロシア人（あるいはルーシの民族）の世界という含意がある。ラブロフ氏は否定しているものの、[8] 旧ソ連諸国や欧州の周辺国にとっては、ロシア民族主義の危うい響きがある。

その理由のひとつは、この言葉によって周辺国が大国ロシアの支配下や占領下に置かれた歴史や、ソ連の一部だった抑圧の記憶を思い起こさせられることにある。特にクリミア半島の併合と東部紛争の後、ロシアの保守派の間で「ロシア世界」という言葉の使用頻度が増え、周辺国は警戒を強めざるをえなかった。

例えば、ロシアの有力紙「ＲＢＫ」は侵攻が始まる約1年前の２０２１年2月8日、ペスコフ大統領報道官がウクライナについて「ロシア世界の一部だ」と呼んだと伝えた。そのうえで「（ロシアとウクライナの）文化的結びつき、歴史的結びつき、共通の起源を否定するのはひどくばかげたことだろう」と発言した。

6月末の国民との直接対話で、プーチン氏がウクライナ人とロシア人が「ひとつの民だ」と語り、翌7月の論文で「まったく同じだ」と指摘したのとよく似た発言だ。プーチン政権内で、ウクライナはロシア世界に含まれるという共通認識が存在した可能性を示している。

ウクライナ側の憤りと反発は想像に難くない。ペスコフ発言から約1カ月後の２０２１年3月17日、ゼレンスキー政権の与党「国民の奉仕者」の議員たちが、「ロシア世界」のプロパガンダを禁じる法案を最高会議（議会）に提出した。「ロシア世界」という言葉をイデオロギーの宣伝活動に使用した場合、刑事罰を科すと定めた。

法案の添付文書では「『ロシア世界』というイデオロギーに関して、この概念は長年、ロシアの帝国主義的行動のイデオロギー的な保証となってきた」と説明された。現代のウクライナにとってみれば、「ロシア世界」という言葉は、領土拡張の野望を持つロシアの歴史的な帝国主義の言い換えにほかならない。

軍事侵攻を受けたウクライナのゼレンスキー政権を強く支援している隣国のポーランドも、「ロシア世界」に危険な民族主義を読み取った。モラヴィエツキ首相（当時）は2022年5月10日、英紙「ザ・テレグラフ」への寄稿で、ロシア世界のイデオロギーが「20世紀の共産主義やナチズムに匹敵し、欧州への致命的な脅威になっている」と批判した。

ロシアの最も近しい同盟国で兄弟国家といわれるベラルーシのルカシェンコ大統領はどう見ているか。2015年8月4日の英BBCロシア語版によれば、ルカシェンコ氏が記者団に「『ロシア世界』が何を意味しているのかと（ロシアの）大使に尋ねたが、だれも結局、説明してくれなかった」と不平をもらし、だれかがプロパガンダのために提案したたわごとだと考えていると発言した。ベラルーシにとっても、ロシアの一部とみなされるような概念は望ましくはない。

ただ、侵攻後の2022年7月14日には、やや趣旨の異なる発言をしている。ベラルーシ北西部で開かれた国際芸術祭「ヴィテプスクのスラヴ・バザール」でルカシェンコ氏は、「8年前、最も壊滅的な打撃を受けた。8年前だ！　まさにスラヴ世界の心臓部に、ベラルーシとロシア、ウクライナの兄弟関係に」と語った。

ルカシェンコ氏はこのとき、「ロシア世界」ではなく「スラヴ世界」とあえて言い換えた。「ロシア」ではなく「スラヴ」という言葉を使うことで、ベラルーシも対等な立場で参加している「世界」であると暗に主張した。

8年前とは、2014年2月にキエフで起きた親欧米派による政変を指している。ロシアを後ろ盾とするルカシェンコ氏は「ウクライナの政治家たち自身が、スラヴのアイデンティティーを拒否した」と批判した。いずれ「スラヴの家族に戻る」とも主張した。

プーチン氏の基金

「ロシア世界」という民族主義的な用語の起源はどこにあり、その定義は何だろうか。

ソ連崩壊後のロシアで、「ロシア世界」という用語を考案したのはロシアの哲学者ピョートル・シェドロヴィツキー氏だとされる。同氏によると、1998年ごろ、ある政府高官の発注で独立国家共同体（CIS、ソ連崩壊に伴い創設されたバルト諸国を除く旧ソ連諸国による地域協力組織）に関するロシアの政策について構想を練っていたときに、この言葉は生まれた。

「ロシア世界」とは「ある種の社会的、文化的現実についての仮説」を説明する用語であり、対CIS外交でロシアが取るべき「基本的公式」として想定されていたようだ。その意味は「ロシアの領内と国境の外にそれぞれ暮らす同数のロシアの人々」と理解された。この「ロシアの人々」とは「ロシア語で話し、考える人々」を意味し、民族としてのロシア人だけでなく、旧ソ連諸国のさまざまな民族のロシア語を話す人々が含まれた。

1991年のソ連崩壊で各共和国が独立すると、多くのロシア人がロシア以外の旧ソ連諸国に取り残された。また、旧ソ連諸国には、別の民族でありながら、日常生活や仕事でロシア語を主に使う人々も多くいた。シシェドロヴィツキー氏は、こうしたすべてのロシア語話者を念頭に置いていた。[9]

シシェドロヴィツキー氏の問題意識は、ロシア語話者という人的資源を、国境の垣根が低くなる21世紀においてロシアと旧ソ連地域の社会や経済の発展のためにどう活用すればいいのかという点にあった。[10]「ロシア世界」という言葉に当初、ウクライナなど周辺国が疑うような民族主義的な意味は特に含まれていなかった。

プーチン氏が「ロシア世界」という言葉を使い始めたときも、民族主義的な意味合いは薄かった。大統領就任から1年あまりたった2001年10月11日、プーチン氏は公の場でおそらく初めて「ロシア世界」という言葉を使った。

海外で暮らすロシア人の代表者を集めた「第1回同胞大会」で、プーチン氏は「『ロシア世界』という概念は大昔からロシアの地理的境界を大きく越え、ロシアの人種の境界さえも遠く越えてきた」と表明した。ソ連崩壊については「何十万ではなく何百万もの人々が、不意に新しい国々の領土にいることになった」と言及した。

このとき、プーチン氏が述べた「ロシア世界」は国内だけでなく海外の「同胞」やロシア語を日常的に使用する外国人も含めた多くの人々が精神的、文化的、歴史的に形成している時空間を指していたようだ。プーチン氏の念頭には、ソ連崩壊でロシアの国境の外に取り残されたロシア人や旧ソ連圏以外に離散したロシア語の話者をどう支援し、また逆に、彼らの力をロシアの国家再興にどうやって生かすかという差し迫った課題があった。

「ロシア世界」に転機が訪れたのは2007年4月26日。この日の年次教書演説でプーチン氏が「ロシア世界」という言葉を使うと、「ロシア世界」が実際的な意味を帯び始める。

アルメニアのエレバン市内に創設された中国の「友誼学校」

「ロシア語の年と宣言された今年、ロシア語が歴史的な兄弟民族の言語であり、実際に国際交流の言語だということを、もういちど思い出してもよいだろう。それはただ真の世界的成果をなす層全体を保持しているだけではなく、無論、ロシアそれ自体よりもずっと幅広い大勢の人々のロシア世界の生きた空間だ」

プーチン氏はこの年次教書演説で、ロシア語を発展、普及させるための国家基金の創設を支持する考えを表明し、早くも2カ月後の6月21日、「ロシア世界」と名づけた基金を創設する大統領令に署名した。

ロシア国内だけでなく、旧ソ連諸国や「遠い外国」と呼ぶ旧ソ連圏以外の国々でも、「ロシアの国家財産であり、ロシアと世界文化の重要な要素であるロシア語の普及と、国外でのロシア語教育の支援」が目的に掲げられた。

あいまいな概念だった「ロシア世界」が、基金というひとつの実体を持つようになった。ロシア語の普及を通じて、ロシアと周辺国の結びつきを保持し、影響力の回復を探るための手段になった。

中国語の普及、促進を通じてソフトパワーの伸長をめざしている中国の手法とよく似ている。中国は海外で「孔子学院」や「友誼学校」を設立しており、これに追従した方針に見えた。

米欧や日本が自国の文化発信と友好交流の促進を目的に外国に設置している「文化センター」と変わらないとも主張できる。「ロシア世界」が言語の普及という文化的目的にとどまるのであれば、後にこの言葉が問題になることはなかっただろう。

「ソ連崩壊はカタストロフィー」

「ロシア世界」に近い背景を持つプーチン氏の注目の発言が、2001年の「同胞会議」と2007年の年次教書演説の間にあった。2005年4月25日に、プーチン氏がモスクワのクレムリンで行った年次教書演説でのことだ。この後、世界のメディアで繰り返し引用される次のような言葉を使った。

「ソ連崩壊は世紀の最も大きな地政学的カタストロフィー（大惨事）だと何よりもまず認めなければならない。ロシアの人々にとって、それは真のドラマだった。何千万ものわが国民や同胞がロシア領の外に取り残されたのだ」

2001年に「ロシア世界」に初めて言及したときと同じく、2005年の年次教書でもソ連崩壊で同胞がロシアの国境の外に取り残されたことが強調された。「ロシア世界」と「カタストロフィー」という発言は、プーチン氏のなかで同じ動機にもとづいている。ソ連崩壊によって分裂し、さまざまな危機に直面したロシアの人々を助けなければならないという使命感だ。

プーチン氏は「カタストロフィー」という言葉を使った後、大惨事と考える理由をこう列挙する。ロシアは旧来の理想を失い、多くの公共施設が解散し、チェチェン紛争によって国家の一体性が破壊され、新興財閥のオリガルヒ（巨大資本家、政商）が情報産業を握って企業利益だけを追求し、貧困が広がった。経済の縮小や不安定な金融、社会保障の機能不全が起きた。

ロシアの国境の外に残された同胞の擁護も、大惨事への対応のひとつだ。年次教書演説でプーチン氏は「最も重要な問題」として「国外にいるロシア人の同胞の権利保障」を挙げ、特に北大西洋条約機構（ＮＡＴＯ）や欧州連合（ＥＵ）に加盟した国々に対し、少数派となったロシア人の権利を尊重するよう求めた。念頭にあったのは、前年の２００４年3月にＮＡＴＯ加盟を果たしていたバルト諸国だ。

ソ連から独立したロシアを除く14カ国ではそれぞれ民族意識が高まり、ソ連時代の共通語だったロシア語に代わって各民族言語の利用が広がっていた。プーチン氏は、そうした国々でロシア語印刷物への圧力やロシア語の学校閉鎖といった問題が相次ぎ、ロシア系住民やロシア語話者の人権が脅かされていると疑念を強めていた。

２００7年の年次教書演説で表明された基金「ロシア世界」にも、旧ソ連圏で共通言語だったロシア語の普及、啓発と同時に、ソ連崩壊で危機に直面したロシア系住民の権利を守る目的があった。ただ、「カタストロフィー」も「ロシア世界」という言葉も、このときはまだ、ソ連あるいはロシア帝国の旧領土を取り戻すといったニュアンスはない。多くのロシア人や旧ソ連諸国の同胞がソ連崩壊に関して共有していた歴史認識を改めて示し、ロシアの国家再建への強い意志を示したにすぎなかった。

米欧や日本では、プーチン氏の領土回復への地政学的な野望が表れた最初の兆候だとする見方もある。だが、「カタストロフィー」にも「ロシア世界」という言葉にもまだ、領土拡張の野望や冷戦で勝者となった米欧への復讐《ふくしゅう》の意味が込められていたわけではない。

そうした深刻さがはっきりと見えるようになったのは、2014年3月のクリミア半島併合の演説だ。演説でプーチン氏はクリミア半島をロシアの土地だとみなす理由として「今日、クリミア半島の220万人の住民のうち約150万人がロシア人であり、35万人が主にロシア語を母語だとみなすウクライナ人で、そしておよそ29万〜30万人のクリミア・タタール人がいる、その大半が住民投票によって示されたようにロシアを向いている」

プーチン氏は併合演説で、住民がロシア語を利用していることをひとつの根拠として併合を正当化した。演説で「ロシア世界」という言葉こそ使っていないが、ロシア語が主要言語となってきたクリミア半島が「ロシア世界」の一部であるとみなしているのは明らかだった。

クリミア併合を越えて、プーチン氏のなかで言語の問題が、さらに領土拡張への地政学的意味合いを強めたのは、2021年7月の論文「ロシア人とウクライナ人の歴史的一体性」だった。

軍事侵攻を予感させたこの論文で、プーチン氏は2014年のウクライナ政変以降に同国で施行された言語政策や先住民に関する法律を列挙し、「ロシア語を教育プロセスから事実上排除した」などと厳しく批判した。

軍事侵攻に踏み切る3日前、2022年2月21日のテレビ演説でウクライナ東部ドネツク、ルガンスク2州の独立承認を表明した際にも、前年の7月にウクライナで成立した「先住民法」を次のように批判した。「自分をロシア人と考え、アイデンティティーや言語、文化を保持したいと考える人々に、ウクライナは彼らがよそ者だと分からせたのだ」

ウクライナの「先住民法」は、少数派の先住民族の文化を守る目的で施行されたが、先住民族の定義に関して「ウクライナの外に国家的形態を持たない」という文言が含まれ、対象とした先住民はクリミア・タタール人など3民族と定めた。ロシア系住民は除外された形となったことから、プーチン氏はウクライナ領内のロシア系住民の権利を侵害していると解釈した。

東部2州の独立を承認した演説では、ロシア系住民の権利擁護という狙いが鮮明になった。ロシアの国境の外に取り残されたロシア人の権利を守り、ロシア語を啓発し普及させるという「ロシア世界」の目的が、東部2州の独立承認やその3日後の軍事侵攻を正当化する理由へと変質した。

「ロシア世界」を守るという目的意識は、国家元首であるプーチン氏だけが抱いていたわけではない。国家的なプロパガンダによって国民に植えつけようとしたのも、プーチン政権だけではなかった。背後には、プーチン氏を強く支持し、「ロシア世界」という概念の枠組みを広げて民族主義的な目的に利用しようとするロシア保守派の動きがあった。

正教で結ばれた文明

これまで見てきたように、「ロシア世界」という言葉が「国外のロシア人」や「言語」という文脈から離れていったのは、2014年のウクライナ政変がきっかけだ。「ロシア世界」がウクライナなど周辺国との結びつきについて語られ、前述したラブロフ外相の2022年の発言のように、米欧との対決色も帯びるようになった。

一方、保守派の政治家や聖職者、思想家らの間では早くから「ロシア世界」をひとつの「文明」だとする声が広がりを見せていた。なかでも「ロシア世界」という言葉に早くから注目し、熱心に発信していたのはロシア正教会だった。

ロシア正教会は当初から基金「ロシア世界」の設立を支援し、その活動でも大きな役割を果たした。ロシア正教会を率いるキリル総主教は2014年9月8日、信者向けの映像番組で次のように語った。

「ロシアはロシア連邦よりももっと広い文明に属している。この文明をわれわれはロシア世界と呼ぶ。ロシア世界はロシア連邦の世界ではなく、ロシア帝国の世界でもない。ロシア世界はキエフの（洗礼を授けるための）洗礼盤から始まった。ロシア世界、それは今日、自分たちを異なる名前で呼ぶ人々、ロシア人とウクライナ人、ベラルーシ人が属している特別な文明である」

キリル総主教は「ロシア世界」が言語だけでなく、正教で結ばれる「文明」だと定義した。東スラヴ以外の人々も属しているが、核になるのは正教を受容したロシア人、ウクライナ人、ベラルーシ人の東スラヴの民だ。

キリル氏は同様の発言を繰り返しており、彼の信念でもある。2015年7月18日には、訪問先のモスクワ郊外の修道院で「ロシア世界、それは同時にウクライナ世界、ベラルーシ世界でもある」と語った。続けて「この世界はすべてのルーシだ。これはドニプロでの洗礼によってつくられ、ウラジーミル大公の世界であり、われわれの民の文化と暮らしに浸透している価値システムだ」と強調した。

「ドニプロでの洗礼」も988年、キーウの住民が一斉にドニプロ川で洗礼を受けた故事にもとづく。「キエフの洗礼盤」と同義だ。

キリル総主教は、「ロシア世界」とは、正教を信仰する東スラヴ人のロシア人とウクライナ人、ベラルーシ人が核となって形成するひとつの文明であるとみなした。正教関係者だけではなく、他の多くの保守派は正教がロシア世界の中心にあると考えている。

プーチン大統領も2021年7月の論文で、ロシア人とウクライナ人が「ひとつの民」である根拠として言語と宗教の同一性を挙げた。ロシア語やウクライナ語などスラヴの言語表記に使われるキリル文字の原型が正教布教のために広まったことも、言語と宗教がともに文明の基盤だという主張に結びつく。

「ロシア世界」という言葉はもともと、ロシア国内のロシア人と国外に取り残された同胞とを結びつける言葉であり、前述したように、その同胞と旧ソ連圏の共通語であるロシア語を守るという目的があったはずだ。だが、正教と結びつくことで、「ロシア世界」は「文明」をも意味する幅広くあいまいな民族主義的概念に転化していった。

保守派の文明論

「巨大な力によってロシア世界が分裂され、弱体化され、可能な限り絶滅され、ロシアの魂が根絶やしにされようとしている」

2018年11月3日、公の場でこう語気を強めたのは、基金「ロシア世界」の会長で、政権与党・統一ロシア所属の有力下院議員、政治評論家としても知られるヴャチェスラフ・ニコノフ氏だ。モスクワの北西にあるトヴェリで開いた基金の総会での発言だった。

ニコノフ氏の発言の裏にも、ウクライナをめぐり激しくなった米欧諸国との対立があった。当初は単なるロシア語の普及のための概念だった「ロシア世界」は、次の段階でロシア正教と結びついて宗教的性格を帯びた。そして、2014年にウクライナ危機が深まるとともに、「米欧から守らなければならない文明」という明確な政治的主張へと変わっていった。

そうした政治性は、ロシアを代表する保守強硬派の知識人グループが2016年にまとめた報告書「ロシア世界のドクトリン」によく表れている。[11] 報告書は愛国主義的な学術・社会団体「イズボルスク・クラブ」のメンバーによる各種の論考を収録し、本としても出版された。

報告者には、哲学者で「力強い保守主義研究所」を主催するヴィタリー・アヴェリヤノフ氏、極右作家のアレクサンドル・プロハノフ氏、思想家でユーラシア主義者として知られるアレクサンドル・ドゥーギン氏、経済学者のアンドレイ・コビャコフ氏、「ロシア文明研究所」所長で国家主義者のオレグ・プラトーノフ氏ら民族主義的な論客が名を連ねた。

その序文から、彼らが「ロシア世界」という概念をどうとらえ、どのような政治的意味を持たせているかを読みとることができる。

「ロシア世界は競合する諸文明のプロジェクトが衝突する曲がり角で目覚めた。ソ連というプロジェクトが崩壊した後、1000年に及ぶロシア文明の骨組みがあらわになった」と言明される。ソ連崩壊で「文明の担い手としてのロシア人」が新たな政治的境界線によって分断されたそのとき、『歴史的ロシア』の必然的な基盤としてロシア世界という概念が急速に現実化し始めた」と指摘された。「1000年の」とは、正教を受容した10世紀末から現代までを指す。

20世紀のロシアは、西側との衝突で共産主義というイデオロギー的、実験的プロジェクトを失った。21世紀には「歴史的なロシア」に回帰してアイデンティティーの再形成をめざすことになった。保守派、特に保守強硬派の知識人たちは、ソ連崩壊で喪失した共産主義というイデオロギーの空白を、「ロシア世界」という概念で埋めようと試みた。

この報告書によれば、正教を中心に言語、諸民族、文化、歴史、領土、自然、国家体制などロシアを形成してきたあらゆるものを包含するのが「ロシア世界」だ。それはひとつの文明であり、もっと幅広い概念でさえありうる。

そして、崩壊したソ連に代わって浮かび上がった「ロシア世界」には、新たな困難な状況のなかで2つの選択肢がありえるという。「現状に甘んじる」のか、あるいは「ロシア世界の再建と復興に向けた新しい道と形を探す」のか——。

第1の選択では、『冷戦』の勝者」である米国の意志に従い、冷戦の結果を固定化し、「自由主義的イデオローグたちの偽善」の対象へとロシア自身が変質していくことになる。米欧の自由主義的な主導者とは「偽りの植民地主義者」だと指摘される。

あるいは第2の選択に向かうのか。そこでは、20世紀の地政学的争いの結果に同意せず「歴史的正義の回復」をめざすことになる。「歴史的正義の回復」には強硬なもの、穏健なもの、さまざまな観点や方法がありうるが、第2の選択が「圧倒的多数のロシア人や国外にいるロシア人の大半によって共有されている」と主張した。

したがって、その結論は「ロシア世界ではプーチン氏が領土を集める政策に回帰することへの全面的賛成を呼び起こさずにはいられない」と飛躍する。この政策とはクリミア半島の再統合であり、ドンバス（ウクライナ東部）などに対する支配の回復であり、旧ソ連諸国との政治的、経済的な結びつきの強化だ。

保守強硬派の知識人にとって、「ロシア世界」の復興とは、なによりもソ連崩壊で失った歴史的ロシアの「正義の回復」を意味するという。彼らの言う「正義」には、1991年のソ連崩壊以降、ロシアが国際社会のなかで大国として正当な扱いを受けられてこなかったという苦渋の思いが表れている。特に冷戦の「勝者」となった唯一の超大国、米国によってロシアの国益が軽視されてきたという遺恨が透けて見える。

文明の衝突と保守派

ロシアの保守強硬派の知識人もキリル総主教のように「ロシア世界」を「文明」と同義語として、あるいは近い意味で使い、主要な文明のひとつだとみなした。ウクライナを舞台に西欧文明と「ロシア文明」の「衝突」が起きているとの議論を展開した。

例えば、民族主義的な思想家として知られるアレクサンドル・ドゥーギン氏は「ロシア世界」の唱道者のひとりだ。ウクライナ問題の背後にロシアという文明を根絶させる米欧の隠された目的を見ている。「文明の衝突」が、「1極世界」と呼ぶ米国主導の国際秩序の維持と強化をめざす米欧の策略によって引き起こされたという主張で、米欧から見れば陰謀論に近い。

ドゥーギン氏は2023年6月1日にモスクワ市内で開かれたフォーラム「どのようなウクライナがわれわれに必要か」にパネリストとして出席し、次のように発言した。

「米欧はわれわれのロシア世界に、克服することが困難な分断線を引こうとした」

「彼ら（米欧）は無論、われわれを完全に絶滅させ、世界史の主権を持つ主体として、文明としてのロシアの存在を抹殺しようとしている。これが彼らの目的だ」

こうした保守強硬派の主張は、米政治学者サミュエル・ハンチントン氏が1996年に出版した著作『文明の衝突』の議論をある程度想起させる。ハンチントン氏は、冷戦後の世界では自由資本主義と共産主義といったイデオロギー対立に代わって、世界が西欧、東方正教会、イスラム、ヒンドゥー、中華など主要文明に分かれ、文明間の対立とパワーシフトが起こると予測した。

「ロシア世界」を利用するのは、ロシアの保守派の知識人だけではない。「ロシア世界」という言葉は、2023年3月31日に大統領令によって承認された「ロシア連邦対外政策概念」にも盛り込まれ、外交用語にもなった。

「対外政策概念」はロシア外交の基本方針を示す重要な政府文書であり、ウクライナ軍事侵攻や米欧との対立激化を受けて6年半ぶりに改訂された。2016年版の「対外政策概念」には「ロシア世界」という文言はなかったが、2023年版の第4項では以下のように明記された。

「1000年を超える独立した国家としての経験、それに先行した時代の文化的遺産、伝統的なヨーロッパ文化や他のユーラシア諸文化との深い歴史的な結びつき、さまざまな民族、人種、宗教、言語グループの調和した共存を共通の領域において保証してきた、何世紀にもわたり練り上げられてきた能力によって、ロシアは独自の文明国家として、広大なユーラシアの、欧州・太平洋の大国として定

2023年6月1日、モスクワのロシア通信で開かれたフォーラムで発言するドゥーギン氏

義され、ロシア民族と他の諸民族を結合し、ロシア世界の文化・文明的統一性を形成してきた」

ロシアの保守派の国家観をよく表している。「対外政策概念」は、ロシアがユーラシア大陸の東西に広がる多様な民族と宗教を持つ独自の文明国家だとみなす。そのうえで、米欧の「非友好的な行動」がロシアの発展を妨げようとしていると批判する。こうした民族主義的、ある種の陰謀論的な世界観は、実はロシアの保守派に歴史的に広く共有されてきたものだ。

「ロシア世界」を唱えるドゥーギン氏に話題を戻すと、娘のダリヤ氏が2022年8月20日、モスクワ郊外で起きた自動車爆弾テロで死亡し、内外に衝撃を与えた。ロシア連邦保安庁により「ウクライナ特殊機関が準備し犯行に及んだ」と断定された。一方、ウクライナ政府は関与を否定している。[12]

爆破された自動車には、この日、同じイベントに参加していたドゥーギン氏も同乗する予定だったが、直前に別の車で帰宅することに変更したという。本当の標的はドゥーギン氏本人だった可能性がある。ドゥーギン氏は「ロシア世界」のプロパガンダを主導するひとりであり、クリミア併合を扇動し、ロシアとベラルーシ、ウクライナの統合やユーラシア帝国の再興をも唱えてきた。ウクライナから憎悪されていてもおかしくはない。

もっとも、一部の日米欧のメディアが、ドゥーギン氏がプーチン氏に強い影響力を与えている人物だと伝えていたのは事実と異なる。プーチン氏の「盟友」などと持ち上げたのも、適した表現とはいえない。2人の間に個人的な接点は見られないし、プーチン氏がドゥーギン氏の思想に言及したといった情報も特に報じられていない。

「ロシア世界」という概念や「反米欧」の主張は、プーチン氏も含めて多くの保守派の知識人が共有するようになっている。そのなかでドゥーギン氏の過激さが際立ち、ロシア社会で一定の影響力を持つようになったのは確かだ。

しかし、プーチン氏への思想的影響をドゥーギン氏に帰するのは正確さを欠く。保守派のなかからあえてドゥーギン氏の過激な思想に焦点を当て、プーチン氏の対外政策に近いことを指摘してきた米欧メディアには、プーチン政権の危うさを誇張する狙いがあった。

保守強硬派3人衆

保守派の知識人や国民の保守層は広い意味で「プーチン体制」の参加者、あるいは外部の支持者だといえる。さらに、政権の中枢やプーチン氏に影響力を持つ「インナーサークル」にいる人々にも「文明の衝突」を認識する強硬な保守派が数多い。

彼らは、プーチン氏を頂点とする権力のヒエラルキーや利権構造のなかでたがいに結びついているだけではない。ロシア正教への信仰やその保守的な思考によっても固く結びついている。ウクライナへの軍事侵攻やロシアの世界的な使命という理念に共鳴し、あるいはその唱道者の一人となって、プーチン氏の地政学的なプロジェクトを支える。

プーチン政権内で保守強硬派がだれかを特定するには、２０２０年にモスクワ郊外に創建された軍大聖堂の建設事業に寄進した主な顔ぶれを思い起こすと分かりやすい。ショイグ国防相、ゲラシモフ参謀総長、ボルトニコフ連邦保安庁長官をはじめとする軍や治安機関のトップ、ウォロジン下院議長やマトビエンコ上院議長ら議会幹部、国営企業、政権に近い民間企業の社長らが名を連ねた。

このうち、特にウクライナへの軍事侵攻で重要な役割をはたしているインナーサークルの保守強硬派を3人挙げる。いずれも、侵攻にいたる経緯や侵攻後の展開を理解するうえで欠かせないプレーヤーだ。

ニコライ・パトルシェフ氏

表舞台に登場している最も重要な人物は、プーチン氏の旧友でロシア安全保障会議書記を務めていたニコライ・パトルシェフ氏だ。米国による世界の1極支配やロシア弱体化の野望を主張し、軍事侵攻の戦略策定を主導してきた。

プーチン大統領が5期目に入った2024年5月に大統領補佐官に転じるまで、政権内でプーチン氏に次ぐ発言力を有していると見られていた。ロシア・メディアを通じた情報発信も活発で、プーチン政権のプロパガンダの一翼も担う。

安保会議は、治安や外交、経済まで多岐にわたる安保分野の方針や政策の策定を担当するプーチン政権の要だ。議長はプーチン氏が務め、その書記は、主に経済政策を担当する首相よりも影響力が大きい。プーチン氏がドミトリー・メドベージェフ氏に大統領職を委譲した2008年5月、それまで連邦保安庁長官を務めていたパトルシェフ氏が安保会議書記に任命された。

パトルシェフ氏はプーチン氏よりも1歳年上で、同じ旧ソ連国家保安委員会（KGB）の出身だ。2人は1970年代、ロシア北西部のレニングラード州のKGB勤務時代に知り合った。プーチン氏が最も信頼する盟友であり、2000年の政権発足前からプーチン氏を陰で支えてきた。

パトルシェフ氏も敬虔な正教徒だ。2003年、父親が生まれたロシア北部アルハンゲリスク州のポドモ村に木造の小さな教会を寄進している。彼の反米欧の思考には、次章以降で取り上げるロシア正教の原理主義の影響が色濃く見える。

ロシア政界では特に２０１０年代半ばころから、治安機関や軍など武力機関のなかで、内政と外交での強硬策を唱える保守強硬派が台頭した。ロシア・メディアや政治評論家の間では、ロシアの伝統と精神的価値を重んじ、保守的な体制を外敵から守る「守護者（охранители）」との異名を取った。その中心人物がパトルシェフ氏だった。プーチン氏に忠実だが、プーチン氏急死など有事の際には副首相を務める長男のドミトリー氏を次期大統領候補にしようと画策しているとの見方もある。

米ブルームバーグによれば、プーチン氏は２０２２年2月のウクライナ軍事侵攻に踏み切るとの最終決定を、パトルシェフ氏、ショイグ国防相、ゲラシモフ参謀総長の3人を含むほんの一握りのタカ派とともに下した。[13]

ユーリー・コワリチュク氏

政権内の人物とはいえないが、プーチン氏に強い影響力を持つ企業家に、ユーリー・コワリチュク氏がいる。プーチン氏がサンクトペテルブルク市で働いていた１９９０年代からの旧友で、北西部レニングラード州の湖畔にプーチン氏らと別荘の協同組合「オゼロ（湖）」をつくっていたきわめて親しい間柄だ。物理・数学の博士号を持つ。大手民間銀行「ロシア」の最大の株主であり、プーチン氏の巨額の隠し資産を管理しているオリガルヒだとも一部で報じられた。その実態は不明だ。

息子ボリス氏は電力最大手インテルＲＡＯの社長を務めた後、２０２４年5月に会計検査院の院長になった。

コワリチュク氏は、後述するロシア正教の世界観や反米思想を唱えるイデオローグのひとりと見られる。ウクライナへの軍事侵攻が避けられないとプーチン氏を説得した人物だとも報じられた。次章

サンクトペテルブルク市内にある大手民間銀行「ロシア」本店

で登場するロシア正教会の原理主義者チーホン師とプーチン氏の会合にたびたび同席するなど正教会との関係が深い。

ロシアの反政権派ジャーナリスト、ミハイル・ジガリ氏によると、2020年の春から夏にかけて、新型コロナウイルスの感染対策のためにモスクワ北方のバルダイにある別荘で厳重な隔離生活を送ったプーチン氏に付き添っていたのが、コワリチュク氏だった。[14]

ジガリ氏は2022年3月の米紙への寄稿で「2020年の夏以降、2人はともにロシアの偉大さを回復するための計画を練っていた」と指摘した。そうした計画の思想的源泉となったのが、第4章で取り上げる思想家イワン・イリインの著作だ。

ウラジーミル・メジンスキー氏

ウクライナへの軍事侵攻で注目されるようになった人物の一人に、2020年1月からプーチン大統領の補佐官を務めるウラジーミル・メジンスキー氏がいる。2022年2月の侵攻開始から間もなくして始まったウクライナ側との停戦・和平交渉でロシア代表団の団長に抜擢された。

2012年5月、大統領に返り咲いたプーチン氏の推薦で文化相に就任し、その任期は2020年まで約8年間に及んだ。閣僚になる4年前の1998年に連邦税務警察庁に入り、翌1999年に政権与党の選対本部幹部として頭角を現した。ロシアの戦争史に造詣が深く、ロシア史の著作も多い。一部の専門家から民族主義的な偏った歴史観があると指摘され、その著作や発言が批判を受けることもある。

メジンスキー氏は、政権内に数多いプーチン氏と同郷の旧友でもKGB出身者でもない。強い政治力を持つとはいえない。それでも、プーチン氏はメジンスキー氏の歴史講話を好んでいるといわれ、政権の保守・愛国主義の宣伝、普及での役割は無視できない。

2012年末の大統領令で創設された「ロシア戦争史協会」の初代会長となり、2024年現在もその職にある。ロシアの戦争に関する研究、啓蒙活動、史的遺産の保護、記念碑の建設などに取り組む保守派の団体だ。プーチン氏肝煎りの基金「ロシア世界」の運営幹部でもあった。

2016年11月4日、モスクワのクレムリンの隣にあるボロヴィツカヤ広場で巨大な立像がお披露目された。988年にキエフ・ルーシをキリスト教国家にしたウラジーミル大公の立像で、16メートルの高さを誇る。設置を提案したのはメジンスキー氏とソビャーニン・モスクワ市長だった。

11月4日の除幕式にはプーチン大統領も参列し、「今日のわれわれの責務は、結束と調和というかけがえのない伝統にもとづき、わが国の1000年の歴史を守りつつ前進し、現代の課題や脅威にともに立ち向かうことだ」と国民の結束を訴えた。

2016年、モスクワ中心部に建てられたウラジーミル大公のブロンズ像

ミハイル・ジガリ氏によると、メジンスキー氏は「プーチン氏のゴーストライター」の顔を持つ。プーチン氏の指示を受け、２０２１年に発表した論文「ロシア人とウクライナ人の歴史的一体性」を編集したのがメジンスキー氏だという。ロシア戦争史協会の専門スタッフに草稿を書かせ、同氏とプーチン氏が完成させた。[15]

ロシアの保守主義は、３人をはじめ政権の内外で活動する幅広い人々によって支えられ、いまはプーチン氏がその中心にいる。ソ連崩壊と１９９０年代の混乱に失望した保守派の人々は、「強いロシア」の復活を掲げるプーチン氏の登場を歓迎した。プーチン政権の発足当初からその手腕に、大きな期待をかけた。

さらに、ウクライナで政変が起き、米欧との対立が激化していくと、保守強硬派が支持する最大のプロジェクトがウクライナを取り戻すことに変わっていった。侵攻について、独裁的なプーチン氏にすべて起因し、彼さえいなければ侵攻もなかったとみなす米欧やウクライナの主張は正しくない。なぜなら、１９９１年のソ連崩壊以降、「正義の回復」を求めてきた多様な保守派の人々によって、その実現を託されたのがプーチン氏だからだ。プーチン氏もその悲願を共有し、先頭に立った。仮に1990年代後半にプーチン氏がロシア政界に現れなければ、保守派は別の指導者を見つけ出そうとしたはずだ。ウクライナのNATO加盟を阻むことができる別の指導者を探しただろう。

プーチン政権の幹部も保守派で固められている。その象徴的な出来事がある。2022年2月21日夕、ウクライナ東部の占領地域ドネツク、ルガンスク両州の独立承認を協議するため、クレムリンで開かれた安全保障会議の会合だ。安保会議は通常、非公開だが、3日後の軍事侵攻へとつながる21日の会合は、国営テレビで異例の中継があり、国の内外で話題になった。

米欧やウクライナとの交渉に当たっていたラブロフ外相やコザク大統領府副長官に続いて、ボルトニコフ連邦保安庁長官やメドベージェフ安保会議副議長（前大統領）、ウォロジン下院議長、マトビエンコ上院議長、パトルシェフ安保会議書記、ナルイシキン対外情報局長官、ショイグ国防相らが次々と、2州独立について賛否の表明を、プーチン氏から求められた。

この安保会議は一部メディアで忠誠を誓わせるための「御前会議」とも揶揄《やゆ》された。だが、プーチン氏が側近たちに「踏み絵」を踏ませるための単なる見せ物だったわけではない。ロシアの国民と世界に向け、政権内の保守派の団結を誇示する狙いがあった。プーチン氏は、同じ保守的な理念を共有する政権幹部が一枚岩であり、決意を共有していることを見せつけようとした。

プーチン氏の使命

ウクライナ軍事侵攻の直前、プーチン大統領は再び「ロシア世界」に言及している。2022年2月2日、科学や医療、航空、芸術、財界などの分野で大きな功績のあった人々に国家勲章を授与するクレムリンでの式典の最後に、受賞者を前にこう発言した。

「尊師イラリオンは正教会世界に関して、こう述べられたことがある。『造ったのはわれわれではない以上、われわれには壊すことができない』。その通りだ。全ロシア世界に関してもいえる。それはわが国と全く同じように、一見したところ、どれほど奇妙に思えても、それでもまったくその通りなのだが、多様な宗教があり、多民族である、ロシア世界とはとても多面的で、巨大なのだ。それを造ってきたのはわれわれではない。われわれの使命はそれを強化し、発展させ、わが国民と全世界にとって魅力あるものにしていくことにある。あなた方のような人々、あなた方の個人的な尽力のおかげで、それをなし得るし、そうしているのだ」

プーチン氏は「ロシア世界」が神の創造物だとみなした。その「ロシア世界」を強化し、発展させていくことが、プーチン氏と受賞者たちの「使命」だと表明した。ちなみに、プーチン氏がこの演説で言及した尊師イラリオンとは、ロシア正教会ブダペスト・ハンガリー府主教管区の府主教で、モスクワ総主教管区の対外教会関係部を率いるイラリオン府主教を指す。

イラリオン府主教は、ロシア正教会の幹部のひとりだ。宗教関連の著作が数多くあり、長年、正教文化の普及に努めてきた。前述の基金「ロシア世界」では、監督評議会メンバーとして、基金の活動を後押ししていた人物だ。この日、国家勲章を受賞した約20人のうちのひとりでもあり、国家建設に特別な功績があったロシア人に贈られる「アレクサンドル・ネフスキー勲章」をプーチン氏から授与された。

この演説でプーチン氏は、保守強硬派の論客や正教会幹部と同じように「ロシア世界」と「正教」を明確に結びつけている。ロシア正教だけでなくさまざまな宗教、民族を内包するのが「ロシア世界」だと述べた。ただ、保守強硬派の知識人とは異なり、不用意に領土再興の野望を見せているわけではない。

プーチン氏は「ロシア世界」を科学や文化、経済の分野で国力を高め、世界に貢献していきたいと表明している。２００７年に基金「ロシア世界」を創設したときも、ロシアの言語文化を守り、発展させ、国力の回復につなげるのが目的だった。いわゆるハードパワーではなく、ソフトパワーの伸長で、広大な「ロシア世界」を強化していく考えを示していた。

だが、この日は同時に、プーチン氏が明確な使命感を抱いていることが注目された。その「使命」とは「ロシア世界」を守護することにある。「使命」はロシア語で миссия（ミーシヤ）と表記し、英語の mission（ミッション）と語源は同じだ。歴史的にキリスト教の伝道使節に使われた言葉であり、聖なる事業遂行の意味を持つ。

プーチン氏がエリツィン氏から大統領職を引き継いでから、22年もの年月が過ぎていた。21世紀の大国の元首では、最長になった。この間、１９９０年代の政治、経済混乱を収拾することに成功し、チェチェン紛争による分裂の危機から国家を救ったと国内で評価された。

プーチン氏は長びく混迷で疲弊し、ばらばらになっていたロシアの国民に、再び強い愛国心を抱かせた。国家への誇りも取り戻させた。「独裁者」「強権的政治」といった米欧からの批判にもかかわらず、国民の根強い支持があり、強固な政権基盤を築いていた。

ロシアの歴史を渉猟し、国家再建の事業を自任しているプーチン氏。２０２２年に70歳の誕生日を迎え、政治活動の仕上げの段階に入った国家元首が自らの「使命」を意識し、ロシア史に偉大な名を残したいと考えても不思議はない。

では、プーチン氏の「使命」とは具体的に何を指すのか。こうした議論は、特に大統領就任から20周年を迎えた2020年前後から、保守派の知識人や政治専門家、メディアの間で広がった。

例えば、2020年1月、ロシアの名門大学、高等経済学院の教授らは「プーチンの使命。ウラジーミル・プーチンの20年間の統治の総括」と題した長文の報告書を発表した。報告書では「ウラジーミル・プーチン氏はただわが国で高名な国家指導者というだけではない。誇張ではなく、彼は21世紀初めの最大の世界的政治家である」と評し、プーチン氏の主要な使命は「ロシアを再び偉大にすることだ！」と指摘した。

ウクライナ軍事侵攻を始めてまもなく、2022年3月11日にはロシアの独立国家共同体（CIS）諸国研究所のホームページなどに「ロシア世界の再興あるいはウラジーミル・プーチンの使命」と題した論文が掲載された[16]。

この論文は、保守派の社会活動家でテレビ司会者のユーリー・コト氏の著作などを引用しながら、「ロシア人とウクライナ人は同じ民だというウラジーミル・プーチン氏の主要な命題」に賛同し、ロシア領の分断ではなく再統合に動き始めたとしてプーチン氏を強く支持した。

そして「歴史の一部となれるのは、特別な使命を持ち、破滅的な崩壊を止め、自らの文明を社会的創造の道へと戻せる統治者だけだ」と締めくくった。NATOの東方拡大を阻止する米欧との最後の交渉が決裂したことを受け、「ロシアの土地を集める者」として歴史的使命を遂行するようプーチン氏の背中を押した。

軍事侵攻の開始から1年あまりたった2023年3月14日、プーチン氏は訪問先の東シベリアの都市ウラン・ウデで記者団に「われわれはそこで自分を大ロシア世界の一部だとみなしている人々に支えられている」と語った。「そこ」とは、2014年の親欧米派による政変が起きたウクライナ、なかでも東部と南部のロシア語を話す人々だと説明した。「ロシア世界」というキーワードに「大」という形容詞をつけて強調した。

さらに、プーチン氏は軍事侵攻には2つの目的があると指摘した。ひとつは東部と南部で暮らす「ロシア世界」の人々を守ること。もうひとつは、米欧との地政学的争いのなかで「まさにロシアの国体の存在のための戦いだ」という。「国体の生き残り」をかけた戦いの中心に、「ロシア世界」という概念がある。

プーチン氏のこのときの発言では、2014年以降、「ロシア世界」という言葉が持つようになった二重性が浮き彫りになった。ロシア語を話す人々という意味と、地政学争いで生き残りをかけるロシアの文明というもうひとつの意味だ。

後者は、さまざまな文明の衝突が起きている現代世界で「ロシア世界」を復興する、という保守強硬派の知識人の主張と共鳴する。保守派の期待を一身に背負うプーチン氏も、ロシア系住民だけでなく、「ロシア世界」という文明を守らねばならないという使命感を抱いた。

プーチン氏の「使命」と「ロシア世界」の関係については、プーチン氏と長年交渉し、ロシアをよく知る米国のバイデン大統領が2022年10月11日、米CNNテレビのインタビューで次のように鋭く指摘している。

「(ウクライナ侵攻の)決定がされた後に彼（プーチン氏）が行った演説を聞くと、彼はその考えをすっかり、つまりロシア語を話す人々すべてを統一するロシアの指導者になる必要があると話している。まったくもって、ばかげたことだと思う」

ロシアと長年対峙《たいじ》してきたバイデン氏は、「ロシア世界」全体を統治しようとするプーチン氏の試みを「ばかげたこと」だと米国民に訴えていたが、同時にその闇の深さも理解していたはずだ。

ピョートル大帝をめざす

ソ連時代から国民に親しまれてきたモスクワの全ロシア博覧センター（VDNH）で2015年12月、「ロシア――わたしの歴史」と名づけた新しい常設展示会が始まった。最新の3D映像や写真、パネル、模型などを駆使し、ロシアがキリスト教を受容した10世紀以降、どのような偉大な歴史を歩んできたのかを時代順に紹介する大規模な啓発イベントだ。同様の展示会は2022年夏までにすでに全国24の主要都市で開かれ、親ロシア派が占領するウクライナ東部のルガンスク州で開催されることも決まっていた。

VDNHでのオープニングセレモニーには、ソビャーニン市長に加え、ロシア正教会のキリル総主教や正教会幹部のチーホン府主教も訪れた。各都市の主催者はそれぞれの地方自治体だが、仕掛け人は総主教文化評議会を率いるチーホン師だったと見られている。チーホン師の提案を受け、プーチン大統領が旗振り役となって実現した。ロシア正教会と大統領府が一体となって企画した。

この展示会を、プーチン氏が2022年6月9日に訪れた。この日に始まった特別展示「ピョートル1世　帝国の誕生」の会場で、若手企業家らを前にこう語った。

「ピョートル1世は21年間、北方戦争を戦った。スウェーデンと戦い、領土を奪い取ったかのように

モスクワのVDNHで開かれた特別展「ピョートル1世　帝国の誕生」の入り口にはピョートル大帝の肖像画が掲げられた

思われているようだ……。彼は何も奪い取ってはいなかった！　取り戻していたのだ」「そこには大昔からフィン・ウゴル系の人々とともにスラヴ人が暮らしていた。しかも、その地域はロシア国家の支配の下にあったのだ」

ピョートル大帝は17世紀終わりから18世紀にかけて君臨したロシア皇帝であり、自分の名を冠した新都サンクトペテルブルクを建設した。軍事や政治、経済などさまざまな分野で改革に取り組み、北方戦争での勝利により「大帝」と呼ばれるようになった。ロシアはバルト海への出口を確保し、西欧の大国と肩を並べる列強への道を確かに歩み出した。

プーチン氏が最も尊敬する歴史上の人物であり、1990年代半ば、サンクトペテルブルク第1副市長として勤務していた市庁舎の執務室にピョートル大帝の肖像画を飾っていた。

「ピョートル1世　帝国の誕生」は大帝の生誕350年を記念した特別展示であり、初日の6月9日はピョートル1世のちょうど誕生日に当たった。

メディアの耳目を集めたのは、プーチン氏が笑顔で口にした次のような発言だ。

「どうやら、われわれにもまた取り戻し、強化するという運命が訪れたようだ」

プーチン氏はここで、自らを北方戦争に勝利したピョートル1世になぞらえ、領土を取り戻すことが使命であると示唆し、ウクライナ軍事侵攻を正当化しようとした。米欧では、プーチン氏の領土拡張への野望が明白になったと報じられた。

ただ、プーチン氏がもともと領土の回復を求める野望の持ち主だったとはいえない。2000年の大統領就任後は、米欧との統合路線を掲げるリベラルな思考も持ちあわせていた。

20年以上に及ぶプーチン体制を俯瞰《ふかん》してみれば、その前期には保守化がゆっくりと進んでいたことが認められる。ややリベラルの方向に振れた2008年からのメドベージェフ政権で首相を務めていた4年間をはさんで、2012年に大統領に復帰して以降、特に内外政策で反米欧的な強硬な手段に訴えるようになった。

では、何がプーチン氏を保守強硬路線に向かわせたのか。次章以降、プーチン氏に影響を与えたロシア正教の原理主義とロシア・ナショナリズムをそれぞれ代表する2人に焦点を当て、その深層を探っていく。

第2章

プーチン氏の懺《ざん》悔《げ》聴聞僧

ロシア正教会の原理主義

「スパイの教会」

レーニン率いるボリシェビキによるロシア革命から100周年を迎えた2017年の5月25日、モスクワ中心部にあるロシア正教会のスレテンスキー修道院で、新たに建てられた聖堂の成聖式が催された。

真新しい聖堂は白い石造りの清楚な印象を与える。金色の円天井の先端は61メートルもの高さがあり、美しさと偉大さをあわせ持つ。17世紀に同じ敷地内に建てられた由緒あるウラジーミル寺院の隣に建てられ、「キリスト復活・ロシア教会新殉教者・懺悔《ざんげ》者聖堂」と名づけられた。

モスクワ市内のスレテンスキー修道院の新聖堂

スレテンスキー修道院は、旧ソ連の治安・情報機関、国家保安委員会（KGB）の本部が置かれたルビャンカ地区にある。クレムリンに近い市街地にありながら、奥まった場所にあり、ひっそりと目立たない。敷地内に入ると、修道院らしい凛とした静寂に包まれる。

KGBの本部はソ連崩壊後、後身であるロシア連邦保安庁（FSB）に引き継がれた。スレテンスキー修道院にはそのFSBの幹部や職員が通ったことから、俗に「スパイの教

2017年5月25日、モスクワのスレテンスキー修道院を訪れたプーチン大統領（中央）、キリル総主教（右）、チーホン師（撮影ミハイル・メトツェリ氏、タス通信）

会」と呼ばれるようになった。

この日、大勢の聖職者や信者が集まるなか、特別な賓客の姿があった。プーチン大統領だ。あいさつに立つと、祝辞をこう切り出した。

「スレテンスキー修道院の新しい聖堂の成聖式は正教徒にとってだけではなく、われわれの社会全体にとっても重要で、意義のある出来事です。なぜかというと、この聖堂はキリストの復活と新しい殉教者たち、すなわち、新殉教者、抗神の時代に信仰により受難し、抑圧の過程で死亡した人々の記憶のためにささげられているからです。それと同時に、和解も体現しています」

多くのロシア人、特にソ連崩壊後、正教の信仰を取り戻した人々の心に強く訴える言葉だった。

１９１７年のロシア革命後、一党独裁の政治体制を敷いたレーニンの共産党は「科学的社会主義」を基礎的理論とする唯物論の政党だった。資本主義社会の矛盾を科学的に追究し、社会を変革して共産主義社会を実現する目標を掲げた。

チーホン（シェフクノフ）府主教（2013年10月31日。ユーリー・マシュコフ氏撮影、タス通信）

「抗神」とは、神の存在と教えを否定した共産党の無神論を指す。伝統の正教も否定された。教会は接収され、破壊され、放棄された。多くの聖職者や信者が迫害され、命を落とした。革命後の1925年末、スレテンスキー修道院も閉鎖され、最後の修道院長[1]となったセルギー（プラクシン）師も1937年、銃殺された。

そのロシア革命の勃発から「100周年に新しい聖堂が開かれるのはとても象徴的だ」とプーチン氏は言う。そして「われわれの共通の義務とはロシアの国家統一を守るために、われわれがなし得る限り尽くすことだ」と強調した。

ロシア革命で帝政を支持していた多くのロシア人が国外に逃れ、正教会も国の内外で分裂した。ソ連時代の苦難の歴史だけではない。ソ連崩壊という20世紀で2度目の革命という国難に遭ったことも踏まえた発言だった。

さらにプーチン氏は、国家にとってロシア正教会の役割がどれほど重要かを訴えた。「わが国、わがロシアの国家体制は、ロシア正教会の宗教的、歴史的な経験なしには想像できない」。成聖式の終わりに、プーチン氏は新しい聖堂に古い聖像画（イコン）を贈り、自らの手で祭壇に飾った。

スレテンスキー修道院はかつて国家防衛の砦《とりで》ともなった。1611年には、ポーランド軍からモスクワを解放した2人の国民的英雄ドミトリー・ポジャルスキーとクジマ・ミーニンが軍事司令部を置いていた。ロマノフ王朝の皇帝や皇族もたびたび訪れた由緒ある寺院だ。

祝辞を終えたプーチン氏はロシア正教会のキリル総主教に伴われ、真新しい聖堂や他の宗教施設を見学して回った。この日、もうひとり、プーチン氏に影のように付き添う黒い僧服に身を包んだ聖職者がいた。ロシア・メディアでプーチン氏の「懺悔聴聞僧」と称されるスレテンスキー修道院長（当時）のチーホン師だ。[2]

世俗での名をゲオルギー・シェフクノフ氏という。同じくチーホンを名乗った偉大な先人たち、ロシア革命期に正教会の復権に尽力したチーホン総主教らと区別できるよう「チーホン（シェフクノフ）」としばしば表記される。正教の聖職者らしく長いひげをたくわえ、柔和な表情を絶やさない。

プーチン氏はチーホン師をはじめとする聖職者との交流を通じて、ロシア正教会が長い歴史のなかで形成してきた独特の国家観や歴史観の影響を受けるようになった。正教会の宗教思想は多くの保守強硬派にも共有されており、プーチン政権の政治や、現代ロシアの国の性格にも色濃く表れている。

正教徒プーチン氏

プーチン大統領とチーホン師の浅からぬ縁を見ていく前に、プーチン氏が本当に正教徒であるのかを確認しておきたい。プーチン氏は2000年に大統領に就く前後から、さまざまな形で正教を信仰する姿を公に見せてきた。複数の関係者の証言からも、敬虔な正教徒だとみなされていることが分かる。

例えば、プーチン氏はエリツィン大統領の後継指名を受けて初めて出馬した2000年3月26日の大統領選を前に出版されたインタビュー集『プーチン、自らを語る（ОТ ПЕРВОГО ЛИЦА）』（N・ゲヴォルクヤンほか、扶桑社）で次のように明かしている。

「そう長い期間ではなかったが、アパートにはほかにも年金受給者が住んでいた。私の洗礼には彼らがかかわっている。ババ・アーニャは信心深く、教会に通っていた。私が生まれたとき、彼女と母が私に洗礼をほどこした。父は共産党員であり、工場の党組織の書記だったので、二人はこのことを父に隠していた。

何十年もたった1993年のこと、私はサンクトペテルブルク市庁で働いていて、公式代表団の一員としてイスラエルに行った。キリストの墓の前で聖別してもらいなさいと、母は洗礼を受けた際の十字架を渡した。私は母の言うとおりにし、それから十字架を首にかけた。その後、一度もはずしたことはない」

このインタビューでは、ソ連時代、宗教を否定した共産党の一党独裁の下、生まれてから間もなく、ひそかにロシア正教の洗礼を受けていた事実が告白されている。洗礼を受けたのは、レニングラード（現サンクトペテルブルク）市内の救世主顕栄大聖堂だという。プーチン氏はこのエピソードを別の機会にも披露しており、自らの人生の原風景のひとつとみなしている。

さらに、1993年、故郷サンクトペテルブルクの市政府に勤めていたときにイスラエルを訪問し、お清めを受けた。プーチン氏がエリツィン政権（当時）に入る前、恩師であるサプチャク市長が率い

サンクトペテルブルク市内の救世主顕栄大聖堂

るサンクトペテルブルク市で対外経済関係委員会の委員長を務めていた時期に当たる。イスラエル滞在中、キリストの墓があるエルサレムにも足をのばしたことが示唆されている。

以来、母から渡された十字架を首にかけ、「一度もはずしたことはない」。つまり、自分が敬虔な正教徒であると述べている。無神論のソ連共産党による一党独裁を守る立場にあった元スパイが、エルサレム訪問をきっかけに信仰に目覚めた。

その7年後、権力の階段を上りつめて大統領となったプーチン氏は、教会に通い、礼拝する姿がテレビや新聞でたびたび報じられてきた。春の復活大祭（パースハ）やクリスマス（1月7日）といった正教の重要な祝日には、モスクワ中心部の救世主ハリストス大聖堂などを欠かさず訪れる。単なる政治的宣伝ではないだろう。

2000年5月7日の大統領就任式から3カ月後の8月2日には、ロシア北西部プスコフ州にある聖ウスペンスキー・プスコフ・ペチェルスキー修道院を訪れた。1473年に始まったこの修道院もロシア有数の由緒ある寺院のひとつだ。敷地内には春から夏にかけて多くの花が咲き乱れる美しい庭園や、壮麗な祭壇を持つミハイロフスキー大聖堂がある。

修道院の敷地の地下には長さが延べ約270メートルもの地下通路が掘られ、長大な洞窟になっている。そこは1万2000人以上の聖職者や地元の名士が埋葬されてきた共同墓地でもある。通路には個別に遺体を収容する無数の横穴もあり、陶器のプレートでふたをされている。最も古いもので1530年の埋葬が確認されているという。一般にも開放されており、正教徒の巡礼者や観光客が絶えない。プーチン氏もこのとき、地下の「聖なる墓地」を訪れた。

ペチェルスキー修道院で、プーチン氏には「聖なる墓地」の訪問以外にもうひとつの目的があった。20世紀末のロシアで最も尊敬され、スターリン時代に弾圧された聖職者のひとり、すでに90歳の高齢に達していたイオアーン（クレスチヤンキン）修道院長との面会だった。

モスクワのクレムリンの向かいにあるソフィア聖堂のウラジーミル・ウォルギン僧院長は2016年2月、ロシア正教のテレビ番組で、そのときプーチン氏に付き添っていた修道院の住人の話として、長老と呼ばれて敬われていたイオアーン修道院長との出会いを終えた大統領の様子をこう語った。[3]

「イオアーン師の僧坊での面会は45分ほど続いた。面会を終え、僧坊から姿を現したプーチン氏は叫ぶようにこう言ったという。『予想外だった、まったく予想だにしていなかった！』 イオアーン氏はプーチン氏の魂をのぞき込み、魂あるいは人生のなかに秘められていた本性を開いて見せたと深く確信している。それは神と大統領自身しか知りえないことだったが、イオアーン師には見えていたの

聖ウスペンスキー・プスコフ・ペチェルスキー修道院

だ」
「神と大統領自身しか知りえないこと」が何を指すのか、あるいは何らかの啓示があったのかは不明だ。ただ、プーチン氏がイオアーン師との出会いから深い宗教的な感動を受けたのは疑いない。チーホン師によると、正教会で「長老（старец）」と呼ばれる厳しい修行を積んだ聖職者には神が過去と未来を現在のように見える能力を与えている。[4] 2006年2月、イオアーン師が死去した際に、プーチン氏は真っ先に弔電を送った。

プーチン氏のペチェルスキー修道院への訪問には、スレテンスキー修道院のチーホン師も付き添っていた。1982年に大学を卒業し、聖職者の道を選んだチーホン師にとって、最初の修行の場所となったのがペチェルスキー修道院だった。

チーホン師はイオアーン長老を懺悔聴聞僧

とし、導師と仰いでいた。２０１８年にはスレテンスキー修道院を去り、プスコフ府主教管区の府主教となった。ペチェルスキー修道院に戻り、故イオアーン師のように修道院長も務めることになった。

チーホン師との出会い

チーホン師は１９５８年７月２日生まれで、プーチン氏の６歳年下に当たる。ロシア・メディアでは、ロシア正教会のなかでも特に伝統を重んじる保守的な宗教観を代表し、自由主義や西欧文明に対して厳しい意見を持つことから「原理主義者」と称される。[5] キリル総主教の後継候補として名前が挙がる正教会の幹部だ。

宗教生活を送る聖職者は一般に世俗的な場で発言することは多くないが、チーホン師は違う。公の活動がひときわ目立っている。キリル総主教に次いで、ロシア正教会で大きな社会的影響力を持つ聖職者のひとりでもある。

２０１０年には総主教文化評議会の書記長となった。２０１６年からはその会長を務め、ロシア正教会の啓発・普及活動を担ってきた。「ロシア大統領文化・芸術評議会」のメンバーでもあり、宗教問題の範囲を越えてプーチン氏や保守派に対する影響力を持つと見られている。

チーホン師が総主教文化評議会のトップに起用されたのは、その経歴を見れば不思議ではないだろう。聖職者としては異例のことだが、全ソ連邦映画研究所（大学）シナリオ学部を卒業した。学生時代、映画監督を志したようだ。正教の信仰への深い理解に加え、著作や映画制作の才能も備える。

２０１１年には、ペチェルスキー修道院の聖職者の素顔や宗教生活を描いた『「聖ならざる聖なる者たち」とよもやま話』[6] と題した本を出版し、たちまち２００万部以上の販売を記録するベストセラー

モスクワ中心部のルビャンカ広場にある旧ソ連国家保安委員会（KGB）本部（現ロシア連邦保安庁）

になった。10カ国語以上の外国語にも翻訳された。

そのチーホン師とプーチン氏が初めて出会ったのは、1998年のことだった。2年前の1996年、プーチン氏はサンクトペテルブルク市役所からモスクワのクレムリン（大統領府）に職場を移していた。大統領府総務部で勤務した後、1998年7月にロシア連邦保安局の長官に抜擢されてまだ間もないころか、その直前のことだったと見られる。

プーチン氏を初めてチーホン師に引き合わせたのは自分だとメディアで主張している人物がいる。当時、エリツィン政権内で隠然たる影響力を持っていた「オリガルヒ」と呼ばれる新興財閥トップのひとり、セルゲイ・プガチョフ氏だ。

敬虔な正教徒を自認すると同時に、銀行を中心とする企業グループを形成していたことから「正教のオリガルヒ」との異名を取った。2000年のプーチン氏のペチェルスキー修道院訪問にもチーホン師とともに同行した。プーチン氏の修道院訪問をお膳立てしたのは、プガチョフ氏とチーホン師の2人だったようだ。

プガチョフ氏は2017年11月、ロシアの反政権派メディア「ドーシチ（雨）」で放映されたインタビューで、こう証言した。[7]

「まったく偶然の出会いだった。そのとき、プーチン氏は大統領ではなかった。私はスレテンスキー修道院に行くところだった。プーチン氏は私とともに働いていた。海外の資産に関する大きなプロジェクトで話があった」。そしてプーチン氏をスレテンスキー修道院に連れて行った。そこで、チーホン師に迎えられた。プガチョフ氏が、教会の祝日にプーチン氏の客人としてチーホン師を別荘に連れて行ったというエピソードも語られる。「（2人は）とても似たもの同士だった」という。

プーチン氏との出会いについては、チーホン師自身も2001年12月7日にイズベスチヤ紙に掲載されたインタビューでこう語った。[8]

「いつだったか、彼はわたしたちの寺院にやってきました。わたしたちの修道院は彼の前の仕事場から近くにありましたから」

修道院は、ルビャンカのFSB本部から500メートルほどしか離れていない。歩いても行ける距離だ。チーホン師のインタビューでは、FSB長官時代、プーチン氏がスレテンスキー修道院に時々、通っていたことも示唆されている。

チーホン氏はこのインタビューで、はっきりと「彼（プーチン氏）と彼の家族はキリスト教徒です」と述べている。正教徒であるだけでなく、懺悔を行い、自らの神への責任を認識していたという。プーチン氏は信心深い正教徒だと語った。

プーチン氏は大統領就任以降、夏休みなどを利用し、国内各地のロシア正教の修道院や教会を訪れる姿がたびたび報じられている。ロシアで広く尊敬される長老たちと面会し、宗教的、精神的な教えを受けていた。

チーホン師によると、プーチン氏はこのころすでに、ロシア正教が国家復活への特別な役割を果たすと考えていた。２００１年8月にロシア北西部のラドガ湖の小島にあるヴァラアム修道院を訪れた際に、正教がなければロシアそのものが存在しなかっただろうと発言したという。プーチン氏は、正教会にはロシア復活への特別な精神的役割を果たす使命がある、なぜなら、われわれの根源はまさに正教にあるからだとも語った。

イズベスチヤ紙に掲載されたチーホン師のインタビューは、２００１年12月6〜8日のプーチン大統領のギリシャ公式訪問に合わせてアテネの新聞に載ったインタビューをロシア語に翻訳したものだ。大統領就任から約１年半後に実現したアテネ訪問は、正教徒のプーチン氏にとって特に感慨深い外遊だった。

到着初日の12月6日にはギリシャ正教会トップのフリストドゥロス大主教（当時）に面会し、同じ正教を奉じるギリシャとロシア両民族の結びつきを確認した。８日には、テッサロニキまで足をのばし、初期キリスト教建築として知られ、ユネスコの世界遺産にも登録されたアギオス・ディミトリオス聖堂を訪れている。

聖地アトス山の訪問

実は２００１年12月のギリシャ訪問で、プーチン氏にはどうしても行きたい場所があった。ビザンチン帝国の時代から続く正教の最大の聖地、アトス山だ。テッサロニキから東へ１００キロメートルあまり、エーゲ海に突き出たアトス半島の先端にそびえる標高約２０００メートルのアトス山には20

もの正教の修道院がある。宗教的自治共同体を形成し、多くの聖職者が昔ながらの禁欲的な厳しい修行生活を送っている。

プーチン氏はギリシャ訪問最終日の12月8日、テッサロニキからアトス山にヘリコプターで飛ぶ予定だった。実現すれば、帝政ロシアからソ連にいたるまで国家元首による初のアトス訪問になるはずだった。ところが、このときは天候の悪化で計画を断念せざるをえなくなった。

プーチン氏は聖地訪問をあきらめない。念願がかなったのは、4年後の2005年9月9日のことだ。中心都市のカリエスで寺院や修道院を見て回り、礼拝に参列した。自治行政機関の聖庁で発言し、ロシアとギリシャ、特にアトス山との精神的結びつきを強調した。

ある修道院の賓客用の訪問者ノートには「すべての苦行者、神のしもべたち、正教を信仰するキリスト教徒のすべて、正教の聖なるものを守るすべての者たちへ　敬具」と書き残したという。自分もそうした正教徒のひとりだと示唆していたのだろうか。

2016年5月28日にも、プーチン氏はアトス山を再訪した。ロシア正教会のキリル総主教とともに、ロシア人修道士が生活する聖パンテレイモン修道院を訪れ、ロシア人修道士の入山1000周年を祝う祈禱《きとう》に参列した。2度のアトス山訪問には、ロシアがビザンチン帝国から受容した正教に対するプーチン氏の思い入れが表れていた。プーチン氏が「敬虔な正教徒」だという説には、プガチョフ氏が前述のインタビューで反論しているので、付け加えておきたい。

プガチョフ氏は「私の考えでは、プーチン氏は信仰のある人間ではない」と言い切った。スレテンスキー修道院に誘うまで、プーチン氏は教会に行ったこともなかったという。チーホン師を念頭に「プーチン氏には懺悔聴聞僧などいない」とも語った。

プーチン氏とチーホン師が「似たもの同士」で意気投合したとも述べ、その理由を、2人とも「批判されることを断固として嫌い」「こび、へつらいが大好きだ」と説明した。プガチョフ氏は、チーホン師が映画監督として果たし得なかった成功を、政権との協力関係で実現しようとしていたとみなしていた。自分のしていることが「政権とプーチン氏に求められていた」ことを理解していたと述べ、野心を抱く両者の協力関係が成立していたと指摘した。

プガチョフ氏は、プーチン氏が政治的に正教を利用するためだけに、教会に通い、聖地を訪れ、聖職者との対話を繰り返していると理解していたのだろうか。プガチョフ氏は2000年代、銀行経営をめぐる訴訟問題やプーチン政権との関係悪化が伝えられ、海外に移住した。事実上の国外追放だ。その後、プーチン氏を激しく批判する側に転じており、こうしたインタビューでの発言を、文字通り受け取ることはできないだろう。

モスクワに移ったプーチン氏がチーホン師ら聖職者と急速に接近し、ロシア正教から影響を受けていったことは疑いない。「強いロシア」の復活を掲げて独裁的な権力者になっていくプーチン氏の政治方針が、正教会の原理主義と共鳴した。

1990年代のエリツィン政権時代には、政治の民主化や経済の自由化が求められ、ロシアは戦略的に米欧諸国に近づこうとした。当時、政権とロシア正教の関係はどちらかといえば儀礼的なものにとどまっていた。2000年にプーチン氏が大統領に就くと、政権と正教会の協力関係が急速に深まり、ウクライナ問題にも影を落としていく。

「帝国の滅亡。ビザンチンの教訓」

チーホン師に代表されるロシア正教の原理主義とプーチン政権の政治の共通性を考えるうえで、示唆に富む映像作品がある。タイトルは「帝国の滅亡。ビザンチンの教訓」。チーホン師が製作者であり、語り手として、ただひとり出演するのもチーホン師だ。2008年1月に国営テレビで放映されると、その大胆な歴史解釈が話題になった。

約70分間の映像作品は、世界史上で最長の1123年にわたって存続し[9]、東西に領土を広げて繁栄した大帝国がなぜ破滅したのか、その謎を解明しようと試みる。ロシアの、特に正教徒の視聴者に、宗教的な教訓を与え、啓蒙することを目的にしている。いわば、ロシア正教会の原理主義の宣伝フィルムだ。

この映像作品でのチーホン師の主張が、どれほど正確に史実にもとづいているかはここでは問わない。チーホン師の歴史解釈を、できるだけ現代の情勢に即して紹介していくことにとどめたい。

西欧では、ビザンチン帝国とは伝統に固執して停滞し、衰退した、ときに残忍で、権謀術数の渦巻く、暗いイメージで語られることが少なくない。ところが、ロシア正教会では必ずしもそうではない。チーホン氏の語りも西欧史観とは異なり、ビザンチン帝国にひとつの理想国家を見いだす。

「帝国の滅亡。ビザンチンの教訓」の冒頭、チーホン師は1000年以上も存続し、広大な領土と豊かな富を誇ったビザンチン帝国を「最も偉大な世界文明の一つ」だったと評価する。続いて語られていくチーホン師のナレーションを、以下のように要約してみた。理解しやすいよう順番を一部入れ替えている。

・「十字軍」を自称する西欧の軍勢が１２０４年、世界で最も美しい帝都コンスタンチノープル（現イスタンブール）を包囲し、陥落させた。唯一の目的は、ビザンチン帝国の豊かな富を徹底的に略奪することにあった。
・略奪したコンスタンチノープルの富によって、高利貸しの銀行システムの怪物が育てられた。それはイタリアのヴェネツィアであり、現代でいえば米国のニューヨークだ。
・ヴェネツィアは自らの資本主義的発展のため、ビザンチン帝国の富だけでなく関税収入という経済利権も支配しようとした。自由な国際市場といった全西欧的価値を拒否しようとするビザンチン帝国と戦うと宣言した。以来、西欧では、ビザンチン帝国が「悪の帝国」であるとの異端的なイメージが形成された。
・ビザンチン帝国を崩壊に導いた主要な原因は、西欧と結託した帝国内のオリガルヒや汚職にもあった。オリガルヒにより国家経済は事実上、私有化され、帝国の力であった中央集権的、垂直統合型の官僚主義的国家体制も解体させられた。
・山師やオリガルヒは、帝国の死活的問題であり、安定した発展の礎となるべき皇位継承問題にも介入した。国外に身を隠しながら、彼らにとって都合の悪い皇帝を打倒し、傀儡政権を樹立し、新たな富の再配分を実現するため、陰謀を支持していた。
・ビザンチン帝国の偉大な宝とは神であり、帝国には神と人間の真の交わりがあった。帝国の富を略奪し、銀行や資本をつくった西欧と異なり、わが祖先はこの宝を引き継ぎ、ビザンチンの精神的後継者たるルーシ＝ロシアをつくった。

・多様な民族が暮らす巨大なビザンチン帝国の分裂を防ぎ、民族間の対立から国家を守る役割を果たしていたのは、唯一の信仰である正教だった。すべての民族集団が「正教徒というローマ人」であり、正教こそが文化的な豊かさや平和を帝国にもたらしていた。

・西欧で「ルネサンス」と呼ぶ時代が始まり、民族主義的な理念が復興された。ビザンチン帝国の中核的民族だったギリシャ人のインテリの間でも、民族主義的な運動が起こり、キリスト教の伝統が否定された。帝国は偏狭な民族主義によって分裂させられ、隣国のイスラム大国により急速に吸収されていった。

・欧州とアジアにまたがる巨大な空間に広がるビザンチンは本質的に多民族で、帝国だ。その帝国の人々は、国家が最も高い価値を持つもののひとつだと実感していた。一方、西欧の世界では当時から、個人主義と個々の勝手な振る舞いが崇高な原則となっていた。西欧にとって、ビザンチンの考え方はまったく理解しがたいものだった。

・ビザンチン帝国では、正教によりキリスト教の信仰がまったく傷つけられず、1000年にわたりいかなる教義も原則的に変化しなかった。西欧はこうした保守主義に我慢がならなかった。「ダイナミックではない、愚かだ」などと呼び、宗教や知的、物質的な生活をすべて、西欧を手本に近代化するようビザンチンに要求した。神に忠実であるという自らの原則を曲げたビザンチンの人々自身にこそ、帝国滅亡の原因があった。

・西欧はセルビア人やブルガリア人にビザンチン帝国から離れ、西欧に加わるよう主張した。物質的、軍事的に支援するといって彼らをだました。その結果、バルカンの民族はオスマン帝国に支配されてしまった。

・ビザンチン帝国の末期、帝国には2つの党派が現れた。自らの力を信じて国家再興をめざす党派と、親西欧の党派の2つだ。親西欧党は、西欧の方がより発展し、ビザンチンは歴史的に終わったとみなした。西欧諸国の支援を受けた親西欧党は経済や軍事、政治をはじめさまざまな改革を実施したが、完全に失敗した。帝国の精神的、物質的破壊を招き、オスマン帝国を前に無防備となった。

・ビザンチン帝国が受けた最後で最大の打撃が、ビザンチンの東方正教会とローマ・カトリック教会（西方）の合同だった。1274年、ビザンチンの皇帝は西欧に対する根本的な譲歩を決意し、ローマ教皇の優位を認めた。だが、東西教会の合同と引き換えに西欧から軍事的、経済的支援を得ようとした帝国内の親西欧党のもくろみは失敗した。

・東西合同は長続きしなかった。西欧は自らの利益を何よりも重視し、ビザンチンがすっかり変化し、西欧をモデルに再構築を進めるよう求めるようになった。要求が通らないと分かると、ローマ教皇は新たな十字軍を呼びかけた。ビザンチン帝国では正教の信仰を裏切った政権に対する国民の信頼が失われ、悲観論が広がった。

・ビザンチン帝国は再び、フィレンツェ公会議（1438～39年。正教会はローマ教皇の首位権を認め、聖霊の発出をめぐる重要な教理でも譲歩した）で、東西教会の合同を実現しようとした。ビザンチンの人々は正しい神の道から離れ、「新たな倫理的打撃」を受けてしまった。しかも、オスマン帝国との戦いでは、西欧が約束していた支援は当然ながら、届かなかった。1453年、コンスタンチノープルが陥落し、ビザンチン帝国はついに滅亡した。

現代ロシアへの教訓

こうした歴史解釈から「教訓」を引きだすためには、ビザンチン帝国を現代のロシアに置きかえればいい。親西欧政党は、1990年代のエリツィン政権の改革派やプーチン政権下で政治と経済の自由化や民主化を求めていた野党勢力と読みかえることができる。

チーホン師がビザンチン帝国の後継国家としてロシアを念頭に置いていることは明らかだ。要約にあるように、「わが祖先はビザンチンの精神的後継者たるルーシ＝ロシアを樹立した」と語った。ルーシは988年、ビザンチン帝国から正教を受容した。ロシア帝国の紋章「双頭の鷲」も、ビザンチン帝国から引き継いだ。皇帝が統治し、同じように多種多様な民族を抱え、欧州とアジアにまたがる広大な領土を有する。ロシアの正教徒の視聴者には、ビザンチン帝国とロシアが自然と重なり合って見える。

さらに重要な点は、「西欧」に対するチーホン師の批判的な語りが、現代のロシアを率いるプーチン大統領が強めてきた米欧批判と相通じることだ。チーホン師の語りとプーチン氏の発言をいくつか比べてみる。

例えば、チーホン師は、西欧がビザンチン帝国の富を略奪したと指摘したが、プーチン氏にも同じような考え方が見られる。2022年6月17日、サンクトペテルブルク国際経済フォーラムで、現代の米欧の経済政策を批判した演説での次のような発言だ。

「これは実際のところ、どれもまったく略奪的で、植民地主義的な政策だ。だが、もちろん、もっと新しい形で、もっと新しいやり方で、ずっと抜け目なく洗練されたものだ。すぐには何が起きているのかは分からない」

これはインフレの高まりを招いた米欧のエネルギー政策の誤りなどを批判した演説であり、話題は米欧の「植民地主義的政策」に移った。プーチン氏の発言には、チーホン師の語りと同じく、米欧に対する強い不信感が表れている。米欧の経済政策の目的が、ロシアも含めた非西欧諸国から富を略奪し、自らの支配下に置くことにあると主張した。

しかも、列強が植民地を獲得し、覇権を競った植民地主義の時代とは異なり、証券の発行や貿易管理などを通じて「ずっと抜け目なく洗練された」やり方で、米欧が他の国々の富を奪っていると指摘した。米欧が現代世界の経済秩序でヘゲモニー（支配権）を握っていることへの反発が透けて見える。

ビザンチン帝国の時代、十字軍の出陣を呼びかけ、帝国の富を略奪しようとしたのは西欧だった。現代でいえば、米欧だ。かつてはカトリックのキリスト教を広めるという御旗を掲げ、いまはそれが民主主義に代わった。

当時、十字軍が奪った帝国の富を利用して「高利貸しの銀行システムの怪物」となったのは、ヴェネツィアだった。現代では、同じ役割をニューヨークが果たしている。

そしてプーチン氏の主張でも、世界の貿易システムと金融制度を管理する米国が、ロシアなど他の国々を巧妙に支配しようとしている。したがって、ロシアは米国による世界支配に反対の声を上げ、阻止しなければならない。

米国の「植民地主義」に対するプーチン氏の批判は、ウクライナ侵攻以降、さらに声高に繰り返されるようになった。ビザンチン帝国の後継者たるロシアこそが、米国に対抗する使命を帯びているという大国意識の裏返しでもある。

ウクライナへの軍事侵攻直後の2022年3月16日には、プーチン大統領は地方の社会・経済情勢を協議する政府・地方幹部らとの会合で、厳しい対ロシア制裁を科した米欧を次のように激しく批判した。

「繰り返して言うが、全地球が今日、まさに米欧の野望のために散財せざるをえなくなっている。どんな手を使っても、失いつつある支配権を維持しようとする米欧の試みのためだ」

米欧は世界を支配し続けようと躍起だ。プーチン氏によれば、ロシアはそうした米欧の野望に挑戦しようとするから、米欧による制裁の標的になる。

こうしたプーチン氏の発言はビザンチン帝国の時代から続く西欧との対立を踏まえているが、米欧の視点からは、軍事侵攻を正当化するため、あからさまな虚言を弄しているようにしか聞こえない。なぜなら、チーホン師の語りによれば、西欧にとってビザンチンの考え方はまったく理解しがたいからだ。

米欧とロシアの間には深い溝がある。歴史的な相互理解の欠如であり、相互不信だ。そもそも、米欧にとっては、ビザンチン帝国滅亡の主因が西欧にあるとみなし、帝国的な性格を肯定するような思考は受け入れがたい。

「帝国の滅亡。ビザンチンの教訓」でも、西欧によるヘゲモニーに対するロシアの反発の底流にビザンチン帝国と西欧の歴史的対立があることが示唆される。プーチン氏は、こうしたロシア正教の原理主義的な考え方に親しんでいたと見られる。

プーチン氏の激しい米欧批判は、侵攻後のプロパガンダという性格を持つだけではない。むしろ、今回の侵攻のかなり前から抱くようになっていた米欧主導の国際秩序に対する不信感を、ついに公然と語るようになったとみなすべきだ。

「帝国主義」という言葉をプーチン氏があまり使わないのも興味深い。好んで使うのは、「植民地主義」だ。例えば、米欧の経済政策を「植民地主義的」と批判した1年後の2023年6月16日、同じくサンクトペテルブルク国際経済フォーラムで、米欧による対ロシア制裁に加わらない国々との貿易を拡大する考えを表明し、こう述べた。

「このことは、醜悪で、本質的に植民地主義的な国際システムが存在を停止したことを物語っている」

チーホン師の語りによれば、正教の旗印の下、広大な領土に多民族が暮らす「帝国」は理想の国家のひとつだ。ビザンチン帝国が滅亡してから500年以上がたった現代でも、同じような「帝国」が存在できるわけではないが、ロシア正教会の原理主義者にはかつての「帝国」への郷愁や共感が見られる。「帝国」とはその場合、「君主制国家」と言い換えることもできる。

プーチン政権が批判するのも「帝国」ではなく、「植民地主義」や「新植民地主義」だ。「帝国」というロシア語には、「君主制」と同様に肯定的な意味合いがあるため、あえて批判を避けているようだ。

一方、「帝国」に「主義」がついた「帝国主義」には、他国を征服し、支配するという否定的な意味合いがあることには注意したい。ロシア正教会の原理主義者がひとつの理想とする「帝国」の意味からは外れている。

オリガルヒへの嫌悪

西欧と結託したオリガルヒがビザンチン帝国の経済を私有化し、政治体制を崩壊させたというチーホン師の語りは、プーチン政権が2000年の政権発足直後から繰り返してきたオリガルヒとの対立を連想させる。それは、プーチン政権下のロシア経済に転機をもたらした2003年のユーコス事件を思い出すだけで十分だろう。

ユーコス事件では、オリガルヒの象徴的存在で、「石油王」と呼ばれた石油大手ユーコスのミハイル・ホドルコフスキー社長が逮捕された。逮捕するよう決定したのはプーチン大統領だ。ホドルコフスキー氏は多額の国家資産の横領や脱税で有罪判決を受け、2013年12月に恩赦を受けるまで10年間も服役することになった。

オリガルヒの政治的、経済的影響力の排除を狙ったプーチン政権は、ユーコス事件を境に多くの資産をオリガルヒ系の企業から政府系企業に移し、国家経済への管理を強めた。ユーコスの資産も大部分がプーチン氏の側近イーゴリ・セチン氏が社長を務める国営石油会社ロスネフチに渡り、ユーコスは解散に追い込まれた。

プーチン政権によるオリガルヒの排除は、ユーコス事件の3年前、エリツィン政権の「黒幕」だったロゴバス・グループのボリス・ベレゾフスキー氏との対立から始まった。発足したばかりのプーチン政権は2000年、最大のオリガルヒだったベレゾフスキー氏の追い落としをはかった。ベレゾフスキー氏が支配していたメディアなどの資産を剝奪し、英国への亡命に追い込んだ。同氏は2013年3月、ロンドン郊外の自宅で死亡しているのが見つかった。死因には不審な点が少なくない。前述したセルゲイ・プガチョフ氏も、プーチン政権によって排除されたオリガルヒのひとりだった。

チーホン師が示唆したように、1991年のソ連崩壊後にオリガルヒが暗躍したロシアは、1204年に西欧の十字軍により首都コンスタンチノープルが陥落する前のビザンチン帝国に状況が似ていたといえるだろう。

エリツィン政権の1990年代、米欧の強い影響下にあった国際通貨基金（IMF）の金融支援と指導の下で国営企業の民営化が行われた。国民に配布されたバウチャー（民営化証券）を買いあさった一部の野心的な起業家によって、巨大な金融・産業グループ＝新興財閥が形成された。

ベレゾフスキー氏は1996年、英フィナンシャル・タイムズのインタビューで、7人の銀行家がロシア経済の50％以上を支配していると豪語したことがある。オリガルヒと呼ばれるようになった彼らは、エリツィン政権に対して多大な政治的影響力を及ぼし、巨額の財をなした。ホドルコフスキー氏もそうした7人の銀行家のひとりだった。

プーチン政権はユーコス事件以降、生き残りを図った数多くのオリガルヒを服従させ、政治への介入を厳しく制限した。同時に、経済活動の主導権もオリガルヒから奪い、国家資本主義の形成を急いだ。

チーホン師の説に従えば、プーチン政権はビザンチン帝国の教訓を忘れなかった。米欧と結託したオリガルヒによって国家の経済が私物化され、ロシアが滅亡への道を歩むことを防いだということになる。

プーチン氏は「自力での国家再興をめざす」という正しい道を選び、中央集権的、垂直統合型の官僚主義的国家体制の再建に成功した。西欧に略奪されたビザンチン帝国の轍《てつ》を踏まないよう、オリガルヒの影響力を排除し、ロシアの国家資産を守ったと解釈できる。

ユーコス事件をきっかけに、天然資源分野をはじめロシアの主要企業の多くが、プーチン氏が信頼するソ連国家保安委員会（ＫＧＢ）やサンクトペテルブルク市勤務時代の旧友、元同僚の手に渡った。

プーチン政権による資産の再配分であり、単なる利権争いだったとみなされることが多いが、チーホン師の語りは政権とオリガルヒの対立にもうひとつの視点を与えている。[10]

ウクライナ問題への示唆

2008年制作の「帝国の滅亡。ビザンチンの教訓」では、すでにウクライナ問題への教訓も見える。チーホン師の語りのなかで、西欧は現代の米欧を指す。ビザンチン帝国時代のセルビアやブルガリアは、ウクライナをはじめとする旧ソ連の親欧米諸国に置き換えられ、親西欧派政党にはソ連崩壊後のウクライナの親欧米派を含めることができる。

ウクライナは2004年末のオレンジ革命の結果、翌2005年1月に親欧米派のビクトル・ユーシチェンコ大統領が就任した。2010年まで続くユーシチェンコ政権の下、ウクライナは親ロシアから親欧米へとかじを切った。

この映像作品が制作され、発表された時期は、ウクライナのロシア離れが進んでいたのと同じころだ。プーチン氏もロシア正教も同様に「同じ民」「同じ正教徒」とみなすウクライナの親欧米路線への転換に焦りを募らせていた。

チーホン師は、西欧がビザンチン帝国内のセルビア人やブルガリア人に、帝国から離れ、西欧に加わるように主張したと指摘した。彼らに物質的、軍事的支援をするとだまし、バルカンの民族をオスマン帝国の支配に追いやったと主張する。

チーホン師が現代のロシアに与えようとしている教訓はここでも明らかだ。ウクライナは米欧陣営に加わるよう説得され、ロシアから離れようとしている。金融支援や軍事支援の約束にだまされてはならない、結局は見捨てられ、自らの国家独立を危うくすることになる。1990年代のロシアと同様に、米欧を手本に近代化すれば、「完全な失敗」に終わるのは目に見えていると警告した。

2021年7月12日に発表されたプーチン氏の論文「ロシア人とウクライナ人の歴史的一体性」でも、結論に同じような主張があった。

「米欧の『反ロシア』の作者たちは大統領や議員、大臣が替わるようウクライナの政治システムを整えているが、ロシアとの分離、ロシアとの敵対というもくろみは変わらなかった」

「『反ロシア』のプロジェクトでは、真の独立を擁護しようとする勢力と同様、ウクライナの主権にも、その余地はない」

「ウクライナの現政権は米欧の経験を引き合いに出すのが大好きで、模倣のための見本だとみなしている」

こうした指摘をしたうえで、プーチン氏は訴えた。「ウクライナの真の主権はロシアとのパートナー関係のなかでこそ可能だと確信している。われわれの精神的、人間的、文明的結びつきは長きにわたって形成されてきたものだ」

ウクライナは米欧に従っても主権を喪失するだけであり、同じ民族であるロシアとの結びつきを失ってもいいのか、とプーチン氏は問いかけた。ウクライナに文明の選択を迫っていた。西欧の文明なのか、それとも東スラヴの文明なのか、と。

ウクライナ人へのこうした呼びかけが、外部からはいかに自己中心的に見えても、プーチン氏は自説を曲げないだろう。それはロシア正教の原理主義と結びついた信念だからだ。

東西教会の分裂に始まる

米欧の西方教会とビザンチンの東方教会は、ローマ帝国から同じキリスト教を受け継いだ。東西の教会を中心とする2つの文明間の対立を決定づけた出来事は、よく知られているように、1054年の東西教会の分裂だった。

ローマ帝国は313年のミラノ勅令でキリスト教を公認した。わずか80年あまりたった395年には、ローマを中央とする西ローマ帝国とコンスタンチノープル（旧ビザンチウム）を首都とするビザンチン帝国に分裂してしまった。その西ローマ帝国は476年、ゲルマン人などの侵入で滅亡し、東ローマ帝国が残った。

以降、ローマ教皇を首長とする西方教会とビザンチンの東方教会は交流が薄れ、それぞれ教義や典礼（儀式）を独自に発展させた。別々の道を歩むだけでなく、信仰をめぐり対立も深めていった。

そうした対立の火種の代表例が、前述した「三位一体（至聖三者）」の聖霊発出をめぐる教義の解釈やローマ教皇の権威に関する見解の違いだった。726年にビザンチン皇帝のレオン3世が発布し、西方教会の反発を招いた聖像禁止令もいさかいの火種となった。

東西教会の対立が深まるなか、1054年にローマ教皇とコンスタンチノープル総主教が相互に破門を宣告する。コンスタンチノープル総主教が、ローマ教皇の使節との会見を数カ月にわたって引き延ばすと、怒った教皇の使節代表が破門状を総主教の座所であるアギア・ソフィア大聖堂の宝座にたたきつけた。これに対して、コンスタンチノープル総主教も破門を宣言する事態に至ったと伝えられる。

相互破門からビザンチン帝国滅亡までの東西教会の関係について、現在のロシア正教会がどう見ているかは、チーホン師が映像作品でさまざまな形で言及している。1204年の第4回十字軍によるコンスタンチノープル陥落、親西欧派政党やオリガルヒの暗躍、13世紀と15世紀の2度にわたる教会合同の試みと西欧の裏切り……。

「帝国の滅亡。ビザンチンの教訓」が物語の結びに近づいたとき、画面のなかのチーホン師はこう視聴者に訴えかけた。

「ビザンチンとその後継者たちに対する西欧の復讐のような憎しみは、彼ら自身にとってさえまったく説明のつかないものであり、どれだけ矛盾していようとも、何らかの最も深い遺伝子レベルでいまで続いている。この衝撃的だが、疑いようのない事実を理解しなければ、われわれは、遠い昔に過ぎ去った歴史だけでなく、20世紀とさらに21世紀の歴史でも、多くのことを理解できない危険を冒すことになる」

「その後継者たち」とは、何よりもまずロシアを指している。その後継者に対して、西欧が抱く「復讐のような憎しみ」は「いまも続いている」という。2008年の制作時にはすでに、ウクライナ問題や北大西洋条約機構（NATO）の東方拡大などの問題をめぐって、米欧とロシアの地政学的な対立は激しさを増していた。

一方、プーチン氏が「強い国家」の再建を掲げたロシアは、1990年代の混乱を克服し、復活を遂げつつあった。同じく、ロシア正教会も無神論だったソ連時代の弾圧を生き延び、再興への道を急速に歩み始めていた。「復活」という同じ夢を見ていたプーチン氏とチーホン師の前に、再び米欧が立ち塞がろうとしていた。

ロシア正教の倫理観

「帝国の滅亡。ビザンチンの教訓」では、ロシア正教会が西欧の教会に対して抱く嫌悪感に似た複雑な感情も浮き彫りにされた。1054年に決定的となった分裂を前に、東西の教会間で広がっていた不信感がいまもロシア正教に根強く残っていることを示す。そうした考え方は、カトリックやプロテスタントとは異なり、自分たちこそ正しい信仰を保っているという正教独特の倫理観に裏打ちされている。

正教の倫理観がよく表れているのは、2016年2月19日、ロシア通信に掲載されたチーホン師のインタビューだ。[11] チーホン師は「教《きょう》皇《こう》不《ふ》可《か》謬《びゅう》説《せつ》」など東西教会の間にある対立点をいくつも挙げ、カトリック教会にこう異議を唱えた。

教皇不可謬説は、信仰や道徳に関する事柄について正式な決定を下す場合、ローマ教皇の決定は聖霊の導きにもとづくものであり、正しく、決して誤りえないというカトリック教会の教義だ。それを、チーホン師は「どんな人間であれ、不可謬はありえない」と切り捨てた。

インタビューでは、キリスト教の重要な「三位一体」の教義についても、カトリック教会が勝手に見直したとして厳しく批判した。東西の教会が対立してきた、いわゆる「聖霊発出論争」であり、西欧とロシアの宗教観の違いを知るためのカギを握る問題だ。

「三位一体」の教義では、父（神）・子（キリスト）・聖霊は、唯一の神が3つの姿となって現れたものであるとされる。この点で東西の教会は一致するものの、その聖霊がどこから発出するのかという解釈をめぐって、両教会の間には長い対立の歴史がある。「フィリオクエ問題」とも呼ばれ、東西の教会分裂の原因の一つになった。

この聖霊発出論争で、西方教会は、聖霊は父なる神と御子（イエス・キリスト）から発出するとした。一方、東方教会はこれに反対し、聖霊（正教会では「聖神」と訳される）は父なる神からのみ発出すると説く。

東方教会は、自分たちこそが正しい教義を維持しており、西方教会の解釈は381年に開かれたキリスト教の公会議で定められたニカイア・コンスタンティノポリス信条に一方的に書き加えられたものにすぎないと反発してきた。

チーホン師によれば、カトリック教会は仮に父と子が三位一体の異なる姿だとすれば、なぜ父からだけ聖霊が発するのかと疑問を持った。そして「子からも発しなければならない」と考えた。

チーホン師は続けて、聖書には父から発すると啓示されているではないかと反論する。正教は、西方教会のように人間の推測と人間の知性によって、到達し得ない知識（啓示）を混同するようなことはしないと語った。啓示は人間の知性では到達しえないものだからだ。

「フィリオクエ問題」をめぐっては、現代のキリスト教の世界でもさまざまな見解があるようだ。米欧とロシアの対立を考えるうえで重要なのは、チーホン師ら多くの正教の聖職者が「特に合理的に思考する傾向がある」として、西欧のキリスト教徒が神の教えから離れてしまったとみなしてきた点だ。このことは、人間の知と神の啓示は根本的に異なる性質のものであり、人間が勝手に啓示を書き換えるようなことはしてはならないとの主張に表れている。

正教の聖職者から見れば、西欧のキリスト教は教義を曲解してきたということになる。西欧のキリスト教徒は人間の理性を重視するあまり、神の教えをないがしろにしてしまった。正教こそ文字通り、正しい教会であり、正しい教義と信仰を受け継いできた。

「帝国の滅亡。ビザンチンの教訓」でも、ビザンチン帝国では、正教によりキリスト教の信仰がまったく傷つけられず、1000年にわたりいかなる教義も原則的に変化しなかったと語られた。人知と合理性を重視する西欧と、キリスト教の教義を守ってきたと自負する保守的なロシア——。両者の対立の構図は、この映像作品でさらなる展開を見せる。

例えば、チーホン師は正教会がカトリックのローマ教皇に服従してしまったことを厳しく批判する。神に忠実であるという原則を曲げたために、自らビザンチン帝国の崩壊を招いてしまった。人知を重視して神から離れたとして西欧を批判し、「神と人間の真の交わり」を重んじたビザンチン帝国にひとつの理想を見ている。

チーホン師は、ビザンチン帝国末期の14世紀にイタリアで始まった学問・芸術の革新運動「ルネサンス」にも批判の矛先を向ける。西欧で「ルネサンス」と呼ぶ時代が始まり、民族主義的な理念が復興され、それがビザンチン帝国に波及したと述べた。支配的な民族だったギリシャ人が西欧によってもたらされた民族主義に目覚め、多民族国家であるビザンチン帝国の崩壊につながった。

ルネサンスは西欧で広がった古典古代（ギリシャ、ローマ）の文化を復興しようとする運動であり、正教を奉じるロシアの大地までは到達しなかった。西欧ではルネサンスの中心的な思想だったヒューマニズム（人文主義）によってカトリック教会の神中心の世界観から解放され、人間性の回復が始まった。

一方、ロシアは1917年のロシア帝国の崩壊まで正教を中心とする堅牢《けんろう》な保守主義に覆われ続けた。西欧の合理主義を疑問視するロシアは、時に非合理的な判断を下したり、合理性を超えた行動を取ったりするように見えることがある。その一因は正教にある。

個人主義への批判

チーホン師は、西欧では当時から個人主義と個々の勝手な振る舞いが崇高なる原則になっていたと語った。これに対して、ビザンチンの人々は最高の価値を置くべきもののひとつとして、国家を重視したと対置してみせた。

個人主義は一般に人間性の回復を目指したルネサンスを起源として発展してきたと説明される。だが、チーホン師もルネサンス前期、またヴェネツィア商人やヴェネツィアを出港地とした十字軍が活躍していたルネサンスに先立つ時代に、すでに西欧の個人主義の広がりを見ようとしていた。

正教徒であるプーチン氏にも、行きすぎた個人主義への反感がしばしば見える。米欧と対立を深めるなかで、内政や外交に正教の倫理観を適用しようとする意図が表れる。

2020年8月27日の国営テレビのインタビューで、新型コロナウイルス感染拡大の第2波に襲われた欧州について「この個人主義、社会の圧倒的多数の利益を尊重したくはないという考えが、いくつかの国でわれわれが目撃していること、つまり感染の急拡大、状況の逆戻りにつながっている」と語った。マスク着用などさまざまな感染防止の規制に反対して米欧で広がったデモを冷笑し、過度な個人主義に皮肉を浴びせている。

プーチン氏はこうした発言で、個人主義が発達した米欧社会では、公共の利益に反しても個人の自由を優先させるという好ましくない風潮が広がっているとの考えを、ロシアに植え付けようとしている。しばしば個人の権利よりも国の事業を優先させるプーチン政権の国家主義的な政策を、正当化することにもつながる。

プーチン氏はまた、行きすぎた個人主義と米欧経済の関係にも批判的な目を向ける。行きすぎた個人主義が市場原理を御旗として自らの物質的利益の最大化、つまり金もうけに走る個人の欲望を容認し、また活用するアングロサクソン型の新自由主義的な資本主義の形成につながったと批判する。「野蛮な資本主義もうまくいっていない。私はこのことを言ったことがあるが、もう一度述べてもいい」「現存する資本主義のモデルは、いまや大半の国の社会的体制の基礎になっているが、自らの可能性を使い果たした」。２０２１年10月21日、内外の専門家が集まるバルダイ会議で、プーチン氏はこう発言した。

プーチン政権の米欧に対する反感は、自由と平等を柱とする米欧のリベラリズムを軽視するほどまでに深刻なものとなってしまった。２０１９年６月27日、20カ国・地域首脳会議（G20大阪サミット）開幕前日の英フィナンシャル・タイムズとのインタビューで、プーチン氏は「リベラルな考えは時代遅れになってしまった。住民の大多数の利益と衝突してしまった」と語り、波紋を広げた。

この発言の趣旨は、シリアからの移民受け入れを拡大するとしたドイツのメルケル政権を念頭に、移民による犯罪の増大を招くことになったと指摘することにあった。ペスコフ大統領報道官も3カ月後に公の場で「プーチン氏はリベラルな考え方に反対しようとしたのではない」と釈明したが、米欧の価値観に対してプーチン氏が抱く嫌悪や反感は隠すことができない。

こうした発言には、ロシア国内と海外で米欧に対する不信感を広げる政治的狙いも透ける。プーチン氏は、米欧の個人主義や新自由主義的な資本主義に対する反感を、ロシア国民やアジアやアフリカ、中南米など非米欧社会で煽ろうとしている。このことは、前述した「植民地主義」をめぐる発言や米1極世界への批判にも表れている。

プーチン氏の米欧批判は、少なくとも正教徒の保守的な人々が多いロシアでは一定の共感を得ることに成功し、プーチン氏の高い支持率にもつながっている。人々の共感の背景にある要因として、チーホン師が語るロシア人の正教的な価値観がある。チーホン師の語りでは、帝国の富を略奪し、銀行や資本をつくった西欧とは異なり、ビザンチン帝国やロシアには、神と人間の真の交わりがあった。

G20大阪サミットの会場で記者会見したプーチン大統領
（2019年6月29日、大阪市内で）

米欧などからは、プーチン氏の発言は汚職のはびこりなどさまざまな経済問題を抱えるロシア自身の実情を無視した独断的な主張にしか見えないだろう。ロシアが米欧に抱く根深い不信感について考察するため、ロシア保守派の価値観の底流に何があるのかをもう少し探りたい。

19世紀の巨匠ドストエフスキーの長編小説『カラマーゾフの兄弟』には、ロシア正教のゾシマ長老がこう法話を説く場面がある。

「世界は自由を宣言し、最近は特にそれがいちじるしいが、彼らのその自由とやらの内にわれわれが見いだすものは何か。ただ、隷属と自殺だけではないか！」[12]

ゾシマ長老は西欧の自由主義を「欲求増大のこんな権利」とさげすみ、「富めるものにあっては孤独と精神的自殺、貧しいものには妬みと殺人にほかならない」と批判する。そして、キリスト教的な精神世界に救いを求めるよう呼びかけている。

では、ロシアには米欧型の個人主義や物質主義に対置できるような伝統的な価値モデルがあるのだろうか。正教の「神と人間の真の交わり」が示唆しているロシア的な宗教思想に少し立ち入ってみたい。

霊性（ドゥホーヴノスチ）

ロシアの宗教思想でしばしば取り上げられる2つの言葉がある。「духовность（ドゥホーヴノスチ）」と「соборность（ソボールノスチ）」だ。いずれも外国語への翻訳がとても難しい言葉だ。あえて試みれば、前者は「精神性」「霊性」、後者は「全一性」「統一体」などと訳すことができる。

ドゥホーヴノスチについては、2005年9月9日、プーチン氏が念願のギリシャ訪問を実現し、正教の聖地アトス山にある有名なイヴィロン修道院を訪れた際に修道院長と交わしたやり取りが興味深い。

修道院長は歓迎のあいさつで「ロシアと他の世界の大国との最も大きな違いは、ロシアが物質的な豊かさだけではなく、精神的な豊かさも持っていることですね」と述べると、プーチン氏も「あなたは正しい。ロシアの力は何よりもまず精神性（ドゥホーヴノスチ）にあります」と応じた。[13]

ドゥホーヴノスチという抽象的な言葉については、聖職者や宗教思想家がさまざまな解釈を試みてきた。それでも、信心深い正教徒やキリスト教の専門家でなければ理解したり、直観したりすることが難しい。

ドゥホーヴノスチという単語は「精神」や「霊魂」を意味する名詞の「дух（ドゥフ）」が語幹になっており、これを形容詞に変えると「духовный（ドゥホーヴヌイ）」（霊的な、精神的な）になる。さらに様態や性質を表す「-ность（ノスチ）」という接尾辞を付けると、ドゥホーヴノスチという名詞ができあがる。日本語で「精神性」や「霊性」と訳すことが可能になるが、正教ではより深い意味、つまり神との魂の交わり、信仰を通じて精神的、倫理的な高みに達している魂の状態を指す。

プーチン氏が愛読する作家のひとり、20世紀前半の哲学者ニコライ・ベルジャーエフは「霊性（ドゥホーヴノスチ）を獲得することは、人生における主要な課題である[14]」と述べた。さらに「霊性とは神人的な状態である。人は自らの精神の奥底で神的なものと触れ、神の源泉から支援を受けとる[15]」と説明した。チーホン師の言う「神と人間の真の交わり」に近い。

現代の政治的文脈に沿って、もう少し分かりやすい解釈を探してみる。最もスタンダードなロシア語の辞書といえる『ロシア語詳解辞典』（С・И・オジェゴフ、Н・Ю・シュベドワ編、１９９７）では、ドゥホーヴノスチを「精神的、倫理的、知的関心が物質的関心よりも優位にある魂の特性」と定義している。イヴィロン修道院の修道院長との会話で、プーチン氏がロシアの人々が西欧のような物質主義的ではなく精神的な価値に重きを置くと指摘しているのと同じような意味合いだ。

ロシアの集団主義

西欧の個人主義に対するチーホン師の批判やプーチン氏の嫌悪を支える正教の思想は、「ソボールノスチ（全一性、統一体）」にも見つけることができる。同じくオジェゴフ『詳解辞典』を引くと、「ともに生きる多数の人々の精神的な統一性」と説明される。

ソボールノスチという宗教思想の概念は、帝政ロシアの19世紀に民族主義的思想を掲げたスラヴ派と呼ばれる論客たちが広めた。スラヴ派は、西欧とは異なるロシアの独自性や歴史的役割を訴えた思想家や社会活動家らで、西欧型の近代化を唱えた西欧派と激しい論戦を繰り広げた。

ロシア正教に忠実だったスラヴ派の人々は、西欧のキリスト教信仰に厳しい視線を向けた。「ロシアと西欧の根本的差異をロシア正教とカトリックとの違いに求め、後者の合理主義・汎論理主義・法治主義が人間理性への過信を許し、個人主義・無神論・物質主義を招来」（『[新版] ロシアを知る事典』平凡社）したと考えた。[16]

ロシアの宗教思想では、16世紀の宗教改革運動により生まれたプロテスタントは、カトリックと同じく、あるいはもっと個人主義的になったとみなされることがある。プロテスタントは、教義の形骸化や聖職者の腐敗が進んだとしてカトリック教会を否定し、ローマ教皇や教皇を中心とする統一的な体制も拒否した。そして、さらに極端な個人主義に走ったとみなされる。

19世紀の詩人で外交官でもあったフョードル・チュッチェフ（1803〜73）も論文「教皇とローマ問題」（1849）で、プロテスタントの個人主義に厳しい目を向けた。ローマ教皇の権威を否定したプロテスタントが、今度は個人的良心を重視し、自らを「裁判官」に仕立ててしまったと批判した。

その結果、プロテスタントはカトリックよりも自らの理性を過信し、西欧の社会で「反キリスト」が始まるひとつのきっかけをつくった。[17]

19世紀半ばのロシア帝国で、革命運動と保守反動、科学の発展という時代の大きなうねりを目の当たりにした思想家や活動家は、ロシアが独自の道を進むのか、西欧型の発展をめざすのかという国家戦略の選択をめぐって激論を交わした。チュッチェフは前者のスラヴ派に近かった。その議論のなかでスラヴ派が唱えたのが、ソボールノスチだった。

詩人、神学者、哲学者で、スラヴ派の主要な論客のひとりだったアレクセイ・ホミャコフ（１８０４〜60）は１８６０年の書簡で、ソボールノスチを「多数のなかの統一」[18]と表現した。スラヴ派の系譜につらなる神学者で哲学者だったパーヴェル・フロレンスキー（１８８２〜１９３７）は「聖書における教会の概念」（１９０５）で、ソボールノスチについて「存在と目的、すべての宗教生活の全面的な共有性」[19]とみなし、自由な個を維持しながらも兄弟愛で結ばれた人々の精神的、教会的な一体性を理想とした。

ソボールノスチの語幹となっているソボールとは、「大集会」とともに「聖堂」を意味する言葉でもある。教会に多くの信者が集い、神と交わりながら精神的な一体性を高めることが、ソボールノスチのひとつの表れだろう。個人が神ではなく理性に頼り、物質主義を発展させた西欧とは異なり、ロシア正教はソボールノスチという人々の宗教的な「一体性」を維持しようとしてきたと主張される。

ロシア人が集団主義的な志向を持っていることについて、プーチン氏は２０００年のインタビュー集『プーチン、自らを語る』で以下のように述べている。「ロシアでは、集団として活動することへの志向がつねに個人主義よりも優勢であるという事実がある」[20]

このときはまだ、プーチン氏は行きすぎた米欧流の個人主義を批判しているわけではない。集団への志向が、社会主義国家のソ連で続いたことも指摘し、ロシア国民には「国を当てにする」ところがあると批判的に語った。

計画経済のように国（党）が何でも指示し、あらゆる福祉を提供しようとする社会主義国家のソ連では、国民の間で国家に依存する気質が強まった。国の再建へ、当時のプーチン氏は個人の努力や創意を生かそうと考えていた。

ところが、米欧との対立を深め、ウクライナ問題が先鋭化するなかで、プーチン氏はしだいに、ロシア人が持つ「集団への志向」を、政治的に、国家主義的な体制を強める目的で利用するようになっていった。

このことはおそらく、大統領就任後、正教への信仰やその宗教思想に傾倒していったことと関係がある。社会主義体制から国民が引き継いだと見ていた否定的な「集団的な志向」を、正教の思想に根ざした肯定的なものへと解釈し直すようになった。国家の統一や国民の団結を訴えるための手段とするようになった。

先に触れたように、内外のロシア人の一体性を高める社会活動を展開する「全世界ロシア国民大会議」という民族主義的な社会団体がある。１９９３年に創設され、ロシア正教会が主導する。議長を務めるのもキリル総主教だ。２０１８年11月１日、モスクワで開かれたその年次総会に出席したプーチン大統領はこう演説した。

「統一の、団結した社会だけが最も深刻な歴史的試練に対応し、本当の突破口ときわめて印象的な成果を獲得し、外部からのどんな圧力にも対抗し、主権とわれわれの精神的、歴史的同族性を守る能力がある」

キリル総主教が隣で見守るなか、壇上のプーチン氏は、米欧の影響力や圧力に対抗し、「長きにわたり形成されてきた文化的、歴史的空間」を守り抜こうと呼びかけた。演説の最後で「市民社会と国家の仕事をひとつにし、団結させる使命を持ったわれわれとあなた方の尽力が、なぜそれほど重要かという理由だ。それがわれわれの先人たちが集団的な知、集団的な経験と呼んだものだ」と強調した。

この発言のなかで「集団的な」と2度繰り返された形容詞が、ロシア語の原文では「ソボールの」だった。「全世界ロシア国民大会議」という団体名の「大会議」も「ソボール」だ。

このとき、プーチン氏の念頭にウクライナ問題があったことは想像に難くない。ウクライナが政治的に、文化的に、精神的に米欧の勢力圏に取り込まれるという民族的危機を前に、ロシア人の団結を求め、正教を信仰してきたロシア人とウクライナ人、ベラルーシ人の東スラヴ民族が宗教的に保持してきた「一体性」に訴えようとした。

正教の「ソボール」は、中央集権的な国家体制の構築をめざすロシアの為政者には都合がいい。ロシアの民衆には束縛から逃れ、境界のない果てしない無限の自由の空間へと浮遊する独特の性向が認められるからだ。「集団的な」性向とは反対だが、ロシア人の気質や性格には同様の矛盾が少なくない。

こうしたロシア人の性向は、広大無辺の草原に囲まれたユーラシア大陸の中心に位置してきたという地理的な特性に起因するものだと説明されることがある。あるいは、キリスト教を受容する以前の自然崇拝やアニミズムと関係があるとの見方も提示されている。

自由への性向が強まれば、個々に遠心力が働き、社会がまとまりを失い、散り散りになりかねない。ロシアの歴史で、時に無秩序や反乱、破壊、解体を引き起こす巨大な力ともなってきた。

宗教的な言葉である「ソボール」がロシアという国家をまとめる政治理念のひとつになるとすれば、「市民社会と国家の仕事をひとつにし、統合する」ことを訴える中央集権的なプーチン政権と正教会の深い協力関係が成り立つのも当然だろう。

「第三のローマ」という使命

「帝国の滅亡。ビザンチンの教訓」は、黒い僧衣姿のチーホン師が現代のイスタンブールのモダンな街並みやボスポラス海峡を背景に、次のように語る場面でエンディングを迎える。

「何度も父祖伝来の古法を忘れてきた偉大な都市は、そのために名前さえ保つことはなかったが、それでもなお、最後の奉仕をなし得る。偉大な帝国の瓦解がいかに未曽有の規模で広範なものだったかを語ることで」

キリスト教を発展させ、守護してきたビザンチン帝国は1453年、オスマン帝国によってコンスタンチノープルを陥落させられ、滅亡した。およそ70年後、その帝国から正教を受容していたロシアに新たな目覚めのときが訪れる。ロシアの大国意識の源泉となる「モスクワは第三のローマである」という理論であり、ある種の預言だ。

チーホン師が修道院長を務めた聖ウスペンスキー・プスコフ・ペチェルスキー修道院から東へ50キロメートルほど離れたプスコフの市街を通り抜け、さらに25キロメートルほど北上した深い森のなかに、1425年に始まる救世主エレアザロフスキー女子修道院がある。

「第三のローマ」という理論は、この修道院に暮らした僧フィロフェイが16世紀前半(1523～24年の出来事といわれる)にモスクワ大公らに送った書簡から始まった。本書の序章でも触れたイワン雷帝の父としても知られるモスクワ大公・ワシリー3世に送った書簡には次のように記されていた。

「古代ローマの教会はアポリナリオス派異端の不信心のために滅びました。第二のローマたる都市コンスタンチノープルの教会の扉はアガルの子孫[21]によって斧で破壊されました。いまや、第三の新しいローマたる陛下の王国の教会、この使徒伝承の聖なる大教会が、正教のキリスト教信仰によって、全世界をあますところなく、太陽よりも明るく輝いています。信仰あつき皇帝よ、皇帝の王国に知らせたまえ、正教のキリスト教信仰のすべての王国が皇帝の統一国家となったことを、この世でただひとり、陛下だけがキリスト教徒の皇帝であるがゆえに。（中略）信仰あつき皇帝よ、記憶し、聞きたまえ、すべてのキリスト教の王国が陛下の下でひとつになったことを、ふたつのローマが倒れ、第三のローマが立ち、第四はありえないことを。陛下のキリスト教王国は他の王国によって代わられることはない……」

エレアザロフスキー修道院に、フィロフェイの言葉が刻まれた記念碑が立つ

フィロフェイのこの有名な書簡の言葉によれば、ローマ帝国とビザンチン

帝国は真の信仰から外れたために滅びてしまった。キリスト教世界の中心は古来、第一のローマにあったが、そのローマを中心とする西ローマ帝国は476年、ゲルマン人などの侵入で滅亡した。

代わって第二のローマには、ビザンチン帝国のコンスタンチノープルがなった。しかし、フィレンツェ公会議でカトリック教会との「合同」を受けて入れて信仰を裏切ったために、ついには滅びた。チーホン師の「帝国の滅亡。ビザンチンの教訓」で描かれた通りだ。

1453年、オスマン帝国の攻撃でコンスタンチノープルが陥落すると、誠実な正教徒として残り、正教を守護する力を持つ独立国家はロシアだけだとみなされた。フィロフェイによって唱えられているのは、モスクワ大公こそが正教の純粋性を守らなければならないという宗教的な責務であり、使命だ。

「第三のローマ」であるモスクワが滅びれば、世界はもはや終わる。「第四はありえない」からだ。フィロフェイはモスクワ大公の権威を賛美し、その庇護によってビザンチン帝国亡き後の正教を守ろうとした。

モスクワ大公国は「タタールのくびき」が始まって間もない13世紀後半、キエフ・ルーシの北東部のモスクワで成立した。1480年には弱体化していたタタールへの献納を拒否し、モンゴルの支配から最終的に解放された。ワシリー3世とフィロフェイの時代、モスクワ大公国は急速に版図を東西に広げ、大国ロシアの礎を築こうとしていた。

「第三のローマ」を唱えたフィロフェイには、強大化するモスクワ大公国の威信を借り、ロシア正教会の地位を高める思惑があった。コンスタンチノープルの総主教から独立し、管轄下の地域の主教を自ら選ぶ権利を持つ「アフトケファリヤ」を獲得したのが1448年。独立から間もないロシア正教会の野心が垣間見える。

現代に引き継がれた政治理論

「第三のローマ」が持つ影響力は現代まで絶えることはなかった。

２０１４年11月11日、モスクワで歴史コンファレンス「モスクワ――第三のローマ」が開かれた。出席したチーホン師は、フィロフェイがモスクワ大公らに書簡を送った時代背景について「現在と同様に、悪習の蔓延が西欧からロシアへともたらされていた」と述べ、「西欧の風紀の乱れは恐ろしいほどだった」と指摘した。西欧で広がっていた「キリストへの信仰や教会に対する信頼の拒否」「恐ろしい道徳的な災厄」こそが、キリスト教を守ろうとするフィロフェイを突き動かしたと説いた。

「第三のローマ＝モスクワ」に関して、米欧では領土拡張に突き進んできたロシアの帝国主義を支えた理論だとして批判されることが少なくない。だが、チーホン師ら保守派によれば、フィロフェイの最大の動機は、腐敗した西欧の信仰から正教の信仰を守ることにあった。

「ふたつのローマが倒れ、第三のローマが立ち、第四はありえない……」。いまは女子修道院となったエレアザロフスキー修道院の美しい庭園には２００３年夏、フィロフェイの言葉が刻まれた黒い記念碑が建てられた。記念碑に据えつけられた鐘は、手動で打ち鳴らすことができる。５００年の歳月を超え、預言を告げる鐘の音を響かせるように。

「長老フィロフェイの言葉はいまでも、隠然とロシアの方向性を定めている」。エリツィン政権の末期から２０２０年まで大統領府副長官や大統領補佐官を務め、政権の「イデオローグ」とも呼ばれたウラジスラフ・スルコフ氏は２０２３年９月27日、インターネット・メディアに発表した論文にこう記した。[22]

ロシアの歴史にとって重要な意味を持つこの修道院には、正教徒の観光客や巡礼者の姿が絶えない。2022年5月末の良く晴れた日、修道院を訪れると、案内に立ってくれた修道女のイノキニヤ・エフゲニヤさんはこう語った。「僧侶のフィロフェイはわれわれロシアの国家体制の基礎となった民族イデオロギーを書き残しました。この預言は現在、とても切実なものとなっています」

第三のローマとなったロシアがいま、自らの使命を果たせるかどうかが問われているのだという。「もしロシアが正教の信仰の純粋性と偉大な正教文明を守るという使命を果たせなければ、人類の運命は終わりに近づくのです。これは黙示録です、すなわち第四のローマはありえません」

聖職者のエフゲニヤさんが兄弟国家ウクライナとの戦争の早期終結を望んでいたのは確かだが、一方で正教文明を守護するロシアの使命を意識し、支持していることもまた明らかだった。「ウクライナでいま起きている出来事は歴史の引き金であり、第三のローマについての古い預言が現実になりつつある」と力を込めた。

振り返ると、記念碑の前でロシア人の巡礼者たちがエフゲニヤさんの言葉にうなずいていた。ロシアの信心深い正教徒や保守派のなかには、プーチン氏と同じように、ウクライナをめぐって米欧を批判し、ロシアの歴史的な使命を口にする人が少なくない。米欧からは理解しがたいことだが、それでもプーチン政権のプロパガンダを妄信しているだけだとはいいがたい。

対カトリックの最前線

ロシアの戦いは、僧フィロフェイがモスクワ大公国に「第三のローマ」を告げる前から、すでに「神聖」な性格を帯びていた。正教の信仰を守る戦いはずっと前から始まっていた。

1242年、現在のロシア北西部にあったノヴゴロド公国の軍勢がアレクサンドル・ネフスキー公に率いられ、カトリックのドイツ騎士団との戦いで歴史的勝利を収めた。この戦いは「チュード湖の戦い」「氷上の戦い」と呼ばれるが、戦闘の規模など史実の詳細は明らかになっていない。ネフスキー公は1547年にロシア正教会から列聖され、いまもロシアの中世最大の英雄として語り継がれる。

13世紀前半のロシアと西欧の戦いは、領土をめぐる争いにとどまらなかった。カトリック教会がバルト海沿岸から東スラヴ民族の地域への勢力拡大をめざし、十字軍の遠征を呼びかけたことも大きな原因となった。1204年、第4回十字軍によってコンスタンチノープルが陥落してから、まだ間もないころだ。

「チュード湖の戦い」より2年前の1240年には、当時はカトリックの国だったスウェーデンを中心とする十字軍の軍勢が現在のロシア北西部へと遠征してきた。やはり、アレクサンドル・ネフスキーの軍勢によって阻まれ、ネヴァ川の戦いで敗北した。「ネフスキー」という呼び名はネヴァ川からとられ、このときの歴史的勝利に由来する。

チュード湖の湖畔に建てられた巨大なモニュメント「アレクサンドル・ネフスキーと従士団」

ドイツ騎士団との戦いがあったとされるチュード湖は、エストニアとロシアの国境地帯にある。ロシア側のプスコフ州の湖畔には2021年9月11日、「アレクサンドル・ネフスキーと従士団」と名づけた巨大なモニュメントがお披露目された。

ネフスキーの生誕800年を記念して建てられた。この記念事業もチーホン師のイニシアチブで実現したと報じられた。除幕式にはプーチン大統領が駆けつけ、チーホン師のほか、キリル総主教、ウラジーミル・メジンスキー文化相（当時）らを従えていた。

モニュメントは高さが20メートル、重さが40トンある巨大な像で、その先頭では馬上のアレクサンドル・ネフスキー公が正教会の十字架（八端十字）を高くかかげる。甲冑《かっちゅう》に身を固め、ホルグビと呼ばれる教会旗を押し立てて進む勇士たちを従え、エストニア側に、すなわち西欧に対峙するように立つ。

ロシア北西部の古都プスコフは、西欧から、またカトリックから、ロシアを守る最前線にあり、防衛のための重要な地域だった。

500年以上の歴史があり、チーホン師が修道院長を務めていた聖ウスペンスキー・プスコフ・ペチェルスキー修道院も現在のプスコフの西端、エストニア国境のすぐとなりにある。修道院は最高で12メートルもある防御壁で周囲を囲まれ、正教信仰の砦でもあった。

ペチェルスキー修道院から南西へ20キロメートルほど離れたイズボルスクは、ロシアで最も古い町のひとつだ。チュード湖の戦いの直前、1240年にはドイツ騎士団との激戦の舞台になった。1330年に完成した石造りの城塞跡がいまも残っている。

このイズボルスクで2012年、愛国主義的な学術・社会団体「イズボルスク・クラブ」が発足したのは象徴的な出来事だった。第2章で触れた報告書「ロシア世界のドクトリン」をまとめた保守強硬派の団体だ。

メンバーには思想家や作家、政治専門家、元大統領顧問、映画監督、正教幹部ら60人以上の知識人が名を連ねる。雑誌や論文の発表、討論会の開催などを通じ、ロシアの保守主義や愛国主義を普及し、啓発する活動を展開している。その創設の地として、中世以来、西欧諸国やカトリックとの戦いの最前線として象徴的なイズボルスクが選ばれた。

ロシアの選民意識

カトリック教会を奉じる西欧諸国や異教徒のトルコやタタールとの絶え間ない戦いを通じ、領土が東西に拡大していく歴史の過程で、正教国家ロシアのアイデンティティーが形成されていった。現代のロシア政治にも特徴的な大国意識や西欧への対抗心を支える特有の選民意識を生んだ。

早稲田大学の高野雅之名誉教授は著書『ロシア思想史　メシアニズムの系譜』（1989）で「古代ロシアが帝国として発展していくにつれ、ロシアの国民こそ、宗教的にも政治的にも世界の中心となるべく神に選ばれた国民なのだという、聖俗一体の選民意識が根付いていくことになる」と考察した。[23]

こうした選民意識は「ロシア民族こそがキリスト教世界を救う」という独特のメシアニズムを生んだ。正教を守護するロシアには堕落したカトリックの西欧に代わって、あるいは対抗して、キリスト教世界を救う使命があるという考え方だ。

思想家ニコライ・ベルジャーエフは晩年の著書『ロシアのイデア』（1946）で、「ユダヤ民族に次いでロシア民族には最もメシアニズムの理念が見られる」と述べた。そのうえで「ロシア人のメシアニズムの意識の歴史にとって、とても大きな意味を持ったのが修道士フィロフェイのモスクワについての、第三のローマという歴史哲学的理念だった」[24]と指摘した。

ベルジャーエフによれば、ロシア民族の歴史は最も苦難に満ちたもののひとつだ。帝政による圧政や1861年まで続いた農奴制、知識人に対する絶え間ない迫害、読み書きのできない多くの民衆、大量の血が流された革命……。そして「世界で最も恐ろしい戦争の歴史」が挙げられた。ロシアの保守派は、自分たちが苦しみの十字架を背負った民族であり、ゆえにメシアニズムの使命にふさわしいのだとさえ考える。

ロシアの戦争の歴史では、特に「祖国戦争」と呼ぶナポレオン戦争での勝利と「大祖国戦争」と名づけた第2次世界大戦でのナチス・ドイツに対するソ連の勝利が神聖視され、ロシア人は「欧州を救ったのはロシア（ソ連）だ」という救済者としての自意識を強めることになった。いまも毎年5月9日に対独戦勝記念日を、モスクワの赤の広場をはじめ各地で祝うゆえんだ。ソ連の勝利が抑圧と冷戦の始まりとみなす米欧にとって、そうした意識は理解しがたい。

現代でもキリスト教世界を守るというロシアの宗教的な意識はたびたび浮上する。

キリル総主教は2023年7月10日、北西部カレリア共和国のヴァラアム島を訪れ、こう語った。「今日、西側も含めて多くの人々が多大なる注目と希望のまなざしで、ロシアを最後の砦としてみている。仮に聖書の言葉で話すなら、ロシアが立ち上がり、悪の全面的な支配、つまりアンチキリストの到来を食い止めているのだ」。キリル総主教の言う「アンチキリスト」が何を指しているのか、想像に難くない。

スラヴ民族を救う

ロシアの思想界、すなわち前述したスラヴ派や支配層、民衆の間で、こうした「選民意識」が特に広がりを見せたのは、ロシアがオスマン帝国や西欧諸国と衝突したクリミア戦争（1853～56年）のころだ。プーチン政権がウクライナに軍事介入した2014年と同じくクリミア半島が舞台となった。

発端は、聖地エルサレムの管理権をめぐる正教徒とカトリックの対立だ。フランスがオスマン帝国に、エルサレムの聖地、ベツレヘム教会の管轄権をギリシャ正教徒から取り上げ、カトリックの司祭に与えるよう要求した。これに対して、正教の守護者を自認するロシアがギリシャ正教徒の保護を理由にオスマン帝国に干渉し、戦争が勃発した。

ロシアにとって、実際には宗教的な理由よりも、黒海を掌握し、オスマン帝国領や地中海へと勢力を広げる地政学的な目的の方が大きかった。これに対して、ロシアの南下を恐れた英国とフランスがオスマン帝国側に参戦し、クリミア半島を舞台に激戦となる。

1854～55年のセヴァストーポリ包囲戦で、立てこもったロシア軍が英仏トルコの連合軍の激しい攻撃を受け、敗北が決定的になった。

クリミア戦争は日本ではあまり知られていないものの、それ以前にはなかった大規模な近代戦であり、多くの強力な破壊兵器が使われた。英国の看護師フローレンス・ナイチンゲールが従軍し、文豪レフ・トルストイも若き砲兵少尉として参加した。

クリミア戦争では、ロシアが特別な使命を持つという「選民意識」が、バルカン半島のスラヴ人との連帯・統一をめざす「汎スラヴ主義」につながった。皇帝ニコライ1世は1855年1月29日、義勇兵召募の詔書でクリミア戦争の目的をこう強調した。

「朕の不変の目的、われらと同じ信仰を持つ者たちの権利と、総じて東方におけるキリスト教全体を守るという目的を、武力を用いることなく、流血を続けることなく、平和裏に達成したいという朕の希望は、親愛にして忠良なる臣民に周知のことであろう」

詔書でニコライ1世は、バルカン半島でオスマン帝国による抑圧からスラヴ民族の正教徒を解放するとの御旗を掲げた。交渉によって問題を解決しようとしたが、西欧列強がロシアとの戦争に向けた軍備増強と準備を急いでおり、戦争やむなしとの決断に至ったと説明した。

ロシアの独自性と世界における役割を求めていたスラヴ派の多くもクリミア戦争に、ロシアの歴史的使命を見いだし「汎スラヴ主義」を唱えた。スラヴ派のイデオローグ、ニコライ・ダニレフスキーは「汎スラヴ主義」のバイブルといわれた『ロシアとヨーロッパ』（1869）で、スラヴ民族を率いるロシアの使命をこう唱えた。

「西欧世界とは内的な構造が異なり、しかも、欧州の一員としての場所を占め、欧州の大国のひとつとなるには、あまりに強大だ。ロシアは特別な独立した政治システムを備え、諸国家のリーダーとなり、その全一性と統一性のすべてで西欧に対抗し、歴史においてまさに自らとスラヴ民族にふさわしい地位を占めることができるのだ[25]」

この引用では、ロシアは西欧とは異なる国であるという強い自意識と、スラヴ民族のリーダーとして西欧に対抗していくという使命が表明されている。オスマン帝国から正教徒のスラヴ民族を救うのはロシアであり、その解放のための戦いも「聖戦」となる。

正教世界を守るというロシア人の「選民意識」と使命は、ロシア正教の原理主義の影響を受けるようになったプーチン政権にも受け継がれた。プーチン政権は一部のスラヴ派のように「選民意識」を露骨に内外に訴えることはしないものの、代わりに「ロシアは他とは異なる国だ」と主張する。ロシアには特別な存在理由があり、米欧に対抗していかなければならないとも繰り返している。

2022年9月30日、クレムリンでのウクライナ東・南部4州の一方的な併合を宣言した演説で、プーチン氏は「ロシアは1000年の歴史がある偉大な大国であり、文明国家であり、（米欧によって）でっち上げられた偽のルールには従わない」と力を込めた。

「ロシアは他とは異なる国だ」という自意識を支えるものは、旧ソ連時代の大国意識だけでない。僧フィロフェイが16世紀前半に「モスクワは第三のローマである」との理論を唱えて以降、自ら背負った宿命だ。多くの国際問題でプーチン政権が米国に反発し、対抗策を持ち出すのも、こうしたロシア特有の歴史的に形成されてきた国家の性格、あるいは政治風土といったものに動機や理由を見つけることができる。

特に2014年のクリミア半島の一方的な併合以降、「ロシアは他とは異なる国だ」という主張が繰り返されるようになった。侵略を正当化するための発言のように聞こえるが、本心でもある。正教徒が大半を占め、同じ歴史観を持っているロシアの保守層には受け入れられやすい。

一方、米欧にとって「他の国とは違う」というプーチン政権の主張は、根拠を欠いたプロパガンダだとしか思えない。1991年のソ連崩壊で衰退への道を明らかに歩み始めたロシアが、冷戦の勝者である米国への対抗心を捨てられないのは、過去のものとなった大国主義にいまもしがみついているからだ。

キリスト教を守るという使命を自ら負ったロシアは、宗教的な価値観の面だけでなく地政学的にも米欧との対立や衝突に向かうリスクをつねに抱えていると思い込みがちだ。チーホン師の言葉を借りれば、ロシアは「ビザンチンとその後継者たちに対する西欧の復讐のような憎しみ」にさらされているためだ。

したがって、米欧との対立が激しさを増せば、ロシアは歴史的、宗教的ないきさつから、自分たちの政治体制が打倒されるのではないかとの強迫観念を抱かざるをえない。正教会の原理主義によって変質したプーチン政権のこうした性格を無視しては、ウクライナ問題の根深さを推しはかることは難しい。

正教とプーチン政権が見た夢

19世紀半ばのクリミア戦争は、ロシア帝国の敗北に終わった。ロシアは敗戦を招いた国家制度の改革と近代化に乗り出し、1861年には中世から続く農奴制の廃止と農奴の解放に踏み切った。だが、欧州から押し寄せる自由主義の波は止まらず、革命の足音が迫っていた。

1917年、無神論を掲げる共産主義勢力によるロシア革命で、帝政支持者の多くが国外に逃れ、守護者の皇帝（ツァーリ）を失ったロシア正教もまた抑圧の対象になった。以降、ロシア正教も国内と外国の2つの組織に分裂した。

国内に残った正教会は過酷な弾圧を受けながらも、ソ連共産党の影響下に入ることで生き残りを図った。一方、海外に亡命した聖職者は独立した在外ロシア正教会を設立し、共産党への協力さえ拒まないモスクワの正教会とは関係を断った。

転機は1991年に訪れる。同年末にソ連が崩壊すると、ロシア正教会も復活への確かな道を踏み出した。前述したように、自分が正教徒だと答えた人の割合は、ソ連崩壊前には3割程度だったが、プーチン政権発足の2000年以降、7割前後に増えていった。

国家によって破壊され、接収されていた多くの教会や修道院が次々と正教会に返還された。復活を期すロシア正教会にとって、国内の信者数の回復と宗教施設の修復、再建が大きな課題となった。チーホン師が院長を務めたモスクワのスレテンスキー修道院も、ソ連崩壊後に再建された施設のひとつだ。

チーホン師は2022年5月23日、ロシア正教会には1万1124の宗教施設があり、このうち1043の寺院がなお壊れた状態にあると明らかにした。1043のうち781の寺院で、修復や修繕の作業が続いているとして、政府予算だけでなく、信者らから多くの献金を受け取っていると説明した。

ロシア正教会にとって、もう一つの悲願は、在外ロシア教会との和解だった。

内外のロシア正教会の和解を橋渡ししたのは、ほかならぬプーチン大統領だ。2003年9月24日（米東部時間）、国連総会での演説やブッシュ大統領との米ロ首脳会談のため訪米し、ニューヨークで同地を本拠地とする在外ロシア正教会の最高指導者ラブル府主教と会った。

このとき、プーチン氏はラブル府主教に、一通の書簡を渡している。ロシア正教会の総主教アレクシー2世からのもので、ラブル府主教のロシア訪問を招請し、内外のロシア正教会の和解を求める内容だった。

書簡を受けて、早くも同年秋、在外ロシア正教会の代表団によるモスクワ訪問が実現し、両正教会の再統合に向けた協議が本格化する。4年後の2007年5月17日、ラブル府主教がモスクワを訪れ、総主教アレクシー2世とともに和解の文書に署名した。歴史的な再統合が成立し、ロシア正教会がソ連時代から抱えてきた負の遺産がひとつ解消された。

和解文書の署名式には、プーチン大統領も同席した。このとき、総主教アレクシー2世からロシア正教会の再統合に貢献したことへの感謝の印として、三位一体の像が描かれた小箱がプーチン氏に贈られた。

2003年9月に実現したプーチン氏とラブル府主教の会談には、チーホン師が同席していた。チーホン師は、当時の総主教アレクシー2世によってスレテンスキー修道院の院長に引き立てられた。そのアレクシー2世から託され、和解を仲介するプーチン氏を補佐した。

国内と在外のロシア正教会の和解が成立してから10年後の2017年5月、スレテンスキー修道院に新しく創建された聖堂の成聖式については前述した。その式典でプーチン氏は新聖堂が「和解も体現」していると語ったが、その言葉は在外ロシア正教会との和解と再統合も指していた。

プーチン大統領が就任して以降、政権と正教会の協力関係は深まった。チーホン師の総主教文化評議会が企画に深くかかわった全国規模の常設展示会「ロシア——わたしの歴史」もそのひとつであり、2020年、モスクワ郊外に完成した軍大聖堂もそうだった。2012年から学校で「正教文化の基礎」など宗教文化に関する授業が始まり、2013年6月には宗教の信条と信仰心を侮辱することを禁じる修正法案がプーチン氏によって署名された。

1991年のソ連崩壊後、10年近く続いた混乱を収拾し、「強いロシア」の復活を掲げたプーチン氏に、ロシア正教会は自らの復活の夢を重ねた。ところが、プーチン政権と同じように、正教会もウクライナで高い壁に突き当たる。ソ連崩壊後、西欧とロシアとの地政学争いのなかで国家と国民が分裂してきたウクライナでは、正教会の分裂も深まっていた。

ウクライナの宗教対立

正教のロシアとローマ・カトリックのポーランドが歴史的に対立するなか、長くポーランドの支配下にあったウクライナでは、正教会とカトリック教会の関係が困難をきわめた。その象徴的な教会がウクライナにある。儀式は東方典礼を受け継ぎつつもローマ教皇の首位権を認める独特の「東方カトリック教会」（通称・ユニエイト教会）だ。

その歴史は16世紀末にさかのぼる。クリミア半島で10世紀末、東スラヴ初の本格的国家キエフ・ルーシがビザンチン帝国から正教を受容し、ルーシの民衆も正教徒となっていた。ところが、１５６９年に「ルブリン合同」が成立すると、現ウクライナ領の大半がローマ・カトリックのポーランド王国の支配下に入った。

ポーランドの支配下で抑圧された正教は、生き残りを図った。30年後の１５９６年10月、賛成派と反対派に分かれた大論争の末、一部の正教会がカトリック教会との合同に同意した。儀式や祝日、教会の建物、イコンなどは正教の形式を維持したまま、ローマ教皇のカトリックに服属することになった。このときも聖霊発出の教義をめぐる対立が大きな問題となったものの、カトリック教会側の解釈に従った。

ここに「東方カトリック教会」と呼ばれる東西両方の顔をあわせ持つ異色の教会が誕生する。合同を決めた会議が現ベラルーシ領南西部のブレストで開かれたことから「ブレスト合同」と呼ばれた。

合同に応じた正教会の聖職者たちの目的は、教会の合同によりカトリック教会と平等の権利を確保し、ウクライナ人の統一をめざすことにあった。ポーランドからの迫害を逃れると同時に、ロシア正教会からの圧力に対抗する思惑もあった。

以降、現ウクライナの土地のキリスト教は、きわめて複雑な構図となった。正教会に加えて、正教会から分裂した東方カトリック教会が存在し、さらにカトリック教会が勢力の伸長を図った。「ブレスト合同」を拒否した正教会は、ポーランドによる差別や迫害を受け続けることになった。

ところが、17世紀後半にロシア帝国がキーウやドニプロ川左岸を併合すると、今度は併合地域で東方カトリック教会がロシアからの迫害に遭うことになった。その信者は現在、ポーランドに近い西部や中部に多く、ウクライナ人としての民族意識や西欧への帰属意識が強い。

ウクライナで親欧米派の勢いが増し、政変の足音が高まっていた2013年8月、首都キーウに現代的な建築様式の「キリスト復活大主教座大聖堂」が竣工した。国内だけで約500万人の信徒を抱える東方カトリック教会の総本山であり、式典には欧州連合（EU）との統合を掲げる当時の親欧米派野党の幹部が顔をそろえた。

竣工から間もない2013年末、キーウの総本山を訪れ、イーゴリ・ヤツィフ司祭に話をうかがった。親欧米派勢力による政変が翌年2月に迫り、政治情勢が緊迫しつつあった。司祭は「歴史的分裂を経験した東西のキリスト教が16世紀末に再統合して生まれたのが東方カトリック教会だ」と指摘し、「正教とカトリックの共存モデル」を提示しているのではないか、と強い期待を口にした。

だが、そうしたヤツィフ司祭の願いも、2014年のロシアによるウクライナ南部のクリミア半島併合と東部紛争で砕かれてしまった。ロシアが軍事介入した東部紛争を受け、今度はウクライナの正

2013年夏にキーウに創建された東方カトリック教会（ユニエイト）の総本山「キリスト復活大主教座大聖堂」

教会が、同じルーシの民族としてキリスト教を受容したロシアの正教会から独立する動きを活発にした。

ウクライナの正教会分裂

ウクライナでは歴史的に正教と東方カトリック、カトリックの３つのキリスト教の教会が併存してきたが、１９９１年の国家独立後、キリスト教の事情はさらに複雑で分かりにくくなった。「正教」を名乗る宗教団体が大きく分けて３つ現れたからだ。

３つの正教会とは、１９９２年に成立した「ウクライナ正教会・キエフ総主教庁」と、ロシア正教会の権威を認める「ウクライナ正教会・モスクワ総主教庁」、そしてウクライナが一時的に国家の独立を果たしていた１９１９年にキエフで設立され、ソ連時代を国外で生き延びていた「ウクライナ独立正教会」だ。

こうした分裂状態にあったウクライナの正教

会に2018年10月11日、転機が訪れた。コンスタンチノープル総主教庁（トルコ・イスタンブール）が招集したシノド（主教会議）で、ウクライナの正教会に対するロシア正教会の管轄権を認めないとする歴史的な決定が下されたのだ。ウクライナが主張していたウクライナ正教会の独立が事実上、認められた。

2014年のロシアによるクリミア併合や東部紛争を受け、ウクライナの正教徒の間でも反ロシア感情が高まっていた。親欧米派のポロシェンコ大統領（当時）がウクライナの正教会の独立をコンスタンチノープル総主教庁に要請していたことも功を奏した。

コンスタンチノープル総主教庁のシノドの決定を受け、ロシア正教会が17世紀以来、主張してきたウクライナの正教会に対する管轄権は失われる形になった。悲願だったロシア正教会からの独立を確実にしたウクライナ正教会・キエフ総主教庁は2018年12月、ウクライナ独立正教会と統合し、「ウクライナ正教会（ПЦУ）」を創設した。

さらに翌2019年1月5日、イスタンブールのコンスタンチノープル総主教によって、ウクライナ正教会の独立を正式に認める文書「トモス」が署名された。ウクライナ正教会は翌6日に晴れて独立教会となった。このとき、ポロシェンコ大統領もトルコを訪問し、式典に出席した。

予想された通り、ウクライナの正教会に対する管轄権の喪失を宣告されたロシア正教会は猛反発した。シノドの決定を聞いたキリル総主教は「コンスタンチノープル総主教庁は自らが分離派（ラスコーリニキ）と同じだと認めた。宗規に反し、すべてのルールを破り、われらの管轄を侵した」と怒りをあらわにした。

キリル総主教が使った「ラスコーリニキ」という言葉は、17世紀後半、ロシア正教会の総主教ニコ

東方正教会のコンスタンチノープル総主教庁が置かれるイスタンブール市内の聖ゲオルギオス大聖堂

ンによる典礼改革を拒否し、正教会から分離した信者の分派を指すことが多い。旧来の典礼を守ることを選んだことから「古儀式派」と呼ばれた。正教会から破門され、厳しい弾圧を受けた。

その「ラスコーリニキ」という言葉を、現代のキリル総主教は、ロシア正教会から分離・独立する道を選んだウクライナの正教会を指弾するためにも使った。ロシア正教会幹部は以降、独立したウクライナ正教会を指して「ラスコーリニキ」をしばしば使うようになった。

シノドの決定から4日後の2018年10月15日、今度はロシア正教会がベラルーシの首都ミンスクで教会会議を開き、コンスタンチノープル総主教庁との関係を「維持することが不可能になった」と宣告した。東方正教会で最も高い権威があり、正教の源でもあるコンスタンチノープル総主教庁との関係を断絶する前代未聞の事態に陥った。

ローマ教皇とコンスタンチノープル総主教が互いに「相互破門」を宣告し、東西教会の分裂を決定的なものとした1054年を想起させた。ロシア正教会から見れば、西欧とロシアがウクライナをめぐって対立を繰り返した結果、同じ正教会の間で深刻な分裂を招いてしまった。

ウクライナの正教徒を取り巻く状況は、2022年2月に始まったロシア軍のウクライナへの侵略により、一段と複雑になっている。

ウクライナ正教会（ПЦУ）のトップであるエピファニー府主教は2023年1月6日にウクライナ・メディアに公開されたインタビューで、新たなウクライナ正教会が2018年に創設されて以降、600以上の教区がモスクワ系のウクライナ正教会から移ってきたと明かした。ウクライナ人の信者のロシア離れやウクライナ軍の奪還地域の拡大なども影響し、正教会同士の勢力争いの様相を呈している。

一方、ウクライナ正教会・モスクワ総主教庁も2022年5月27日、ロシア正教会からの独立を宣言した。ウクライナ正教会・モスクワ総主教庁はロシア系住民が多い東部や南部に多くの信者を抱えており、親ロシアの聖職者が多い。だが、ロシアの軍事侵攻とプーチン政権を支持するキリル総主教には疑問を呈し、本家のロシア正教会と距離を置こうとした。

ウクライナのゼレンスキー政権は、ウクライナ正教会・モスクワ総主教庁の傘下にある教会や聖職者が侵略者であるプーチン政権と軍事侵攻に協力しているとみなしていた。2022年12月には、ロシアと関係のある宗教組織の活動を禁じる法案の作成に着手した。ゼレンスキー政権にとってウクライナ正教会・モスクワ総主教庁の存在は、国家安全保障を脅かすきわめて深刻な問題だった。

ウクライナ正教会・モスクワ総主教庁が独立を宣言した背景には、こうした政権からの圧力と追及をかわす目的があった。ただ、本当にロシア正教会との縁を切ったのか疑問視する専門家も少なくない。

ウクライナ正教会・モスクワ総主教庁の「独立」の決定にもかかわらず、ロシアが占領したルガンスク州などの正教の管区では、引き続きロシア正教会を自らの母体とみなすところもある。今後の戦況によっては、ウクライナとロシアの板挟みとなる管区や個別の教会が増える可能性があるだろう。

ウクライナの独立系調査組織ラズムコフ・センターが侵攻前の２０２０年１月に実施した調査によると、回答者のうち正教徒だと答えた人の割合は75・４％だった。つまり、ウクライナには約３０００万人の正教徒がいたことになる。

このうち新たに発足したウクライナ正教会に属するとの回答が34・０％、ロシア正教会系のウクライナ正教会・モスクワ総主教庁は13・８％をそれぞれ占めていた。どちらの正教会にも属さないと答えた人も27・６％いた。さらに東方カトリック教会は８・２％を占めた。軍事侵攻が長期化した結果、こうした数字もかなり変化していかざるをえないだろう。

プーチン政権にとって、正教はロシアの国家体制の支柱だ。ロシア正教会も自らの勢力回復の悲願を、ロシアの再興に託してきた。文明を表す保守派の概念「ロシア世界」の普及に主導的な役割を果たしてきた。

その「ロシア世界」は、ウクライナで西欧と衝突した。プーチン大統領の地政学的野望と同じく、ロシア正教にとっても、ウクライナはきわめて重要な地域だった。

繰り返しになるが、９８８年に初めて東スラヴの地で正教を受容した国家が現在のキーウを首都としたキエフ・ルーシだった。南部のクリミア半島が正教受容の聖地だ。キーウのドニプロ川では、初めて集団の洗礼が行われた。そのウクライナで、プーチン氏のロシア再興の地政学的プロジェクトが頓挫すれば、ロシア正教会も聖地と信者を失い、復活への道は大きく後退せざるをえない。

クリミアの聖地復活

ウクライナ軍事侵攻について語ることの少なかったチーホン師だが、侵攻開始から1年以上たった2023年5月15日、ユーチューブ・チャンネルに公表された独立系の著名ジャーナリスト、クセニア・サプチャク氏のインタビューに応じている。[26]チーホン師は「これは巨大な悲劇だ」と述べながらも、ウクライナのNATO加盟や核兵器の保有を阻止する目的があるとして理解を示し、支持した。

インタビューで注目されたのは、ロシアの帝国的性格に関する発言だ。「広大な国家の領土に多くの民族を統合し、ひとつの経済、ひとつの政権、ひとつの言語で統合されている」として「ロシアは帝国的な国家だ」と断言した。

チーホン師の理解では、帝国には2種類ある。自然と形成された帝国と他国を支配しようとする帝国だ。ロシアが前者の帝国の「オルガニズム（有機体）」を持つとすれば、後者の他の国を支配しようとする帝国主義の国は米国だ。米国こそが「現代のローマだ」と語った。「現代のローマ」という言葉が何を意味するかは、「帝国の滅亡。ビザンチンの教訓」を思い出せばすぐに思い当たるだろう。

ウクライナ軍事侵攻は「決して帝国主義ではない」という。軍事侵攻が起きたのは、ロシアとウクライナの友好関係に反対して、「まったく違うふうにたきつけた第3勢力がいた」からだ。第3勢力とは米国を指している。プーチン大統領の主張と同じだ。

プーチン氏はクリミア半島併合からちょうど9年たった２０２３年3月18日、チーホン師をともない、１０００年以上前にウラジーミル大公が洗礼を受けたセヴァストーポリ郊外のヘルソネスを訪れた。

「ここには巨大なキリスト教博物館ができます」。案内に立ったチーホン師はプーチン氏にこう説明した。その円屋根は、イスタンブールに残るビザンチン帝国を象徴した東方教会の大聖堂アヤソフィアと同じ33メートルの高さになるという。

2023年3月18日、クリミア半島のヘルソネスを訪問したプーチン大統領（中央）とチーホン師（右）（ロシア大統領府公式ホームページから）

ロシアで初めてとなるキリスト教博物館では、キリスト教についての展示会や、さまざまなレクチャーが行われる。人々がキリスト教を深く感じ、理解するための施設になる。実は１９１３年に考案されていたが、第１次世界大戦が始まったために実現されなかったいきさつがある。お蔵入りしていたその構想をプーチン氏が２０１５年に再び持ち出し、チーホン師が計画を練った。

ヘルソネスに建設されるのはキリスト教博物館だけではない。キリスト教博物館を中心に、大規模な歴史・考古学公園が建設される計画だ。20ヘクタールを超える敷地には、古代・ビザンチン博物館、国際考古学センター、クリミアとノボロシアの博物館、観光・巡礼センター、芸術学校なども設置される。完成予想図によれば、古代ギリシャの様式を思い起こさせる太い円柱が多用された美しい重厚な建物が立ち並ぶことになる。

プーチン氏が提案し、チーホン師が中心になって実現するヘルソネスの歴史・考古学公園に、2人はどんな夢を重ねているのか。ビザンチン国家のような帝国を、現代によみがえらせようとしているのだろうか。そのためには、ウクライナ軍事侵攻もやむを得ない決断だったとでもいうのか。いずれにせよ、ロシアはクリミア半島の返還には断固として応じないだろう。

チーホン師は2023年10月、ロシア正教会の最高決定機関シノドにより、プスコフ府主教管区の府主教の任を解かれ、クリミア府主教管区の府主教に任命された。2022年6月に創設されたばかりのクリミア府主教管区への異動に、政治的な背景があることは否定できない。

正教会が預言した戦争

チーホン師は、サプチャク氏とのインタビューで、ウクライナ軍事侵攻について、次のような気になる発言をしている。「正教徒の人々はずっと以前から分かっていた。このことがいずれ起こることを知っていた」。苦行を積んだウクライナの正教会の長老たちには、恐ろしい将来が見えていたという。

チーホン師はそうしたウクライナの長老の言葉を借りながら「分裂させるようなこと、最も恐ろしいことがあっても、ロシアとウクライナ、ベラルーシは必ず一緒でなければならない」と主張した。

ウクライナでの「悲劇」に関する預言について、チーホン師は2023年11月22日にロシア通信で開いた記者会見でも語った。会見は異動先のクリミア半島からオンライン形式で行われ、3人のウクライナの長老が「悲劇」を預言していたことが明かされた。

チーホン府主教のオンライン記者会見（2023年11月22日、ロシア通信で）

最初の長老はラヴレンチー・チェルニゴフスキー。１８６８年、ウクライナ北部のチェルニヒウ県（ロシア語の発音ではチェルニゴフ）の村に生まれた。ソ連の最高指導者スターリンが独裁体制を築き、粛清の嵐が吹き荒れていた１９５０年、この世を去った。預言は死去する前に繰り返し語られていたという。

チーホン師によると、ラヴレンチー師はある恐ろしい紛争がノボロシアで起き、兄弟民族のロシア人とウクライナ人が引き込まれる。教会が分裂し、教会への攻撃が行われる。だが、ルーシのすべての教会を統一できたのはモスクワだけだと語り、分裂を避けるよう訴えたという。

２人目は、ドネツクのゾシマ長老だ。１９４４年生まれ。ウクライナ東部のドネツクで宗教生活を送り、２００２年に死去した。死の直前、ウクライナとロシアの戦争を預言し、武器があふれ、撃ち合う恐ろしい情景を詳細に語っていたという。ウクライナの教会が分裂するが、モスクワ総主教に率いられた統一の教会を決して去ってはならないという言葉を残した。

3人目は、ウクライナ南部オデッサのイオナ長老。ソ連崩壊後の1925年に生まれ、2012年に神に召された。預言は死去する少し前に、チーホン師が自ら聞いたという。このほかにも、イオナ氏の預言はさまざまな形で伝えられており、ロシアの愛国主義的なメディアも取り上げている。

チーホン師によると、イオナ師は「大きな戦争が起きる」と語った。チーホン師が「ロシアが米国を攻撃するのですか」と尋ねると、イオナ師は「違う」と答え、「ロシアと隣り合う、大きくはなく、ロシアよりもずっと小さい国がロシアと戦う。とても恐ろしいことになる」と指摘した。

イオナ師は、戦争の原因となる出来事が自分の死から1年後に始まると預言した。さらに戦争が3年間続くとして、「最初のパスハ（春に祝われる復活祭のロシア正教会での呼び名）は流血となり、2回目のパスハは飢えとなり、3回目は勝利をもたらすものとなろう」と結末まで見通したという。

ウクライナの政変は、2013年11月の親欧米派野党勢力の反政権デモから始まった。ドンバスをめぐる8年あまりの対立を経て、ロシアがウクライナ軍事侵攻に踏み切ったのが2022年2月。2024年5月5日の正教の復活祭のころには、勝敗が見えてくるという。

3人の預言はロシア正教会に都合の良い内容で、失笑に付してもよいかもしれない。ただ、問題はプーチン氏がこれらの預言を、チーホン師らロシア正教会幹部から聞かされていると考えられることだ。2024年3月15〜17日に投票された大統領選で通算5選を果たしたプーチン氏は投票日を前に「ウクライナ軍の反攻は失敗し、主導権は完全にロシア軍に移った」などと宣伝した。この発言からは勝利への確信がうかがわれた。就任式は5月7日、パスハの2日後に行われた。

ロシア国内では国民の間で厭戦ムードも広がっている。独立系調査機関のレバダ・センターは、調査対象となった人の約半数が和平交渉を望んでいるとの結果を繰り返し伝えている。戦況が優位に転じたとはいえ、ロシア社会も侵攻の長期化にどこまで耐えられるか予想できない。プーチン政権が侵攻開始から丸3年を迎える2025年2月24日のころまでに戦争を終結させたいと考えていても不思議はない。

プーチン氏はチーホン師らを通じてロシア正教の原理主義に染まり、ロシアという国家の再興に正教復活のロシア正教会の悲願を重ねた。そして、もうひとり、20世紀前半から半ばにかけて思索し、プーチン氏に影響を与えたロシアの亡命思想家がいる。ウクライナをめぐる軍事衝突を見通していた彼の預言的な著作に、プーチン氏は傾倒していた。

第3章

ナショナリズムの源泉
亡命思想家イワン・イリイン

ドンスコイ修道院に眠る偉人たち

モスクワの中心部から南西へレーニン大通りを1キロメートルほど進み、スタソボイ通りへと左折すると、えんじ色の高い石造りの塀に囲まれたドンスコイ修道院が見えてくる。創建は400年以上前、イワン雷帝の後を継いだ3男、フョードル1世の治世だ。

モスクワ大公国の軍勢が1591年、モスクワへの侵攻を図ったクリミア・ハン国の軍勢を撃退したことを記念し、修道院の礎が築かれた。軍の陣営に生神女マリアのイコン（聖像画）を掲げ、モンゴル帝国の流れをくむ異教徒に勝利を収めたとの逸話が残る。

イリイン（1931年リガで）

ドンスコイ修道院は、モスクワ大公国軍の陣地があった場所に建てられ、大きな墓地も併設された。正教会の高位の聖職者のほか、ロシア帝国の貴族や軍人、文人の墓石が数多く並ぶ。

2009年5月24日、どしゃぶりの雨が降り続くなか、ドンスコイ修道院の入り口にプーチン氏とチーホン師が一緒に姿を見せた。チーホン師はプーチン氏が雨に濡れないよう大きな黒い傘をさしかざし、ともに墓地のなかへと歩いていった。

このとき、プーチン氏は2008年5月に旧友のドミトリー・メドベージェフ氏に大統領職を譲り、首相に就いてからすでに1年ほどがたっている。表向きはメドベージェフ氏との「タンデム（二人一組）」で国政を担うかたちを取っていたが、ロシアの最高権力者がプーチン氏であることにだれも疑問を抱かなかった。

静寂に包まれたドンスコイ墓地の入り口を入って右奥の区画に、5基の真新しい墓が立っている。このうち左側にある高さ1メートルほどの2基の墓は黒い美しい御影石で、１９１７年のロシア革命後、旧帝政の復活を求めて戦った白衛軍最高司令官アントン・デニーキンとその妻の名前が彫られている。

ドンスコイ修道院に建てられたイリイン夫妻の墓

その右隣には、同じく君主制を支持した軍人で白衛軍の英雄ウラジーミル・カッペリの灰色の墓石がある。さらに奥の最も壁に近い場所に、20世紀前半から半ばにかけて活躍した亡命思想家イワン・イリインと妻ナタリヤの墓2基が立つ。デニーキン夫妻の墓と対になり、黒い御影石の材質とデザインもまったく同じだ。

故デニーキン、故イリイン両夫妻の墓標は、白い十字架によって傘のように覆われ、まるでロシア正教に守られているようだ。

モスクワ市内のドンスコイ修道院

墓には現在、それぞれ小さな肖像写真も立てかけてある。そのうちの1枚、セピア色に変色した写真には、立派な口ひげを生やし、軍服に身を包んだデニーキンの姿が写る。一方、イワン・イリインは、広い額に短い口ひげとあごひげをたくわえ、鋭い眼光が異彩を放っている。

黒いコートに身を包んだプーチン氏はチーホン師とともにやってくると、真っ赤なバラの花束を、まずデニーキン将軍の墓に供えた。そして、チーホン師の方を向くと、「将軍は決してロシアを分裂させたのではなかった、解体に導くようなことは許してはならないと考えていた」と語った。隣に眠るカッペリの勇敢さをたたえることも忘れなかった。

プーチン氏は次に、故イリイン夫妻の墓に向き直り、同じく真っ赤なバラの花束をささげた。降りしきる雨のなか、プーチン氏はチーホン師に、思想家イリインについて、ひとしきり語っていたという。

故イリイン夫妻への祈りをささげた後、プーチン氏は同じくドンスコイ修道院に葬られた同時代の思想家、イワン・シュメリョフの墓地にも花束をささげた。デニーキン、カッペリ、イリイン、シュメリョフに思いをはせたプーチン氏は「彼らは真の国家主義者だった」と指摘し、「彼らが抜きんでていたのは祖国への、ロシアへの深く確かな愛であり、真の愛国者だった」とたたえた。最後に、敬愛する作家で、2008年にこの世を去ったアレクサンドル・ソルジェニーツィンの墓にも花を供え、墓地をあとにした。

チーホン師によると、新しい墓を建てるよう発案したのは、ほかならぬプーチン氏だ。もともとデニーキンは亡命先の米国のニュージャージー州に、イリインはスイスのチューリヒ州にそれぞれ墓があった。子孫の願いや支持者、正教会、保守派の要請を受け、プーチン氏の大統領令により、2005年10月3日、ドンスコイ修道院の墓地に改葬された。それから時がたつにつれ、木製の墓は古ぼけ、砂にまみれ、汚れていった。

墓地を訪れる数カ月前、プーチン氏はその墓の写真を見せられた。「いいことではないね、埋葬したら、その後は忘れてしまったというのですか」と話し、つくりかえるよう提案した。新調することになった墓は、いくつかのデザインが提案され、その決定にはプーチン氏も加わった。資金問題も持ち上がったが、プーチン氏は、お金のことは心配するな、自分がポケットマネーから全額出すから、と申し出たという。敬愛する偉人たちへのひとかたならぬ気遣いが見えた。[1]

歴史・思想書を読みふけるプーチン氏

プーチン氏は読書家だという。忙しい職務の合間をみては本を手に取る。ペスコフ大統領報道官は2021年3月30日に掲載された有力紙「論拠と事実」のインタビューで、プーチン氏の趣味は何かと問われ、こう答えた。

「彼の主な趣味、それは読書です。基本的に歴史文学や回想録などを読んでいます」

プーチン氏の歴史へのこだわりは知られているが、それは日々の読書によって裏打ちされている。特にロシア史や東スラヴ民族の歴史について豊富な知識をたくわえ、ロシアの復活に向けた国政の指針づくりに役立ててきた。

具体的にどのような作家や作品を好んでいるのか。メディアなどの質問に答え、プーチン氏自身が名前を明かしたことがある。詩ではアレクサンドル・プーシキン、フョードル・チュッチェフ、ニコライ・ネクラーソフ、散文ではミハイル・ブルガーコフ、アントン・チェーホフ、アレクサンドル・ソルジェニーツィンの著作を「良い文学作品だ」として気に入っているという。ロシアでいまも尊敬される著名な詩人や作家たちだ。

レフ・トルストイの大作『戦争と平和』に感銘を受けたと語ったことがある。公の場でミハイル・レールモントフやセルゲイ・エセーニンの詩から引用したこともあった。フョードル・ドストエフスキーやウラジーミル・ナボコフといったロシア文学の巨匠だけでなく、欧米などの文学作品にも広く親しんでいるという。

歴史物では、19世紀後半から20世紀初めに活躍した歴史学者ワシリー・クリュチェフスキーの『ロシア史講座』、20世紀の文献学者ドミトリー・リハチョフの『ロシアについての思索』、エカテリーナ2世の統治を扱った本を読んでいると語った。

思想書にも没頭している。特にロシアの思想にプーチン氏は通じている。ロシア思想史できわめて重要な地位を占め、ロシアのアイデンティティーと進むべき道を問い直していたスラヴ派の論客たちの著書も当然、渉猟していているだろう。

2021年10月21日に南部の保養地ソチで開いた内外のロシア専門家とのバルダイ会議では、ロシアの作家や思想家などのうちだれを最も身近に感じるかと聞かれ、プーチン氏はこう答えた。

「いまでもイワン・イリインを読んでいます。私の本棚には彼の著作があり、時折、手にとって読んでいます。ニコライ・ベルジャーエフらわが国の他の思想家に言及したことがありますが、彼らはみな、ロシアについて考え、ロシアの将来について考えた人々です、もちろん、私は彼らが創作し、書き、自分の考えをまとめ上げた時代を考慮すべきですが、それでも彼らの思索の歩みはとても興味深いものです」

ドンスコイ修道院の墓地に改葬されたイワン・イリインについて、プーチン氏は控えめに「いまでも読んでいる」と言った。だが、実際には愛読しているといっていい。手元において、政治の指針とするほど繰り返し読んでいた。自ら墓を選び、資金をポケットマネーから出すほど傾倒していた。「ロシアについて考え、ロシアの将来について考えた」という思想家たちの著作から、プーチン氏はロシアの進むべき道を探ろうとしていた。彼らのなかで最も愛読しているのが、思想家イリインの著作だ。プーチン氏がイリインからいかに強い影響を受けているかは、政府幹部や上下院の議員、社会団体の代表らを前に施政方針を表明する最も重要な年次教書演説で、繰り返し引用していることからも分かる。

プーチン演説のイリイン

プーチン氏は少なくとも7回、公の場でイワン・イリインを引用している。初めて引用したのは2005年4月25日に行った年次教書演説だ。

『国家権力とは』、偉大なロシアの哲学者イワン・イリインが書いているように、『まさに外部から人間に接する権力であり、まさにそのことによって意味される限界がある』」「愛や自由、善意を前提とする霊魂のすべての創造的状態に対しては、国家権力の行使は及ばないし、その指示を受けることはありえない。国家は信仰や祈り、愛、善、信念を国民に要求することはできない。国家は科学や宗教、芸術の創造を規制できない」「『それは倫理の、家族の、そして日常の営みに介入してはならないし、極度の必要性がない限りは、人々の経済的イニシアチブや経済的創造を圧迫すべきではない』。このことを忘れないでおこう」

年次教書演説のこれらの部分は、イリインの政治文書「来るべきロシアの基本的課題（Основная Задача грядущей России）」（1950）から一部省略された形で引用されている。2005年といえば、2004年の大統領選で再選を果たした1年後だ。2000年の政権発足からは5年がたち、プーチン氏が自らの権力基盤と統治に自信を深めていたころだ。

プーチン氏は、政治と経済、社会が混乱をきわめたソ連崩壊後の1990年代を克服するため、「法の独裁」という理念を掲げていた。当時はすでに、その国家権力による行き過ぎが個人生活や経済、芸術活動を阻害しかねないとの懸念もでていた。演説では引用箇所のすぐ前に、ロシアが「民主主義の道」を選んだとも強調している。国家権力を乱用しないよう注意をうながし、個人の自由と民主主義を尊重する姿勢を示していたことが分かる。

翌2006年5月10日の年次教書演説で、プーチン氏は再びイリインの言葉を引用した。

「有名なロシアの思想家イワン・イリインは、その上にロシアの国家が揺るぎなく立つべき基本原則について思考し、兵士とは気高く名誉ある呼称であると指摘した。そして『それは、全ロシアの国民の統合とロシア人の国家的意思、力と名誉を表している』と」

ロシア軍は1990年代の大混乱と1994年から2000年代までロシア南部で続いた泥沼のチェチェン紛争で疲弊し、ソ連時代に誇っていた社会的名声が地に落ちていた。プーチン氏はこの演説でイリインの言葉を引きながら、ロシア軍の立て直しを急ぐ方針を訴えた。

「自立するロシア」

大統領に返り咲いてから約2年半後の2014年12月4日に行った年次教書演説では、再びイリインの言葉を引用している。「ロシアに必要なのは自由だ（России необходима свобода）」（1949）からの一節だ。

「ロシアを愛する者は、ロシアのために自由を望まなければならない、何よりもロシア自身の自由を、その国際的独立と自立を、ロシアと他のすべての民族文化の統合としてのロシアの自由を、最後にロシアの人々のための自由を、われわれ全員のための自由を、信仰や真実の追求、創作、労働、所有の自由を望まなければならない」

プーチン氏はイリインに言及しながら、個人の「自由」を経済や政治、文化の活力として、国家の発展に取り組む考えを表明している。その前提として「ロシア自身のための自由、その国際的独立と自立」も強調した。

2005年の年次教書演説では、民主化の文脈で個人の「自由」が重視されていた。2014年になると、国際社会でのロシアの「自由」という、プーチン政権にとってきわめて重要なテーマが浮かび上がる。

国家の「自由」とは何だろうか。

2022年5月9日の対独戦勝記念パレードでの演説で、プーチン氏は「われわれは違う国だ。ロシアは違う性格を持つ」と主張した。他とは「違う国」であるという強烈な自意識は、ロシアが独立した主権国家であり、冷戦後に唯一の超大国となった米国の影響下には入らないというプーチン政権の国家戦略の基盤を形成した。

2014年の年次教書演説でのイリインの引用には、米国からの「国家の独立」を優先するようになったプーチン氏の政治思想の変化が見て取れる。2014年といえば、2月のウクライナ政変をきっかけに、ロシアが3月にウクライナ南部クリミア半島を一方的に併合し、東部紛争も引き起こした年だ。この年の年次教書では、ウクライナ問題やロシア抑止政策をめぐる米国への対抗意識が強く表れていた。

「(ロシアに対する)抑止の政策が考え出されたのは昨日のことではない。わが国に対してきわめて長い年月にわたり、何百年とは言わないまでも何十年間も、つねに行われてきたものだ。つまり、ロシアがあまりに強くなり、自立したとだれかがみなしたときには毎回、ただちにこの手段が発動されるのだ」

クリミア半島の併合から8年半。2022年9月23~27日にウクライナ東部のドネツク州とルガンスク州、南部のザポロジエ州とヘルソン州の親ロシア派占領地域で強行した「住民投票」ではロシアへの編入に対する賛成が多数を占めたと発表された。

これを根拠に、ロシアは同年9月30日、4州の一方的な併合に踏み切った。プーチン氏はこの「歴史的決定」を表明した演説の最後でも、イリインの言葉をこう引用した。

「真の愛国者であるイワン・アレクサンドロヴィチ・イリインの言葉でわが演説を締めくくりたい。『私の祖国がロシアであるとみなすなら、すなわち、ロシア語で愛し、観察し、考え、ロシア語で歌い、語り、ロシア民族の精神的力を信じることを意味する。その魂は、わが魂であり、その運命はわが運命であり、その苦悩はわが悲しみであり、その繁栄はわが喜びなのだ』」

イリインの著作「国家的ロシアのために。ロシア運動のマニフェスト（За национальную Россию. Манифест русского движения）」（１９３７）に収められた「祖国への愛（Любовь к Родине）」の一節だ。

新たな領土の併合は、ウクライナや米欧諸国の猛反対を押し切って、ロシア軍がウクライナ東・南部でウクライナ軍の反転攻勢によって後退するという苦境のさなかに強行された。ロシアにとってきわめて重要な併合の方針を表明する演説で、プーチン氏は、イリインの引用を使って愛国心に訴えた。西側から見れば、軍事侵攻によってロシアが自ら陥った国難に違いないが、それを克服しようと国民に呼びかけた。

憂国の思想家

イワン・アレクサンドロヴィチ・イリインは、２０００年代に入ってからロシアで広く知られるようになった多才な思想家だ。１９１７年のロシア革命後、共産主義勢力による政権奪取を厳しく批判し、国外に追放された。法学者であり、宗教哲学者であり、社会や文学、芸術の評論家であり、また政治的にはもともと君主制主義者であり、民族主義的な愛国者だった。[2]

１９５４年12月に亡命先のスイスで死去するまで、ソ連共産党の打倒とロシア正教による精神の刷新を訴える600本以上の政治文書や論文、小冊子を発表した。帝政ロシアという旧体制の復活を支持する亡命ロシア人とともに、ソ連を批判し、ロシアの再興を図った。

イリインはロシアに革命の足音が遠く聞こえ始めた1883年3月28日（旧暦）、モスクワの貴族の家庭に生を受けた。父方はロシア正教を深く信仰し、皇帝に忠実な貴族の家系だった。祖父イワン・イワノヴィチは軍人であり、退役後はクレムリン内のボリショイ・クレムリン宮殿の建設に携わった。皇帝アレクサンドル2世の信頼があつく、「ボリショイ・クレムリン宮殿の門番たる少佐」の称号を与えられた。

祖父とその家族はモスクワのクレムリンに暮らし、イリインの父、アレクサンドル・イワノヴィチもそこで生まれた。父の代父（洗礼式に立ち会い、信仰上の後見人になる）は、皇帝アレクサンドル2世が務めたという。

父方は知識人の家系であり、親族には学者が少なくない。イリインの父は弁護士になった。一方、イリインの母エカテリーナはロシアに移り住んだドイツ人医師の娘であり、やはり知識人の家系だった。

イリインは中等教育機関であるモスクワ第1古典ギムナジウムを最優秀の成績で卒業すると、父にならって法律を修めるべく、1901年にモスクワ大学法学部に入学した。彼の思索の基礎には法学がある。プーチン氏もレニングラード大学法学部卒であり、イリインの議論には親しみやすかったことだろう。

イリインは大学から大学院の時期に古代ギリシャのプラトンやドイツのカントなどの哲学書に深い関心を抱くようになった。特に18世紀末から19世紀前半に活躍したドイツのヘーゲルの研究に没頭した。

1909年、20代半ばでモスクワ大学の講師に就く。1910年末からは、妻ナタリヤを伴い、ドイツとイタリア、フランスで2年間、留学生活を送った。

ロシアでは革命の嵐が吹き荒れようとしていた。1905年1月には、首都サンクトペテルブルクで労働者とその家族ら10万人近い民衆が皇帝ニコライ2世に請願書を渡すため冬宮に向かって行進し、軍の突然の発砲によって何百人もの死者を出す衝撃的な事件が起きた。「血の日曜日事件」と呼ばれる。1914年にはドイツとの第1次世界大戦が始まった。ロシアが激動の帝政末期に突入し、若きイリインの愛国心が目覚めていく。

共産主義打倒の闘い

大学で教えるかたわら、イリインが政治・社会活動家として行動を開始したのもこのころだ。「戦争の精神的意味」（1915）、「愛国主義について」（1917）などの政治的論文を相次ぎ発表し、演壇に立った。

帝政の支持者だったイリインは、ウラジーミル・イリイチ・レーニン率いるボリシェビキによる1917年10月のロシア革命を、無秩序をもたらすカタストロフィー（大惨事）ととらえた。無神論者でもある共産主義勢力の打倒をめざし、政治的な闘いに身を投じていく。

1918年5月、論文「神と人間の具体性に関する学問としてのヘーゲルの哲学」により、モスクワ大学で修士号と博士号を同時に授与された。審査した教授陣の全会一致の決定であり、きわめて秀でた学者だと評価されたことが分かる。

一方、反ソ活動の容疑で1918年から繰り返し逮捕され、1922年9月に国外追放となった。同じく国外退去処分となった多くの学者や作家らと同じ船で祖国を追われ、ドイツに向かった。ベルリンでは1923年2月、創設メンバーの一人となってロシア科学研究所の設立に携わり、自ら教授に就いた。

ロシア革命の前後には、多くの知識人が祖国を去り、欧州や米国に亡命している。イリインは、ソ連の共産党政権の打倒と帝政の復活を期す亡命社会のなかで傑出した思想家の一人とみなされるようになった。同じくソビエト政権の打倒と帝政の復活を掲げたアントン・デニーキンらが率いる白衛軍とも協力を深め、そのイデオローグのひとりとなる。

ドイツで1933年にヒトラーが政権を握ると、イリインは国家社会主義ドイツ労働者党（ナチス）との協力を拒否した。翌年には、ロシア科学研究所の職を解任された。1938年にはスイスに移住し、1954年に死去するまでとどまった。スイス滞在中、哲学や法律、文芸批評など多岐にわたる膨大な数の著作を残した。

本や小冊子は40以上、前述したように、論文や政治文書は600本以上、さらに100以上の講義録や数多くの書簡がある。1938年には「ロシア帝国の基本法案」と名づけた憲法案を策定した。イリインの著作の研究はロシアでもまだ初期の段階にあり、評価を下すのは難しい。イリインは、現代の米欧ではファシズムを支持したとして酷評されるものの、ナチスのプロパガンダへの協力を拒否したことから見ても、そうした批判は一面的に過ぎる。

イリインの著作の多くは一読しただけでも、情熱的で力強い言葉にあふれていることが分かる。扇動的でありながら、詩的でもある。その内容は哲学的、法学的思考と広汎な知識によって練り上げられ、正教への信仰に裏打ちされている。亡命後のテーマの中心には、つねにロシアがあり、その将来を論じることに没頭した。

特に晩年の1948〜54年、イリインはソ連崩壊とその後の混乱を見通した著作を世に送り出したことで知られる。将来のロシアが講じるべき国家の施策を示した政治文書を数多く執筆し、同志を通じて配布した。そうした政治文書を集めた著作集『われらの課題』が1956年、君主制の再興をめざす亡命者組織「ロシア全軍人同盟」によってパリで出版されている。

当然ながら、イリインの著作はソ連で出版禁止とされた。イリインの存在自体が抹殺された。イリインの作品の出版と復権が始まるのは、ソ連崩壊後の1990年代まで待たなければならない。2005年の改葬から1年後の2006年には米ミシガン大学が収集し、保管していたイリインの著作や手書きの原稿がロシアに戻り、モスクワ大学の図書館に所蔵された。

イリインの著作のうち、『われらの課題』は、ロシアの国家体制を論じただけでなく、ソ連崩壊後の混乱やウクライナ危機をも予見した主要な著作だ。そのうえで正教思想を礎とした精神の刷新により、いかに国難を乗り越えるべきかを説いた。ソ連崩壊後の祖国への「遺言」として『われらの課題』をのこした思想家＝愛国者に、プーチン氏は魅了された。

プーチン氏はソ連崩壊後の混乱の収拾と「強いロシア」の復活を掲げて大統領に就任し、新たな政治の指針を必要としていた。「ロシアについて考え、ロシアの将来について考えた」というイリインの思想に感銘を受け、傾倒していった。

チーホン師らが説くロシア正教の原理主義的な価値観や歴史的役割は、あいまいな宗教思想の域をでなかったが、イリインの政治思想がそれに具体性を持たせ、プーチン政権にロシアが進むべき道を示していった。

ロシアとは何か

ロシアの思想、とりわけ政治思想の中心にはいつも「ロシアとは何か」という根源的な問いかけがあった。前述したスラヴ派もロシアという国のあり方をめぐって西欧派と議論をたたかわせ、ロシア独自の国家性や進むべき道、使命を追求した。西欧でもなく、アジアでもないロシアの姿を探り当てようとした。

19世紀に花開いたロシア文学にもそうした性格が見られた。多くの作家がロシアのアイデンティティーを問い続けたが、例えば、巨匠フョードル・ドストエフスキーは1861年に発表した「いくつものロシア文学論(Ряд статей о русской литературе)」で、ロシアについてこう述べた。

「あなたは民衆を西欧人につくり変えたいのですか。だが、わたしたちはこう答えます、まったく異なる土壌にある西欧の理念が、西欧とまったく同じ結果をもたらすことは可能でしょうか。われわれのところでは、すべてが独特で、どれもこれも、いかなる点でもヨーロッパには似ていません、内面的にも外面的にもありとあらゆることでそうなのです、われわれの土壌で西欧の結果を得るのは不可能なのです」

ドストエフスキーはロシアが西欧とは根本的に異なるとみなし、ロシア独自の姿とその救済を見いだそうとした。イリインも同じく「ロシアとは何か」を追い求めたロシアの知識人の系譜につらなる。イリインの著作から彼の政治思想の原点にあるロシアの形を探ると、ドストエフスキーやスラヴ派、現代ロシアの保守派だけでなく、プーチン大統領の国家観との共通点も見ることができる。

イリインによれば、ロシアはなによりもまず正教の国である。「なぜロシアを信じるのか（Почему мы верим в России?）」（1949）では、「われわれは、ロシアを――その心を、その国家体制を、その歴史を、神のなかに見るようにしなければならない」と述べた。[3]

君主制を重んじる敬虔なロシア正教徒の貴族の家庭で育ったイリインにとって、ロシアは疑いなき正教の国であり、ロシア人とは何よりも正教徒を指した。

外国人にとっては、この引用は抽象的なものに聞こえるかもしれないが、前述したプーチン氏の発言と比べると理解しやすい。プーチン氏は「正教とロシアは切り離せない。長い歴史のなかで正教は、わが国家とわが国民の生活できわめて重要な役割を果たしてきた」と指摘し、ロシアの国民と国家の形成で中核をなしてきたのが「正教だ」と主張した。

同じ文書「なぜロシアを信じるのか」では「ロシアとは何よりも、真実を愛するロシア人の生きた集合体であり、神の正義に忠実な『直系の擁護者』である」とも強調された。ここでも「キリスト教の信仰を守るロシア」という宗教的、政治的モチーフが確認できる。

多民族国家のロシア

ロシアは多民族国家だ。2020年の全ロシア国勢調査によると、ロシアには180以上の民族が暮らしている。米国系や日系の人もロシア国籍を持っていれば1つの民族と数えられるので、旧ソ連以外に国家を形成している主な民族を除けば、160ほどの民族を抱えている計算になる。ソ連やロシア帝国はもっと多かっただろう。

ロシア連邦を構成する自治体には、少数民族の名称やその居住地の地名にちなんだ共和国や自治管区などがいまも約30ある。カフカス（コーカサス）地方は多種多様な少数民族がモザイク状に住み着き、シベリアや極東にも数多くの少数民族が暮らす。

イワン雷帝の治世から続いた領土拡張の結果、ロシアは多くの民族を征服し、欧州だけでなくユーラシア大陸の東西に広がる世界最大の領土を有する国となった。宗教もイスラム教や仏教、ユダヤ教、土着のシャーマニズムまで多様だ。キリスト教だけでもロシア正教だけでなく、カトリックやプロテスタント、アルメニア正教など数多い。

こうした広大な領土と多民族・多宗教という国の性格は、ロシアが「正教の国」であるということと矛盾しないという。むしろ正教は多民族国家をつくり、保持するうえで不可欠の役割を果たしてきたとされる。プーチン氏は２０１３年7月22日に国営テレビで放映された、ロシアのキリスト教受容１０２５周年とロシア正教の復興を祝したドキュメンタリー映画「ルーシの第2の洗礼」のなかで、こう語った。

「教会はロシアの内部でさえ、宗教間、種族間、民族間の平和と調和のための基盤をつくるという、さらにとても重要な役割をはたしている」。プーチン氏は、ロシア正教会こそが、キリスト教の融和の精神や全人類的な価値により、宗教や種族、民族の垣根を越えてロシアという国の統合を歴史的に実現してきたと言う。

一方、同じキリスト教でもローマ・カトリックと比べて正教会はどうなのだろうか。イリインは「ロシアは生きた有機体である（Россия есть живой организм）」（１９５０）で、次のような議論を展開する。

「正教会は、剣あるいは恐怖によって異教徒を自らの信仰に改宗させたことはいちどもない」。むしろ、そうしたことを公然と批判し、自ら禁じてきたのだと述べる。この点で正教は、十字軍を派遣するなど歴史的に異教徒を征服し、力で改宗を強いてきたローマ・カトリックとは違うのだと論じている。

イリインによれば、ロシアは西欧諸国と異なり、他の民族集団の独自性を尊重し、「心から自分たちの兄弟だ」とみなしてきた。「彼らを決して追い出すことはなく、（ゲルマン民族がいつもしてきたように！）彼らを非民族化することもなく、迫害することもなかった」と指摘される。

ここで述べられた「非民族化することもなく」とは、それぞれの民族性を失わせることなく、ロシア民族への同一化を強制することもない、といった意味合いだ。ロシア人は広大な支配地域で多様な少数民族にも文化や言語を保持することを認めつつ、ロシアというひとつの国に融和してきたと述べる。国内でロシア人と他の民族の混血が進んできたことも、ロシアが融和的であるとみなす根拠のひとつになっている。こうしたロシア人特有の民族主義的な主張は、プーチン氏や保守派の知識人の多くが共有してきた。

もっとも、史実を振り返れば、異民族の併合が平和的に行われてきたとはいいがたい。16世紀にコサックの頭領で探検家のエルマーク・チモフェーエヴィチは、イワン雷帝の特許状を得てシベリア開発を始めていた企業家に雇われ、武力でシベリア征服を進めた。ウクライナの独立運動も何世紀にもわたって力で抑え込まれてきた。ロシア（ソ連）の領土や勢力圏の拡大は他民族の抑圧を伴うことが多かった。

保守派の美化された発言には、帝国的な性格を備えるロシアを肯定し、諸民族の独立の動きを封じ込める政治的意図が隠されている。諸民族が各地で独立の動きを活発にすれば、帝国は解体に向かいかねない。

一方、ロシア国内には構成人数の少ない民族集団が多く、たとえ独立したとしてもひとつの国家として存続していくのは難しいのも事実だ。例えば、人口が100万にも届かず、天然資源に乏しく、貿易港を持たないような民族集団が多い。そうした民族集団にとっては、ロシアにとどまるという選択肢が現実的で有益だといえるだろう。

ただ、ウクライナはどうであったか。現代では4000万を超す人口と広い領土、民族としてのアイデンティティーの確立を追い求めてきた長い歴史を持つ。すでにソ連時代、独立した国家として存続できる要件を十分に備えていたと考えるべきだ。ウクライナの多くの人々は、多民族国家であることを強調するロシアの保守派の主張には警戒と反発を覚えざるをえない。

ロシア人は「指導的民族」

ロシアが多民族国家だという事実から、ひとつの結論が導き出される。この多民族国家では、ロシア人が「指導的役割」を果たすというものだ。イリインは「ロシアは生きた有機体である」で、国家形成の過程で「ロシア人は自然と主導的で、統治する人々となった」と指摘した。多民族国家をたばねる「主導的な」人々であり、したがって「統治する」という役割はロシア人が担うと説く。

ロシアという多民族国家のなかで、ロシア人は特別な存在だ。才能や信仰、文化、独創性、言語、生命エネルギー、組織性、創造的独自性、政治的先見性といったさまざまな面で、ロシアの空間と長い歴史のなかでロシア人と「競合できる人々はいなかった」と主張した。

「解体主義者への反論（Отповедь расчленителям）」（1952）でも、ユーラシア大陸に散在する諸民族の融和的な統合とロシア人の役割について「最も資質に恵まれ、キリスト教徒で、文化的な民族であるロシアの人々がこの事業を指揮するのは当然だ」と述べた。

「人々」との訳語を当てたのはロシア語独特の多義的な単語「ナロード（народ）」で、イリインは「民族」に近い意味で使用している。イリインのこうした主張は、プーチン氏が「国家形成の中核的な人々」はロシア人であるとの主張を強めてきたことと重なる。

大統領に返り咲いた翌２０１３年12月5日の支持者との会合でプーチン氏は、「民族間の関係はきわめて敏感であり、われわれの生活の最も重要な領域だ。わが住民の80％以上、それはロシア人だ。もちろん、国家形成の中核的な人々だ、文化的な意味でも、単に人口の視点からもそうだ」と語った。イリインのようにロシア人のある種の優位性について述べているわけではないが、多民族・多宗教国家におけるロシア人の主要な役割を示唆している。

２０１８年10月18日のバルダイ会議でも、ロシアが１０００年にわたり多民族、多宗教の国家として形成されてきたと指摘し、「国家形成の中核となる人々はもちろん、ロシア人だ」と語った。ロシア人を中心とする多民族・多宗教の国家を堅持する意志を明確にした。

「国家形成の中核的な人々」という文言は、プーチン氏の5選出馬を可能にした２０２０年の改正憲法にも盛り込まれ、話題になった。第68条で「ロシア連邦の国家言語はその全領土において、ロシア連邦の平等な人々の多民族的結合に加わっている国家形成の中核的な人々の言語としてのロシア語だ」と定めた。プーチン氏はイリインと同様、ロシア人であること、さらにロシア語という言語にナショナリズムの源泉を見いだし、改憲を主導した。

この条文のなかで「平等な人々」と書かれていることは見過ごせない。イリインもそうだが、現代のロシアにも、米欧諸国で時々見られるような人種差別の意識がほとんどないことを映している。

現代のロシアでは、旧ソ連の中央アジアやカフカスの人々がモスクワなどロシアの大都市に出稼ぎにやって来て、一般のロシア人がいやがるような建設や清掃といった肉体労働や低賃金の仕事に就くことが少なくない。それでも、反移民の感情が表れることがあっても人種差別の意識は一般に認められない。例外的に時々表面化するのは、ユダヤ系に対する特別な嫌悪感ともいえる感情だ。

ロシア人が潜在的に持つのは、差別意識ではなく、ロシア人こそが発展の遅れた諸民族を啓蒙し、生活水準を引き上げてきたのだというある種の優越感や自負だ。ロシア人こそ長い歴史のなかで多民族国家の統合を実現してきた「指導的、支配的民族」であったという潜在的な意識は、プーチン氏や保守派だけでなく広くロシア人の間に残っている。

同時に、イリインやプーチン氏、保守派の多くが掲げる「ロシア人を中核とした多民族・多宗教の国家」という国家観には、広大な国土と多民族という帝国的な理想が反映されている。民族自決の時代であった20世紀をすでに経験した現代で、そうした理想がどこまで正当性を持っているのか答えを出すのは難しい。

境界なき広大な平原

ロシアが多民族国家となった要因は何よりもまず、その広大な領土の獲得にある。広大な領土が、正教とともにロシアという国の性格を形成する核となっている。現代のロシアはいうまでもなく、世界最大の領土を持つ国だ。国土面積は日本の約45倍、米国の約1・7倍の広さがある。

ロシアの地理的な特性について、イリインは政治論文「ロシアは生きた有機体である」で、歴史的に開かれた大地にあり、山や海など自然がつくる境界線がなかったと説明した。したがって「ロシア民族は存在のまさに始まりから、いたるところ開かれ、その分割は単に仮想的なものにすぎないような平原に現れた」との結論を引き出す。ロシアの地がアジアから西欧へと広がるユーラシア大陸の広大な平原の中央部に位置し、高い山も深い海も遠く離れたかなたにあったと指摘した。

山も海も遠く、無限に思える平原という地理的特性を抱えたロシア人は古来、ポロヴェツと呼ばれるチュルク系遊牧民族をはじめ、容易に攻め込んでくる異民族との戦いに明け暮れることになった。ロシアは「いかなる自然の境界も頼ることができなかった」として、「古来、絶えず自衛を強いられる有機体だった」と説く。

中世に入っても、13世紀前半に平原を越えて攻め込んできたモンゴル帝国の騎馬隊の前にルーシはなすすべもなかった。以降、約240年間にわたり、モスクワ大公のイワン3世が解放を実現するまで、「タタールのくびき」と呼ばれるモンゴルへの従属が続くことになる。

モンゴルの支配は、ルーシの諸公を廃さず、納税や軍役を課す間接的な統治だったものの、ルーシの発展を大きく阻害することになった。ロシアが長く抱えた後進性の問題につながった。モンゴルの支配が終わっても、異民族や異教徒との戦いが続いた。

一方、広大なユーラシアの空間の中央に位置するという地理的特性が、ロシアにひとつの使命を与えた。開かれた平原にあるロシアは自らが通商や文化の広がりをさえぎるバリケードになることはできない。必然的に、遠隔地との結節点になるという役割を担う。

イリインは、ロシアが自ら率先し、欧州とアジア、西と東、北と南を結びつけていかなければならなかったと議論を展開する。「(ロシアの)世界的使命は何よりもまず、諸民族と諸文化の間の創造的、仲介的なものだった」と指摘され、諸民族の統合というロシア人の歴史的な役割が強調される。

イリインが、ここで展開している議論は、現代でいう地政学に違いない。地理的条件がロシアという国家の形成やその国際関係に大きな影響を与えた。

現代のロシアにも、イリインが指摘したように「いつも敵に囲まれ、攻め込まれてきた」という安全保障上の強迫観念が残っている。17世紀初めのポーランドによるモスクワ占領、ナポレオン戦争、ナチス・ドイツとの戦いもそうした強迫観念を強めてきた。広大な平野という地理的条件と戦いの歴史が、ともに影を落としている。

これに対して、米欧など諸外国では、ロシア人は武力で多民族を服従させ、ユーラシア大陸の東西に領土を広げた攻撃的な民族だとみなされることが少なくない。ロシア帝国を崩壊させ、その後継国家となったソ連も、米欧では一般的に、帝国主義的な野望を抱き続け、東欧諸国を不当に支配し、抑圧したと理解される。

プーチン氏もイリインと同じく、ロシアの歴史は絶え間ない「自衛的な戦い」だったとの見方をしている。米欧とイリインやプーチン氏のどちらの主張が史実に即しているかはここで問わないし、多分に解釈の問題であるために双方とも間違っていないといえるのかもしれない。

だが、確かなのはロシアと米欧の歴史認識がしばしば真っ向から対立し、相互理解を阻んできたことだ。この互いへの不信感は、ウクライナや北大西洋条約機構(NATO)の東方拡大の問題をめぐって表面化し、大きな亀裂と衝突を生むことになった。

ロシアの使命

イリインの主張は、チーホン師の語りとも多くの点で重なる。第2章で言及したように、チーホン師は、多様な民族が暮らす巨大なビザンチン帝国の分裂を防ぎ、統合を維持する役割を果たしていたのは正教だと指摘した。さらに正教が文化的な豊かさや平和をもたらしたと述べ、ビザンチン帝国を高く評価した。

新しいロシアの建設を求めたイリインが数多い著作で、ロシアについて「帝国」というかつてのロシア帝国を示す用語を使うことはまれだった。だが、チーホン師と同様、他国や他民族を犠牲にする帝国主義を批判しながらも、ロシアの帝国的性格は肯定している。

すなわち、ロシアとビザンチンはともに正教を掲げ、同じく広大な領土と多民族という帝国的な性格を持つ国家となるべき宿命にある。その帝国的な国家とは「諸民族と文化の間の創造的、仲介的な」使命を担い、平和で半永久的な国となるはずだ。

地理的条件が必然的にロシアを形成し、正教がその支えとなってきたという主張は、イリインやチーホン師に限らない。現代ロシアの保守派の知識人にも共通している議論だ。前述したスラヴ派の考え方にも近い。

こうした帝国の理想は、ロシアが重大な危機に直面すれば、正教を支柱とする国家体制を守らなければならないという護国論に容易に転じる恐れがある。イリインは「ロシアは生きた有機体である」で、ロシアの国家性を守るため「自分の信仰と宗教を守らなければならない」と訴えた。

イリインと正教の原理主義の影響を受けたプーチン氏も、同じような考え方を持つ。正教会が「宗教間、民族間、国家間の平和と調和のための基盤をなしている」と主張し、正教を軸とした国家体制を守らなければならないと考えている。

イリインの議論ではまた、理想的な国を守るという護国論が、ロシアには世界で果たすべき特別な使命があるという主張につながった。「ロシアは生きた有機体である」で、イリインはロシアの民族性を守り、自らの宗教を守ることによって「宗教的有機体としてのロシアは正教徒のすべての人々だけでなく、欧州・アジアの巨大な領域のすべての民族だけでもなく、すべての世界の人々に奉仕している」と指摘した。

正教の正義を説くイリインには、チーホン師と同じく、米欧のキリスト教への批判的な視線がある。イリインは同じ政治文書で「正教は他のすべての西欧の信仰が失ったものを、自らのなかに守り、大切に育ててきた」と述べた。よって、正教を守ることが「世界に奉仕する」ことにつながるという。

こうしたイリインの言葉は、プスコフの僧フィロフェイが16世紀前半に唱えた「第三のローマ」やスラヴ派の議論と共鳴する。「第三のローマ」という理論を持つロシアの歴史的な保守派の主張では、ロシアには神の教えを忠実に守ってきた唯一のキリスト教信仰である正教を守護し、道を誤った西欧をただす歴史的役割がある。

チーホン師が「帝国の滅亡。ビザンチンの教訓」で指摘していたように、ロシアの世界的使命感とは正教とカトリックの対立に端を発したものであり、根が深い。こうしたロシアの保守派の使命感は、自分たちのキリスト教信仰が批判される形になる米欧諸国の人々にとっては理解しがたく、危険視されがちだ。

ウクライナへの軍事侵攻に踏み切ったプーチン氏の発言にも、米国へのむき出しの対抗心や国際秩序の立て直しというモチーフがたびたび表れている。

「いまや、世界的な問題での西欧による独占的支配という歴史的時代は終わり、１極世界は過去のものとなっている」（２０２２年10月27日、バルダイ会議で）

「世界は、自らを地上での神の代理人とうぬぼれる一国の命令にもとづくものであってはならない」（２０２２年9月7日、東方経済フォーラムで）

多くの米欧メディアの解説によれば、プーチン氏が米国を厳しく批判するのは、ウクライナ領を再び併合するという本当の目的を覆い隠すためだ。プーチン政権は21世紀になっても「ソ連復活」の野望を捨てられないと断じられる。

ただ、ロシアが世界に不正と危機をもたらす米１極体制に対抗しているのだという極端な発言の背後にも、正教を守るロシアが世界も救う、というロシア特有のメシアニズムの痕跡が認められる。正教の原理主義やイリインの著作に表れるロシアの帝国的な保守思想に、その隠された動機を見つけることができる。

保守的なロシア人の多くにとって、プーチン氏の発言は、米欧メディアが伝えるような、大国主義にもとづく荒唐無稽なプロパガンダには必ずしも聞こえない。ロシアでキリスト教が受容されて以来、帝政ロシアのなかで長い時間をかけて人々の心に根を下ろしてきた保守性に主因があり、正教徒を中心とする国内の多くの聴衆には受け入れやすい。

反西欧の思考

イリインの政治文書のなかでも、プーチン氏が特に繰り返し読んでいる論文があるという。[4] 論文集

『われらの課題』に収められており、原題を「Что сулит миру расчленение России（ロシア解体は世界に何を預言するか）」（1950）という。

「сулит《スリート》」は「約束する」「預言する」「前触れとなる」という意味を持つ動詞の三人称単数形だ。

「расчленение（解体）」という名詞も、イリインによって深い意味を持たされている。前述した論文「解体者への反論（Отповедь расчленителям）」でも出てきた расчленитель（解体者）という単語と同じく「расчленить（分割・解体する）」という動詞から派生している。「ひとつになっていたメンバーを分裂させる」といった原意がある。

「ロシア解体は世界に何を預言するか」には「解体者への反論」も含めて、関連する政治文書がいくつもある。その一つが「ロシアの解体者たち（О расчленителях России）」（1949）と名づけられた。

この政治文書は「民族的なロシアには敵がいる」という挑発的な言葉から始まる。「名前を挙げる必要はない」として、「彼らがしてきたことは、歴史からだれにとっても明白だ」と指摘する。

論文が書かれた当時、ロシアは共産党が率いる一党独裁のソ連という連邦国家に変わっていた。1945年に第2次世界大戦が終わり、二大超大国である米国とソ連による冷戦の幕があいていた。ただ、イリインのいう「敵」は、冷戦期に敵対した米国だけを指しているわけではない。集合体としての西欧を意味しており、歴史的にロシアと対立してきた西欧全体を「敵」だとみなしている。イリインはいくつもの理由を挙げ、その説明を試みる。

第一の理由はこう語られる。「あるものたちにとって、国家としてのロシアはあまりに大きく、その国民はあまりに数が多すぎ、その意図や計画は、彼らにとって不安と謎に満ちたものに思われ、おそらくは『侵略的』でさえある」。それゆえに「まさにその『統一』が、彼らにとっては脅威と映る」

イリインによれば、小さな国々は近くにある「大きな隣人」を恐れる。「大きな隣人」が異なる言語を話し、理解しがたい、異なる種類の独自の文化や思考を持っているのであれば、なおさらだ。弱さと不安、理解不足の結果、敵になるという。現代に照らし合わせれば、こうした小さな国＝「敵」とは欧州諸国、特にソ連の圧制下にあった中・東欧諸国を指しているといえるだろう。

ロシアが広大な領土ときわめて多数の国民を持つ理解しがたい国家であり、それゆえに「敵」とみなされる――。こうした考え方は歴史的に、ロシアでは珍しくなかった。ロシアを恐れるのは小さな国だけではなく、西欧の強国もそうだ。

例えば、スラヴ派のイデオローグ、ニコライ・ダニレフスキーは『ロシアとヨーロッパ』の第２章「なぜ西欧はロシアに敵意を持つのか」の冒頭、ある外国人との会話を次のように紹介した。

「地図をごらんください、――ある外国人が私に語りかけた――まるで垂れこめる黒雲のように、恐ろしい悪夢か何かのように、ロシアが自ら大きな塊となってわれわれを圧迫しているのを、われわれが感じることができないとでもお思いですか」[5]

西欧諸国の支配層には、ロシアに対する潜在的な恐怖心が生まれていた。ロシア帝国は、ピョートル大帝（在位１６８２～１７２５）の下、国家を急速に近代化し、特に18世紀後半のエカテリーナ２世の治政（１７６２～96）以降、国土を大きく拡張して列強の仲間入りを果たした。

世界地図のなかで「大きな塊」となり、隣り合うロシアに、西欧の人々は驚き、不安と恐怖のまなざしを向けるようになった。19世紀初めには、インドを支配していたイギリス帝国とロシアの間で、中央アジアをめぐる「グレートゲーム」と呼ばれる覇権争いが繰り広げられ、ロシアと西欧という２つの巨大な力の衝突が本格化した。

イリインやダニレフスキーと同じように、プーチン氏も「ロシアを危険視する米欧」という主張をたびたび口にする。2022年4月27日、サンクトペテルブルクで開いた議会関係者との会合では以下のように述べた。

「歴史的にロシア抑止の政策を取り、いまも取っている勢力にとっては、——まさしく歴史的に取り、取っているのだが、遠い昔も総じてそうだった、なぜ彼らがそうしてきたかよくご存じでしょう——彼らの見方では独立し、巨大でさえあるような国は必要ないのだ。彼らにとっては、ただそれが存在しているという事実だけで危険だと考えている。実際は全くそうではなく、彼らこそが全世界のリスクとなっている」

こうした発言は、ウクライナ軍事侵攻が始まり、米欧との対立が先鋭化したから出てきたわけではない。もともとロシアの保守派が抱いていた本心が、表れたと見るべきだ。ダニレフスキーもそうしたひとりだった。

双方の利害が一致し、共通の「敵」を見いだせるときには、ロシアと西欧の協力関係は成立する余地が広がる。ところが、協力の優先度が下がってしまえば、たちまち両者の間に拭いがたい相互不信が頭をもたげることになる。負の悪循環を生み出し、衝突に発展する危険が生じる。

ロシアは18世紀末から19世紀初頭、英国やオーストリア、オスマン帝国などとナポレオンを敗北させた対仏大同盟を構築した。ナポレオン戦争が終結すると、西欧諸国の間で反ロシア感情が広がり、19世紀半ばに独仏トルコがロシアと戦ったクリミア戦争が勃発した。第2次世界大戦では、西欧諸国とソ連が共闘してナチス・ドイツに勝利したものの、戦後には東西両陣営が激しく対立する冷戦が始まった。

ルソフォビア（ロシア恐怖症）

冷戦終結後の1991年にソ連が「解体」して15の国家が独立すると、ロシアを中心とする旧ソ連地域は政治・経済的な大混乱に陥った。弱体化したロシアに、米欧や日本は大規模な経済支援さえ惜しまなかった。

ところが、プーチン氏の考えによれば、2000年に「強いロシア」の復活を掲げるプーチン政権が発足し、国家の発展が軌道に乗り始めると、米欧はロシアへの態度を変えた。「ロシア抑止の政策」を取るようになり、再び「（ロシアを）危険だと思う」ようになった。

西欧がロシアに対して抱くという恐怖心は、プーチン氏や政権幹部、ロシアの保守派の間で、しばしば「ルソフォビア（ロシア恐怖症、ロシア嫌い）」と呼ばれる。プーチン氏は2022年9月30日、クレムリンでのウクライナ東・南部4州の併合を表明した演説で、こう訴えた。

「いま世界中で拡散されているルソフォビアとは人種差別主義ではなくて何だろうか。人種差別主義ではないとすれば、西欧の文明、新自由主義的な文化、それが全世界にとって争う余地のない見本だという西欧の断固とした確信なのだろうか。『味方でなければ敵だ』。こうしたことはどれも奇妙にさえ思われる」

プーチン氏はここで、西欧とは異なる文明を持つロシアが、西欧の敵だとみなされていると主張している。「ルソフォビア」という言葉は一般に、19世紀半ばのクリミア戦争後、外交官で詩人のフョードル・チュッチェフが最初に使用した用語だとされている。スラヴ派がロシアの使命とは何かを盛んに論じ、「汎スラヴ主義」が唱えられていた時代に広まった言葉だ。

当時と現代とでは時代が違うが、ロシアが西欧と敵対関係にあるという背景はよく似ている。プーチン政権は、そこに150年以上前と同じく文明の対立という構図を見ようとしている。一方、米欧からは、プーチン氏は帝国主義の野望を、文明の衝突という次元の異なる議論にすり替えているようにしか見えない。

ロシアの「敵」

イリインが「ロシアの解体者たち」で使っている「敵（враги）」という単語は複数形であり、いくつもの類型が列挙されている。「敵」とされるのは、巨大なロシアを恐れる人々だけではない。イリインが第2の類型として挙げるのは、ロシアを「競争相手」として恐れる人々だ。

そうした人々は、ロシアが「彼らの資産を侵害したいと考えれば、そうできるほど強力だ」と恐れる。「侵害」が意味するものについて、イリインは多くを語っていないものの、例として「東方の国々との接近」や「通商上の競合相手」になることを挙げている。現代に当てはめれば、ロシアがアジアや中東の国々と緊密な関係を築き、貿易を拡大して、米欧の利益を損なうということだ。

プーチン氏は2012年9月、ロシアでは初めて極東のウラジオストクでアジア太平洋経済協力会議（APEC）の首脳会議を開き、アジア太平洋諸国との関係を強化しようとした。中東ではウクライナ侵攻後もイランとの結びつきを強化し、湾岸諸国やトルコとの良好な関係を維持しようとしてきた。

イリインは、こうしたロシアの東方シフトを警戒する米国の影をすでに見ていた。同様に、プーチン氏も、米国がアジア太平洋地域でのロシアと中国などアジアとの接近や、中東諸国との関係強化を阻もうとしているとの疑念を募らせてきた。

第3は、自分たちこそ征服の意図を持ち、さらにロシアへの妬みを募らせる「敵」だ。「妬み」とは、「広大な空間と自然の豊かさ」、すなわち、ロシアの広い国土と豊富な天然資源に対する羨望である。西欧は石油や天然ガス、石炭などロシアに埋蔵されるさまざまな天然資源の獲得を狙い、「敵」となる。

豊かなロシアを略奪するため、西欧は「ロシア民族が卑しい、半ば野蛮な種族」にすぎないと見下す。西欧は、ロシアとは征服され、この世から消滅されるべき存在だと神自身が運命づけたものだと、自分と他者を信じ込ませようとするという。

「西欧がロシアを略奪しようとしている」というイリインと同じような思考は、20年間を超えたプーチン体制にも存在してきた。同様の主張は、プーチン政権に近い保守強硬派からもしばしば聞こえてくる。

プーチン氏の旧友で安全保障政策を統括するパトルシェフ安保会議書記（当時）は、2023年1月10日にロシア紙「論拠と事実」に全文が掲載されたインタビューで次のように述べた。「ロシアが世界の一握りの支配者たちをいらだたせるのは、（ロシアが）豊かな資源と、広大な領土、賢く、自足した人々を有しているからだ」

2022年9月21日、プーチン氏も、ウクライナ軍事侵攻をめぐる戦況の悪化で一部予備役の招集を発表した国民向けのテレビ演説で「ロシアが略奪される」との主張を展開しており、同じような文脈で理解できる。

「ワシントンやロンドン、ブリュッセルでは、わが領土に対する軍事行動に移るよう、キーウ（ゼレンスキー政権）の背中を直接押している。もはや隠しもせず、こう言うのだ、あらゆる手段を講じて戦場でロシアを壊滅させ、その次に政治的、経済的、文化的、つまり、すべての主権を剝奪《はくだつ》し、完全にわが国を略奪しなければならないと」

米欧によってロシアという国が「略奪」されるという強迫観念は、2022年のウクライナ軍事侵攻後に突然沸き起こったのでも、ただの政治宣伝でもない。例えば、軍事侵攻の20年近く前に起きたユーコス事件の根底にも、前述したように、同じような疑念がプーチン政権にはあった。

西欧の手先

プーチン政権は、石油大手ユーコスが西欧の手先となったオリガルヒのホドルコフスキー社長によって支配され、さらに米欧の石油資本（メジャー）に身売りされようとしているとの危機感を抱いた。ホドルコフスキー氏の逮捕に踏み切った背景には、米欧がロシアの天然資源の「略奪」をもくろむとの疑念があった。

プーチン政権の解釈では、ホドルコフスキー氏は米国が裏で操っていた1990年代の国営資産の民営化で国富を不正に手にした。巨額の税金もごまかして支払いを拒み、国外に持ち出したとして告発された。さらに、プーチン政権によって、ロシアの天然資源と富をひそかに米欧に売り渡す犯罪人に仕立て上げられた。

「泥棒は刑務所に入らなければならない」。前述したように、プーチン氏は2010年12月16日に行った国民との直接対話で、ホドルコフスキー氏をこう指弾した。国富を奪い、脱税し、メジャーと極秘に身売り交渉を進めた同氏に対する国民の反発を煽った。

ユーコス事件を機に、プーチン政権は天然資源に対する国家管理を強化し、将来にわたってロシアの富が米欧に奪われないよう先手を打った。ユーコス事件の本質はプーチン政権によるオリガルヒからの利権奪取にあると見られることが多い。だが、イリインの政治論文「ロシアの解体者たち」は、もうひとつ別の動機があることを示す。

「西欧がロシアの富を奪う」というロシア保守派の疑念には、イワン・イリインだけでなく、第3章で取り上げたように、チーホン師が主導するロシア正教の原理主義的な思考が影響を与えている。チーホン師の「帝国の滅亡。ビザンチンの教訓」は、西欧のオリガルヒや「十字軍」がビザンチン帝国の富を徹底的に略奪したと批判した。その富を元手にヴェネツィアの商人は、資本を増やし、国際貿易を支配したと断じた。

そして、ヴェネツィアの資本家に、世界の金融界を主導する現在の米国を重ねる。「豊かなロシアが略奪される」というプーチン政権の主張の底流にも、ビザンチンとカトリックの西欧の対立までさかのぼる宗教的な確執がある。

イリインが4番目に挙げたのは、宗教的な「敵」だ。「敵」は、ロシアが自らの信仰に固執し、西欧の「真実」を受け入れず、西欧の教会による「吸収」に応じないことにいらだちを強める。十字軍を送っても征服できなかった。ロシアに大混乱を引き起こし、解体と貧困に陥れるしかないと考えるようになる。

そして5番目の最後の「敵」も、無神論や連邦制を浸透させてロシアの魂と意志を支配するまで安心できない者たちだ。神の存在を否定する無神論を浸透させようとする者とは、だれよりもまず1917年の十月革命でソ連を樹立した共産主義勢力を指す。

ロシア正教会や保守派の解釈では、無神論である十月革命の思想は西欧で生まれ、西欧からやってきた共産主義者という「悪意を抱く者」がロシア帝国を崩壊させた。レーニンら共産主義勢力も、西欧の手先となって、ロシアに対する新たな歴史的攻撃を加えた「敵」のひとりに数えられる。

2023年12月7日にクリミアからオンラインで記者会見したチーホン師によれば、[6] 十月革命の8カ月前、最後のロシア皇帝ニコライ2世を退位させた二月革命もまた、西欧の自由主義思想に感化されたインテリゲンチャ（知識層）が引き起こした誤りだった。その裏で糸を引いていたのは、「2つの敵対者、ドイツと、ロシアを弱体化させることを第1の課題とする英国だった」と指摘した。

被害妄想か

ロシアが21世紀に募らせた西欧に対する不信感は、独裁者であるプーチン氏個人の被害妄想、あるいは極度の強迫観念、さらには権力の長期化をくわだてるプーチン政権の「陰謀論的なプロパガンダ」にすぎない――。米欧諸国ではこうみなされることがある。

米欧から見れば、自ら敵をつくろうとするのは権威主義政権の典型的なやり方だ。公正な選挙によって政権が保持すべき正統性に欠けるために、敵を仕立てて危機や戦争をつくり出し、権力維持のために利用しようとする。

米欧ではプーチン政権の反米的な政治思想を支えるイリインについて、厳しい評価が少なくない。例えば、米誌『フォーリン・アフェアーズ』日本語版の2015年11月号に掲載された論文は、[7] イリインを取り上げ、「扇動主義と陰謀理論を振りかざし、ファシズム思考を持つ国家主義者に過ぎなかった」と断じた。

イリインを利用するプーチン氏の目的とは、「権威主義的統治を正当化し、外からの脅威を煽り、ロシア正教の伝統的価値を重視することで、ロシア社会をまとめ、ロシアの精神の再生を試みることにある」などと批判を展開した。

この論文の著者たちは、プーチン氏がソ連共産党の打倒をめざしたイリインのプロパガンダを利用し、21世紀に「有毒なプロパガンダ」を発信しているとみなす。イリインによって、またプーチン政権によって「敵」に仕立て上げられ、その文明的な価値まで否定的に語られた米欧では、当然の見方だろう。

だが、それが単なる「プロパガンダ」ではないところに問題の根深さと、西欧にとっての危険さがある。米欧との対立が先鋭化するなかで、プーチン氏や政権を支える保守派の民族主義的な知識人の多くは、実際にイリインが唱えるような反西欧的な主張を支持し、ロシア正教の原理主義的な考え方に共鳴するようになっている。政治と宗教、対立の歴史がからみ合い、強固な信念をつくり出している。

繰り返すが、西欧とロシアの間にある拭いがたい相互不信は歴史的なものだ。冷戦が続いた20世紀に突然、始まったわけではない。チーホン師が語るように、ロシアとその正教会、スラヴ派の多くも、歴史的に西欧に対して疑念の目を向けていた。現代のロシアではプーチン政権も同じく反欧米に傾き、保守層のナショナリズムに火をつけようとした。

「ロシア解体を望む西欧」

イリインは、ロシアにとって世界的、歴史的な「敵」が何を意味するのか定めたうえで、ひとつの問いを投げかける。ロシアを危険視し、略奪しようとする「敵」が望んでいるロシアとは、どのようなものか。イリインが引き出したのは次のような結論だ。

「彼らには弱いロシアが必要だ」。動乱と革命、内戦、解体に疲れ果てているようなロシアを必要としている。そこに暮らす民衆を「自分で殺害するようなロシア」を求めている。こうしたことは過去32年間、ソ連で起きてきたと指摘する。

「彼らには、意志薄弱なロシアが必要だ」。終わりのない党派争いにふけり、意見の対立や多様さを抱えて立ち尽くすようなロシアを。財政を健全化できず、軍事予算も軍隊も編成できず、労働者と農民を和解させることができず、必要な船団をつくることもできないようなロシアを、「敵」は望んでいる。

さらに強調されるのは、「彼らには解体されたロシアが必要だ」という主張だ。「ナイーブな自由への愛」から解体に同意し、その解体が「善」であると自ら思い描くようなロシアを必要としている。「敵」は、ロシアが多くの小さな国家に分割されれば、無防備の欧州やアジアの隣人たちの上に永遠の脅威となって覆いかぶさることをやめるだろうと考えているのだ。

イリインはこうした指摘で、「敵が望むロシア」にソ連を重ねている。

イリインの目には、ソ連は革命や内乱、反対派や市民の粛清にあけくれていたと映った。第2次世界大戦での軍事的失態によりナチス・ドイツに攻め入られ、誤った連邦制を創設して多くの共和国をつくり、すでに解体を準備していた。

ウクライナへの軍事侵攻の前後から、プーチン氏もイリインと同じく、いくつもの共和国を創設したソ連の政策を誤りだと露骨に主張するようになった。ロシアとウクライナが「ひとつの民」だと説いた2021年7月の論文や、ウクライナ東部2州を独立国家として承認した翌2022年2月21日のテレビ演説で、ソ連の初代最高指導者であるレーニンをウクライナという国家の「発案者であり、設計者だ」と呼んだ。ウクライナが疑似国家だと決めつけた。

プーチン氏は2022年9月30日、ウクライナ東・南部の4州併合を宣言したクレムリンでの演説でも、まるでイリインの言説を引用しているかのように、こう主張した。

「西欧はこの間ずっと、われわれに打撃を与え、ロシアを弱体化させ、崩壊させようと、新たなチャンスを探ってきた、そして探り続けている、彼らがいつも夢見てきたのは、われわれの国家を分割することであり、民族同士で戦わせ、貧困と死滅の運命を負わせることだ。その領土と自然の豊かさ、資源、さらに他人の指図で生きることができず、決してそうすることのない民衆を備えている偉大で巨大な国が世界にあると、彼らはただ平穏ではいられないのだ」

さらに、2023年5月19日に、ロシア南部北カフカス地域の都市ピャチゴルスクで開いた民族問題の会議でもこう主張した。「ロシアが何十もの小国家に分割する必要があると彼らは言うが、それが何のためなのかは明白だ。あとで自分たちの意志に屈服させ、搾取し、打算的な利益のために利用するためだ。彼らにはほかに目的はない」

プーチン氏がいかに「ロシア解体」というテーマに取りつかれているかが分かる。その理論の源泉のひとつはイリインにある。

ウクライナと反連邦

イリインの政治文書「ロシアの解体者たち」は、「解体」について議論するなかで、特にウクライナの運命に焦点を当てる。以下のような記述だ。「（解体の）最初の犠牲となるのは、政治的、戦略的に無力なウクライナであり、好機が訪れれば、容易に西から占領され、併合される。続いて、すぐさまカフカス征服の機も熟し、そこは23の絶えず互いに敵対する小さな共和国に分割される」

イリインによれば、「自由への愛」から独立を果たすウクライナは、欧州の大国で世界の覇権を求めるドイツの支配下に移る。そして、独立したウクライナは必ず、ただちにドイツの植民地に変わることになる。

ドイツがウクライナ支配に動くというイリインの予想は、ロシアとドイツの歴史的な対立にある程度、もとづいている。第1次世界大戦から第2次世界大戦へと大規模な戦争が続いた近代の欧州で、ロシアの主要な「敵」はいつもドイツだった。イリインが「ロシアの解体者たち」を書いた1940年代、ロシアが第2次世界大戦でナチス・ドイツに攻め込まれ、首都モスクワは一時陥落の危機にあった。その記憶は生々しい。

両大戦期、ウクライナをめぐって、激しい争奪戦を演じた「敵」もドイツだった。

1917年、第1次世界大戦のさなかに起きたロシア革命後のウクライナの国家独立の動きは第1章で触れた。このとき、ウクライナの民族派代表がつくった中央ラーダがロシアのボリシェビキ軍を敗走させるために接近したのがドイツだった。

第2次世界大戦でも、ドイツ軍がウクライナを占領し、さらにモスクワに迫った。プーチン政権は、国家独立を求めたステパン・バンデーラ率いるウクライナの過激な民族主義組織がナチス・ドイツを支持し、協力したと宣伝する。

現代のウクライナでバンデーラは、国家独立の悲願を達成するためにソ連を含めた外敵と戦った民族主義者として認知されている。２０１４年の政変でもバンデーラが民族主義的な極右組織だけでなく、市民による反政権運動のアイコン（偶像）ともなった。

ウクライナのゼレンスキー政権は無論、プーチン政権が主張するような「ネオナチ」ではない。それでも、過去のウクライナ民族主義者は、プーチン政権によって、ウクライナの政権批判と国内の世論誘導のために巧みに利用されてしまっている。

キーウ中心部の反政権派デモ拠点に掲げられた民族主義者ステパン・バンデーラの巨大なポスター（2014年1月）

両大戦期のウクライナの独立運動とロシア（ボリシェビキ）の対立は、プーチン氏に対するイリインの影響を見るうえでも示唆に富む。イリイン思想のキーワードである「ロシアの解体」と「連邦」への反対が両大戦期のウクライナ情勢と結びついており、さらに現代のプーチン氏の主張と重なるからだ。

第１次世界大戦期の１９１７年11月7日、自治・独立の機運が高まるウクライナで、中央ラーダが「ウクライナ人民共和国」の創設を宣言したことは第1章で言及した。このときの布告（第3次ウニヴェルサール）は、実際にはロシアからの分離を宣言したわけではなく、ロシアと対等の立場で「連邦」を形成することが明記されていた。

だが、イリインの視点からは、こうした「連邦」も断じて否定されるべき存在であり、「有機的な組織」であるロシアの「解体」を必然的にもたらすことになる。イリインはそのための議論を、「ロシアの解体者たち」や「ロシア解体は世界に何を預言するか」など「解体」をめぐる一連の政治文書で展開した。

こうしたイリインの議論に影響を受けていたプーチン氏は、レーニンによる諸共和国の創設を「誤り」だとみなし、ウクライナを「疑似国家」と呼んだ。ロシア帝国の解体と民族共和国によるソ連邦の形成も歴史的な「誤り」だったとみなした。

ウクライナ問題を預言

ウクライナが西欧の標的になるというテーマは、イリインの他の政治文書でも展開されている。「ロシアの解体者たち」の1年後に発表された「ロシア解体は世界に何を預言するか」では、ソ連崩壊後のウクライナ問題を見通した。

イリインはまず「ボリシェビキ（ソ連共産党）が倒れた後、世界的なプロパガンダが、全ロシア的な混乱のなかに『かつてのロシアの諸民族よ、解体せよ！』というスローガンを投げ入れる」と想定する。ソ連の崩壊だけでなく、ソ連が数多くの民族国家へとばらばらに解体されるリスクがあると警鐘を鳴らした。

なかでも「独立ウクライナ」の運命はどうなるかが最大の関心事だ。ウクライナは「ドイツを頼り、その属国となる」。そして、ドイツとロシアの間で新たな戦争が勃発すれば、ドイツはクルスクからモスクワへ、ハリコフからボルガへ、バフムトやマリウポリからカフカスへと攻撃を始める。「これは新しい戦略的状況だ、それまでの最大の前進地点が出撃拠点にかわる」

この「新しい戦略的状況」を受け、ポーランドやフランス、英国、米国が「独立ウクライナ」を承認し、ドイツ人に引き渡すことになる。

ハリコフやバフムト、マリウポリといったウクライナ東・南部の都市の名は、ロシアのウクライナ軍事侵攻をきっかけに世界で知られるようになった。イリインは、こうした都市がロシア解体を狙う米欧の出撃拠点になるリスクを予見していた。

イリインが指摘する「新しい戦略的状況」は、プーチン政権から見れば、ウクライナ軍事侵攻の前夜ととても似ている。2020年代に状況を置き換えるためには、ドイツの代わりに米国あるいはNATOを当てはめればいい。

2022年2月24日に軍事侵攻を始める直前、プーチン大統領や政権幹部は、米国やNATOとの欧州安全保障をめぐる協議などあらゆる機会を利用し、ウクライナがNATOに加盟した場合の紛争のリスクを強調していた。これに対して西側では、ロシアの懸念には根拠がなく、ウクライナ攻撃の理由をつくり出す目的があるとみなされた。

しかし、ウクライナのNATO加盟に危機感を募らせていたプーチン氏の脳裏には、半世紀以上も前のイリインの議論が浮かんでいたことだろう。侵攻の3日前の2月21日、プーチン氏は約55分間におよぶ国民向けのテレビ演説で、親ロシア派武装勢力が一部を占領するウクライナ東部2州の独立承認を表明し、こう指摘した。

「米国とNATOにとって主要な敵対国はどこか、われわれにもよく分かっている。それはロシアだ。

ＮＡＴＯの文書で、わが国は、欧州大西洋安全保障の主要な脅威だと公式に、直接的に宣告されている。そうした攻撃のための前線基地になるのがウクライナだ」[8]

プーチン氏は、ウクライナに米国やＮＡＴＯの軍部隊が展開し、ロシアが攻撃にさらされるリスクが高まったと主張した。プーチン氏が２０００年代から繰り返し読んでいたイリインの政治文書「ロシア解体は世界に何を預言するか」では、ウクライナの米欧への接近やＮＡＴＯ加盟に反対すべき根拠である「新しい戦略的状況」がすでに明示されていた。

イリインがウクライナ問題に強い危機感を抱いていたことが分かる文書がもうひとつある。「ロシアの解体者たち」が公表される約10年以上前、１９４１年の独ソ戦開戦が迫っていた１９３８年夏、イリインが準備したソ連打倒への決議案だ。

決議案は、君主制の復活を掲げる亡命社会の指導者や活動家を招集した非公開の会議「ロシア白色団体大会」で採択された。[9] 14条項ある。イリイン自ら執筆したとされ、このうち5番目に「ウクライナについて」という条項がある。

その前半部は以下のように記述された。次の引用文中、「マロロシア（小ロシア）」とはウクライナを、「ベリコロシア（大ロシア）」とはロシアをそれぞれ意味する。

「ウクライナは分離と侵略という意味で、ロシアのなかで最も危険をはらむ部分だと認められる。ウクライナの分離主義は、現実的な基盤を欠いた人工的な現象だ。それは指導者の功名心と国際的な征服の陰謀から起こった。マロロシア人は単一のスラヴ・ロシア民族の枝分かれである。これらの枝は同じ民族の他の枝と敵対し、個別の国家に分離する理由を持たない。分離すれば、この国家は外国人による征服と略奪に自分自身をさしだすことになる。マロロシアとベリコロシアは、信仰と種族、歴史的な運命、地理的な位置、経済、文化、政治によってひとつに結ばれている」

起草者のイリインは、ウクライナとロシアが同じ民族であり、ロシアから離れようとする分離主義は米欧の「征服の陰謀」に支えられると非難した。ロシアから分離すれば、ウクライナは米欧の強国によって征服され、略奪されることになる。さらに、長期の内戦と国際的な戦争が起きると警告した。

「ロシア解体」への危機感

こうしたイリインの主張は、ウクライナ軍事侵攻前後のプーチン氏の発言や2021年7月に発表されたプーチン氏の論文「ロシア人とウクライナ人の歴史的一体性」で展開された議論に酷似している。例えば、論文では以下のように指摘された。

「米欧の『反ロシア』の作者たちは大統領や議員、大臣が替わるようウクライナの政治システムを整えているが、ロシアとの分離、ロシアとの敵対というもくろみは変わらなかった」

「われわれの精神的、人間的、文明的結びつきは何百年もかけて形成され、ひとつの源泉にさかのぼり、共通の試練、成果、勝利によって鍛錬されてきた。われわれの親族関係は代々、受け継がれてきた。(中略)ともにあることで、われわれはいつも何倍も強く、より成功してきたし、これからもそうだ。われわれはひとつの民《たみ》だからだ」

ロシアとウクライナは、歴史的に形成された「ひとつの民」であるにもかかわらず、西欧がウクライナ支配をくわだて、解体の危機に直面している。西欧がウクライナをロシアから引き裂こうとすれば、平和も繁栄も失われるという議論だ。プーチン氏は愛読するイリインからそうした着想を得ていた可能性がある。

ロシア解体を画策する西欧という思考は、プーチン政権の保守派の幹部の間でも共有されている。例えば、パトルシェフ安全保障会議書記は2023年1月10日にロシア紙「論拠と事実」に掲載されたインタビューで、「西欧の者たちはわれわれを弱体化し、解体し、ロシア語とロシア世界を根絶やしにしようとしている」と指摘した。このときに使った「解体する」という動詞も、「ロシアの解体者たち」で使われた単語の「解体」からの派生語だ。

ラブロフ外相も2023年2月10日、記念日「外交官の日」の式典で、同じ「解体」という単語を使って「わが祖国を解体せよという呼びかけはどんどん大きくなっている」と警告した。

メドベージェフ安保会議副議長（前大統領）は2023年4月25日、政府系の啓発イベントで、「解体」とは異なるが、類義語を使ってこう述べた。「（米欧の）課題は単純だ、（ロシアを構成する）すべてをばらばらにして管理することにある」

プーチン氏や政権幹部は、米欧がロシアを民族別に解体して、多数の小さな国家をつくり、ロシアを弱体化させようと画策しているとの危機感を共有する。1990年代から2000年代半ばまで続いたチェチェン紛争でロシア南部チェチェン民族の分離・独立派を支援していたなどと主張する。そして米欧の最大の標的はウクライナだ。

しかし、米欧は実際には、「ロシアを解体せよ」とは言っていない。

例えば、米欧はロシアを構成するタタルスタン共和国にロシアからの離脱を呼びかけたことはないだろう。独立国家となったウクライナやモルドバ、ジョージア（グルジア）を欧州連合（EU）やNATOに将来、加盟させる、あるいは加盟させる可能性があると表明してきただけだ。この意味で、米欧から見れば、「ロシア解体」に関するプーチン政権幹部の発言は過剰なプロパガンダにしか思えない。

米誌『フォーリン・アフェアーズ』の論文は「プーチンとその側近はイリインの思想を心から信じているのだろうか。実のところ、それは重要な問題ではない」と指摘した。なぜなら、「プロパガンダ上の目的」として利用できればいいからだ、という。

だが、信じているか、信じていないかではまったく違う。「ロシア解体」の脅威を煽り、プロパガンダとして利用するプーチン氏とロシアの保守派は、イリインの思想とイリインにつながる保守的な思想の多くに共鳴し、歴史な事象に根拠を見いだしている。

プーチン政権を支持する保守層の多くも、積極的に支持しなくても、そうしたプロパガンダを受け入れることができている。ロシアが歩んできた歴史やその過程で形成された国家の性格が保守層にそう思わせる素地をつくっている。ロシアでも大衆は自分に直接危害が及ばない限り、政治には一般に無関心だが、それでもプーチン政権のプロパガンダに一定の効力を持たせている。

世界への破滅的影響

イリインはソ連、あるいはロシアの解体とウクライナ問題がもたらす世界的な衝撃も予想した。「ロシア解体は世界に何を預言するか」では、「その解体は未曽有の政治的アバンチュールとなり、人類は長きにわたってその破滅的影響を被るだろう」と指摘した。そのうえで、次のように述べる。

「組織の構成部分への解体はどこであろうと、健全化も創造的バランスも平和も決してもたらすことはなかったし、これからも決してない。反対に、それはつねに痛みを伴う崩壊、分解と動揺、腐敗、全面的な感染のプロセスであったし、そうなるだろう」

旧ソ連地域では際限なき紛争、衝突、内戦が起き、絶えず世界的な衝突へと発展していく。欧州やアジア、米州の大国が自分の通商の利益や戦略的打算のために、新しく生まれた小国家に資金を投じる。互いに競争し、優位を競い、衝突がエスカレートするのは避けられなくなる。

イリインは次のような例を挙げる。ドイツはウクライナやバルト諸国に向かい、英国はカフカス地方や中央アジアを、日本は極東の沿岸地域を奪おうとくわだてる。「ロシアは巨大な『バルカン半島』に、永遠の戦争の源、動乱の巨大な温床に転化する」ことになる。その結果、「解体されたロシアは治癒不能な世界の災いとなる」と。

1991年のソ連崩壊後、旧ソ連圏では紛争が絶え間なく起きてきた。ロシア南部で続いたチェチェン紛争、カフカスのアゼルバイジャン人とアルメニア人が戦うナゴルノカラバフの民族紛争、ソ連崩壊後から1997年まで続いた中央アジアのタジキスタンの内戦……、2014年にはロシア軍の軍事介入でウクライナ東部紛争が起きてしまった。

旧ソ連地域の紛争にはいつも、ロシアだけでなく、米欧や周辺国の地政学的思惑や経済的利益が複雑にからみ合い、解決が難しい。さらに、ウクライナをめぐる米欧とロシアの激しい対立では、ロシアとNATO両軍が衝突する事態さえ懸念され、かつてないほど深刻な核戦争の脅威をもたらしている。

世界に破滅的影響をもたらすという預言的な言説は、1938年に「ロシア白色団体大会」で採択された決議の「ウクライナについて」でもすでに表明されていた（以下の引用中、「東」とは西欧からみた東、つまりロシアを指すと見られる）。

「解体を準備する外国人は、全ロシアに対して長きにわたる戦いを宣言しているのだと理解しなければならない。そうした解体のときには、東に平和も経済的な繁栄もない。ロシアは長きにわたり、内戦と世界的な戦争の源泉へと転じる。解体しようとする強国は、民族的ロシアの敵のなかで最も憎むべきものとなろう」

世界の大国が衝突をエスカレートさせるというイリインの言説は、「米欧がロシア解体（ソ連崩壊）を画策した」「米欧はロシア解体をもくろむ」などと繰り返すプーチン氏らロシア保守派の主張と重なる。

プーチン氏は2022年9月16日、訪問先のウズベキスタンで記者団に「米欧諸国では何十年にもわたって、ソ連と歴史的ロシア、そのまさにその中核であるロシアを崩壊させる構想が絶えず練られていた」と語った。

プーチン氏がイリインの預言と同じように考えているとすれば、ウクライナをめぐる米欧との地政学的対立が最終的に行き着く先はどこなのだろうか。中東で広がっている紛争も含まれるのか。「治癒不能な世界の災い」が、どこまで破壊的なものなのか強い不安を覚えずにはいられない。

「神の事業」としての戦争

「ロシアは巨大な『バルカン半島』となり、永久的な戦争の源、動乱の巨大な温床に転化する」と警鐘を鳴らしたイリインは、ロシアがウクライナをめぐって戦争という非常手段に訴えることまで正当化していたのだろうか。その解のひとつは、イリインがドイツ亡命時代の1925年に出版した著書

『力で悪に抵抗（О сопротивлении злу силой）』に見つけることができる。

この著書は、ロシアの巨匠レフ・トルストイが唱えた「非暴力主義」に反論したイリインの哲学的・神学的思索の結果である。イリインは冒頭、こう問いかける。

「道徳的な完璧さを志向する人が、力と剣によって悪に抵抗することができるだろうか。神を信じ、神の森羅万象と世界での自分の居場所を受け入れる人が剣と力で悪に対抗しないでいられるだろうか」

イリインは善と悪、強制と暴力、キリスト教の愛などの定義を論じつつ、トルストイの言う「非暴力」は悪を放置し、その浸透や拡大をもたらすことになると批判する。よって、「真の悪」に抵抗するために「力や剣」を使うことは「道徳的、宗教的な義務」でさえある。悪には個人の精神に生じるものだけでなく、社会的な悪や国家レベルでの悪も想定した。

イリインは聖書の言葉を引用しながら、悪をはばむことは「神の事業」であると断言する。悪の更生に向けて精神的な手段を尽くすことが求められるが、最終的な手段として物理的な強制や遮断といった行為も容認される。

同様に、さまざまな悪のなかでも、国家の存続を危うくするような「真の悪」に抵抗するためには、最終的な手段として殺人や戦争も容認されると説く。

「自由で独自の生活をわれわれから奪い、暴力的にわれわれには無縁の形式や命令に従わせようと立ち上がった人々に抵抗しないということがありえるだろうか」

ただし、戦争に参加した兵士は、殺人という「不正」を受け入れ、精神的な重荷を背負うことになる。それでも、神に忠実であるためには、あえて戦いという「不正の道」を選ぶという妥協が必要だとイリインは主張する。

イリインが国家レベルで「真の悪」とみなしていたのはまず、神の事業を否定し、ロシアで無神論の国家を樹立したボリシェビキ（共産主義勢力）＝ソ連共産党だろう。「聖堂を侮辱し、無神論を広め、祖国を破滅させる自由を悪人に与えることと、おとなしくして惜しみなくあることが同じ意味だとでもいうのか」

イリインがトルストイの非暴力主義を批判するとき、念頭にはいつもボリシェビキがあった。デニーキンら旧体制の支持者によるボリシェビキ打倒の試みを正当化した。さらに、ウクライナをめぐる対立やロシア解体の問題ではドイツをはじめ米欧を敵だとみなしており、米欧に「真の悪」を見いだすこともできる。

イリインによれば、国家事業とは神への奉仕であり、よって「国家の統治者とは神の僕《しもべ》である」。ロシア復活の使命感を強く抱くプーチン氏に当てはめれば、自分の役割を「真の悪」との戦いに見いだし、「国家防衛の戦い」だとして正当化しようとしたと解釈できる。

ロシア正教会の出版評議会は２０１０年、イリインの著作『力で悪に抵抗[10]』を推薦図書に認定した。ロシア正教会は歴史的に、国家を守る戦いで功績のあった多くの偉人を、聖者と認めて敬ってきた。悪との戦いによって「神への奉仕」を説くイリインの著作も評価した。ローマ・カトリックの十字軍の例を挙げるまでもなく、キリスト教は歴史的に必ずしも武力の行使を禁じてこなかった。

イリインに傾倒するプーチン氏が『われらの課題』と同様に『力で悪に抵抗』を読んでいなかったとは思えない。実際にいつ読んだかは不明だが、プーチン氏にも政権発足の当初から「力」を信奉する為政者の性格が見られ、イリインと共鳴するところがあった。

例えば、２０００年2月、１９９９年9月に１００人以上が死亡したモスクワのグリヤノフ通りで起きた凄惨な爆破テロの現場を訪れたときのことだ。ヴィタリー・マンスキー監督が撮影したドキュメンタリー映画のなかで、犠牲者を悼む十字架に花束をささげたプーチン氏は語気を強めてこう訴えた[11]。

「これは非人間的な残忍さだ。われわれは理解するしかない、これに対抗できるのは力しかないと」

1999年9月にはモスクワや南部ダゲスタン共和国などで集合住宅を狙った一連の爆破テロがあり、合わせて300人前後の市民が犠牲になった。捜査当局により、爆破テロの実行犯はロシアからの分離・独立を求めて戦うチェチェンの武装勢力だと断定された。この爆破テロをきっかけに、プーチン氏はチェチェンの武装勢力に対する掃討作戦（第2次チェチェン紛争）を本格化した。「強い指導者」を演出し、2000年3月の大統領選で地滑り的な勝利を収めることになる。

プーチン氏は「悪」とみなす敵への武力行使をためらわない。22年後のウクライナ軍事侵攻では、ゼレンスキー政権を、ロシアにとって歴史上最も重大な「悪」であったナチス・ドイツと同列に扱い、侵略を、祖国を守るための「聖戦」と呼ぶようになった。

ソ連崩壊後の経済危機

イリインはロシア帝国を崩壊させた1917年の革命を「大惨事」とみなし、共産主義勢力（ボリシェビキ）の打倒を掲げた。ソ連崩壊が避けられないことも確信していた。しかも革命直後から、ボリシェビキの体制崩壊を預言していた。1917年の十月革命の直後、新聞「ロシア報知」に発表した初期の論文「去った勝利者たちへ（Ушедшим победителям）」では以下のように言明した。

「勝利したのは、戦いで一時的に打ち負かした者ではない、なぜなら粗暴な力は打ち勝ちながらも、自ら敗北をつくり出しているからだ。運命はそれを深淵へといざなう。勝利するのは自らの所業により精神と意志の力を発揮した者だ、命よりも大きく、自分よりも大きな何かを愛することができると立証した者だ」

「去った勝利者」とは、旧体制の支持者を指すと見られる。イリインは同志である彼らを「勝利者」と呼び、最後には自分たちが勝つと訴えた。

では、不可避のソ連崩壊という「勝利」の後、ロシアはどうなるのか。連邦解体により、ウクライナなど各地で紛争が起きるだけでない。イリインは、ロシアが経済でも新たな試練に直面せざるをえないと指摘した。

「ロシア解体は世界に何を預言するか」とともに『われらの課題』に収められている政治文書「未来のロシアの輪郭（Очертания будущей России）」（1951）では、ロシアを待ち受ける経済的困窮がこう予見される。

「ロシアの人々は革命から抜け出すと、貧しい者となる。金持ちも富裕層も、中間層も、健全な専業農家さえもまったくいなくなる。『農業工場』や『農業都市』のまわりにプロレタリア化された貧しい農民階級、産業部門の貧しい労働者、貧しい職人、貧しい都市住民になる」

1991年のソ連崩壊後、ロシアをはじめ旧ソ連諸国では、域内や近隣の共産圏の国々との経済的結びつきが失われ、経済が急速に悪化した。生活水準が低下し、店頭からモノがなくなった。寒さと飢えに苦しんだ人々が、街頭で私物を売る姿が日常の光景になった。イリインの言葉を借りれば、「すべての人が貧しく、疲れ果て、冷酷に」なった。

エリツィン政権下の1990年代、ロシアの人々の経済的苦境は絶え間なく続いた。オリガルヒや一部の富裕層を除けば、国民のほとんどは貧しさに苦しんだ。イリインはこの政治文書で、エリツィン政権下で起きたような権力闘争や資産の略奪も指摘した。

さらに通貨も価値を失う。ルーブルは「国際市場でごくわずかな購買力しか持たず、国内市場でも完全に軽蔑されることになる」。イリインはソ連崩壊後に民衆だけでなく、国家が極端な貧困状態に陥ると予見した。

世界経済を襲った1998年の金融危機で、米欧に対して多額の債務を負ったロシアは事実上のデフォルト（債務不履行）状態になった。こうした経済混乱が収束に向かうのは、プーチン政権が発足した2000年以降だ。

ロシア革命後、ドイツとスイスでの亡命生活を強いられたイリインは、ソ連崩壊という国家解体後のロシアの状況がどうなるかを考え抜いた。その記述は実際に起こったことに近い。イリインを読んだプーチン氏や現代の保守派にとっては「預言」と映る。

独裁かカオスか

ソ連崩壊時の国家解体の危険とその世界的な影響、経済混乱を予見したイリインは、どこに救済を求めたのか。

前述したように、ソ連崩壊の大混乱に乗じ、米欧がロシア解体のくわだてに着手する。ソ連崩壊の大混乱について、イリインは「世界的なプロパガンダによって、全ロシア的なカオスに『旧ソ連の諸民族よ、解体せよ』というスローガンが投げ込まれる」と預言した。

その危機のなかで、ロシアには2つのシナリオが浮上すると説く。

ひとつは「ロシア内部でロシアの国家的な独裁が立ち上がり、『権力』を自らの不屈の両手に収め、国内のすべてのあらゆる分離主義的な動きを阻止し、この破滅的なスローガンを打ち消し、ロシアに統一をもたらすことだ」

もうひとつの可能性は「そうした独裁が形成されず、移動や帰還、復讐、ポグロム（虐殺）、輸送の崩壊、失業、飢え、寒さ、無政府状態の未曽有のカオスが始まる」ことだ。その無政府状態を利用して、「良き隣人たち」がさまざまな口実をつくって、あらゆる軍事介入に乗り出すことになる。

1917年のロシア革命期の混乱で何が起きたか、と注意を喚起する。例えば、ドイツはウクライナを占領し、ロシア南西部を流れるドン川の地点までなだれ込んできた。ロシアはその轍《てつ》を踏んでよいのか、と訴える。

イリインはまた「これらすべての『自由を愛する、民主主義的な』力が一時的に成功を収め、ロシアが解体されるかもしれない」と警鐘を鳴らす。実際に「ロシアが解体」された場合、少なくとも20の国が生まれ、領土をめぐる長い紛争が起きる。それらの国々では「際限のない内戦」が続くという。

こうした国々は絶えず、大国からの借金を必要とする。結果として、介入する大国の「衛星国」「植民地」「保護国」に変わる。イリインは「独立ウクライナ」も、同じ運命をたどると断言した。

ソ連崩壊後、この2つのシナリオのうち、どちらが現実のものとなったと考えられるか。まず第2のシナリオが起きた。1990年代のエリツィン政権下でのあらゆる大混乱だ。次に第1のシナリオが実現した。2000年5月になって、「国家的な独裁」であるプーチン氏が大統領に就任し、政治や経済、社会の混乱を収拾して秩序の回復をなしとげることになる。

独裁によるロシア再生

しかし、ウクライナを手中にするドイツには、「ロシアが解体によって破滅することはない、自らの歴史の歩みをすべて新たに再現し始める」ということが理解できない。イリインは「ロシア解体は世界に何を預言するか」で、国家解体のプロセスが引き起こすカオスを克服するロシアの再生力も信じた。ロシアは「偉大な『オルガニズム』として自らの『構成員』を再び集めることに着手する」と指摘した。

ロシアの歴史は確かにその再生力を証明している、とイリインは説く。13世紀前半から2世紀半に及んだモンゴルによる支配「タタールのくびき」を脱したロシアがそうだった。モスクワ大公国がルーシ諸国を統合して領土を広げ、初代ツァーリとなったイワン雷帝の下で強権的な中央集権体制を築いた。

16世紀末のリューリク朝の断絶後にポーランドとスウェーデンに攻め込まれた「スムータ」と呼ばれる動乱の時代にも、同じような「再生」が起きたと主張する。1613年にロマノフ朝が成立し、ロシアは統一国家として再建された。

政治文書「ロシア史における連邦（Федерация в истории России）」（1949）では、こうしたいずれの困難からも、ロシアは「中央集権の権威主義的国家体制」によって救われたと強調される。「未来のロシアの輪郭」でも、ソ連崩壊後のロシアでは大混乱から人々を救うために「統一の強い国家権力、権限の大きさでは独裁的であり、本質的には国家的・国民的志向を持つ国家権力が不可欠になるだろう」と説いた。

イリインは、ソ連崩壊後に混乱期を迎えるロシアには、「中央集権の権威主義的国家体制」とともに、その国家体制を率いる独裁的な政治体制が不可欠だと考えていた。「来るべき独裁（О грядущей диктатуре）」（1951）でこう主張する。

「当初のわれわれの全課題は次のことにある、全体主義的な共産主義が倒れた後、ロシアで広がる不可避のカオスの時期をできるだけ短くすることだ」。そうしたカオスの期間をできるだけ短くできるのは、独裁だけだ。「忠実な軍部隊をよりどころとし、ただちに民衆のなかから冷静で誠実な愛国者の幹部たちを選びだす国家的な独裁だけなのだ」

イリインは、ロシアが「偉大なオルガニズム」であり、地理的、民族的、歴史的な必然として形成された国家であるとみなし、いったんは解体の危機に陥っても、いずれはロシアの「国家的な独裁」の下で、再び国の統合をなしとげることになると信じていた。

注意したいのは、イリインの言う「国家的な独裁」は民主主義とは対立していないことだ。同じく『われらの課題』に収められている「政治における楽観主義（Оптимизм в политике）」（1948）では、こう定義される。

「独裁的だが、全体主義的ではなく、インターナショナル的でも共産主義的でもない、新しい形式的ではない民主主義を組織する独裁だ、ゆえに民主的独裁である、扇動的で、『約束ばかり』で、堕落させるような独裁ではなく、国家主義的で、整えることができ、教育的な独裁であり、自由を押し殺すことなく、真の自由へと導けるような独裁だ」

イリインの考える「独裁」は独特だ。現代の、特に西側の読者にとって、「独裁」と「民主主義」や「自由」の両立は、実現が不可能な課題に思える。民主主義社会である米欧の論者は、「独裁」を肯定し、賛美しているとして、ただちにイリインを批判することだろう。

ところが、イリインやロシアの保守派の多くは必ずしもそう考えていないようだ。権威主義的国家でも民主主義が可能であり、その両立こそが、歴史的に帝政（君主制）の時代が長く、広大な領土と多様な民族を抱えてきたロシアの国家体制に適しているとみなしている。少なくとも国家基盤建設の初期段階には、独裁には民主主義を根づかせ、広める義務がある。いわゆる、上からの改革だ。

「来るべき独裁」の最後の部分では、国家的な独裁が取り組むべき5つの課題が列挙される。①カオスを短くし、止めること、②ただちに質の高い人々の選抜を始めること、③労働と生産に秩序をもたらすこと、④必要となれば、ロシアを敵と収奪者から防衛すること、⑤自由と法意識の高まり、国家の自治、国民的文化の繁栄へとつながる道にロシアを立たせること。

こうした「来るべき独裁」とはいうまでもなく、21世紀のロシアで独裁的な権力を手にし、権威主義的な国づくりを急ぐプーチン大統領の姿に近い。イリインを熟読したプーチン氏も、ソ連崩壊後の混乱収拾のために独裁的権力を持つ指導者が率いる権威主義国家が必要だと認識するようになったことだろう。プーチン氏は自ら、イリインの「来るべき独裁」に近づいた。

「来るべき独裁」が解決しなければならない5つの課題のうち、カオスを停止し、愛国主義者を選抜し、経済を安定させるという①〜③の課題では一定の成果をあげた。④のロシアを敵から守るという課題は、まさに現在、プーチン政権がウクライナ軍事侵攻で取り組んでいる使命だとでもいうのだろうか。

プーチン政権は⑤について、①〜④と並行して進めてきた。ただし、秩序の回復と維持を優先し、敵からの防衛を急ぐあまり、国内の「自由」は大きく後退させてしまった。自由が保証されないところに、文化の繁栄があるのかも疑問だ。国民の法意識の高まりについても、裁判所や検察が政権の影響下にあり、司法の独立が守られないようでは達成できない。

イリインの理想主義的な独裁の議論が世俗の権力にとっては高すぎて実現が不可能なのか、あるいはプーチン氏がイリインの理想から遠く離れてしまったのか……。

ファシズムへの共感

独裁による権威主義的な統一国家の再興を描いたイリインには、同時代の第2次世界大戦を前にイタリアとドイツで広がったファシズムへの共感や支持が見られる。特に、第1次世界大戦後にイタリアで独裁体制を敷いたムッソリーニのファシズムへの共感は、確かにあった。イリインは「ファシズム（О фашизме）」（1948）で、「国民的・愛国的感覚に起因していれば、ファシズムは正しい」と肯定した。

ただ、それだけではなかった。共産主義体制を打倒する政治闘争に身をささげていたイリインは、ファシズムを何よりもボリシェビキ（ソ連共産党）に対抗する政治手段として重視した。同じ政治文書では「ファシズムはボリシェビズムへの対抗、右派の国家・守護的な力の結集として起こった。左派によるカオス、左派の全体主義が到来する時代に、この現象は健全で不可欠であり、不可避であった」と指摘した。国家的危機にあるとき、ファシズムは正当化されるともみなした。

だが、イリインがつねにファシズムの賛美者だったという見方は正しくない。前述したように、ドイツ亡命中にはナチス・ドイツへの協力やそのプロパガンダを拒否して追及された。イリインは確かにソ連共産党との闘いでファシズムに可能性を見いだしていたが、特に晩年にはファシズムの欠点を厳しく指摘するようになった。

「ファシズム」では「ファシズムが一連の深刻な誤りを犯した」と述べており、将来の政治運動として利用する場合は、誤りをただし改名する必要もあると指摘した。

その誤りとは、①無宗教性、②全体主義、③一党独裁、④極端な国家主義と好戦的な排外主義、⑤社会主義と社会改革の混同、および全体主義による経済の国有化、⑥扇動と奴隷根性、専横の偶像崇拝的な独裁君主制におちいったこと、の6つだ。

これら6つの誤りは、ソ連共産党にも見られる。特に、注目されるのは、全体主義と一党独裁の誤りだ。

イリインは、ファシズムが国民に異論を許さない全体主義に陥ったと厳しく批判する。「一党独裁の確立は決して良いことにはならない」「独立して自由に思考する良き人々は離れ、悪しき人々は大波が押し寄せるように入党する」

誤りを抱えたままのファシズムは、ナチス・ドイツを見ても、結局、国家の道を誤らせることになった。ソ連についても、イリインは政治文書「ロシア史における連邦」で、「反民族的で反国家的な統一、祖国なき無法で非自由の統一、テロルと奴隷制の統一」と厳しく批判した。

一方、イリインがロシア復興のために唱えた権威主義的な国家体制では、独裁と民主主義が両立できるというだけではない。すでに言及したように、自由もきわめて重視されなければならなかった。

プーチン政権は権威主義的な政治体制を構築する過程で、国民の自由や権利を抑圧していると厳しく批判されてきた。米欧との対立が激しくなるなか、秩序の回復と体制を維持する目的で自由や権利に対する制限を過剰に強めた。戦時下のいまは、その修正がきかず、暴走状態に陥っている。ファシ

晩年のイリイン（スイス・チューリヒ州ツォリコン村の書斎で）

ズムの「深刻な誤り」をいくつも犯しているように見える。

ただ、プーチン氏自身は、自由や個人の権利を柱とする民主主義そのものまで否定したことはない。プーチン氏やロシアの保守派は、米欧型の行きすぎた自由や個人の権利には否定的だが、いまでもイリインの思想から外れていないと考えているようだ。

前述したように、プーチン氏は2005年の年次教書演説でイリインを引用して「愛や自由、善意を前提とする霊魂のすべての創造的状態に対しては、国家権力は行使されないし、その指示を受けない」と述べていた。本来、自由や個人の権利に対する制限は「ロシア再興」までの時限的な方策であるべきだとみなしていたはずだ。

正教を備えた権威主義国家

6つの誤りのうち最も深刻なものは、おそ

らく「無宗教性」だ。イリインは政治文書「ファシズム」で、その誤りとして真っ先に挙げた。ファシズムがキリスト教や諸宗教、信仰、教会に敵対しているとして厳しく批判した。

教会やあらゆる宗教を攻撃するような政治体制が「市民の心に分裂をもたらし、法意識の最も深い根幹をももぎ取ってしまう」と述べ、宗教なき政治体制に疑問を呈した。ナチス・ドイツの総統を「俗悪な無神論のヒトラー」と呼び、「アンチ（反）キリストの道を歩む」と断じた。

ヒトラーは「反キリスト」であるという点でも、無神論のソ連の共産主義勢力に近い。イリインは同じファシストでもイタリアのムッソリーニの方を評価し、カトリック教会との協力関係を理解したからだと説明した。

一方、自分自身を信仰の対象に仕立て上げたヒトラーには手厳しい。イリインは正教を深く信仰する宗教思想家として、無神論はそもそも共産主義勢力と闘う主たる動機であり、宗教のないファシズムも容認できない。

国家における宗教（＝正教）の役割は、イリイン思想の主要なテーマだ。めざしていた権威主義国家の再興でも、宗教による精神の刷新が不可欠だと著作集『われらの課題』所収のさまざまな政治文書で論じている。

例えば、イリインの主要な著作の「ロシアの理念（О русской идее）」（1951）では、ロシアは西欧に学ぶ生徒ではないとして、こう述べられる。「われわれは神の生徒であり、自らを教師とするものである。われわれの前にある課題とは、ロシア独自の精神文化を創造することだ」。神の教えに従い、ソ連崩壊後のロシア復興に尽くすよう説いた。

『われらの課題』の約20年前に自ら編集していた雑誌『ロシアの鐘』に発表した政治文書「ロシアの

ファシズム（О русском фашизме）」（1928）でも、ソ連崩壊後に「宗教を備えた権威主義国家」を樹立するという目的意識がすでに以下のように明確に語られていた。

「（共産主義体制の打倒をめざす亡命ロシア人の）白色運動はファシズムよりも広い。なぜなら、それはまったく異なる動機で起こるだろうし、歴史的にも起こってきたし、ファシズムとはまったく異なる形で行われてきたからだ。それはファシズムよりも深い、なぜならまさにファシズムには運動の最も深い宗教的なモチーフがまったく現れていないか、十分に働いていないからだ[12]」

イリインがソ連崩壊後にめざそうとしたのはファシズムの国ではなく、「宗教を備えた権威主義的な統一国家」の建設だ。そのなかで正教が果たすべき役割も詳細に検討していた。

イリインはさまざまな政治文書で、ソ連崩壊後のロシアでは正教による国民精神の刷新を、国家再生に向けた政策の柱とすると唱えている。その理念や方法について詳しい議論も展開している。宗教的な抽象論が多いため深くは立ち入らないが、それらは第3章で検討したチーホン師が思い描く正教国家の復興と重なる部分が少なくない。

「統一ロシア」と「ロシア世界」

プーチン氏が内政で実際にイリインのアイデアを借用した形跡が、数々の演説以外にもある。ひとつは政権与党の名称「統一ロシア（Единая Россия）」だ。

政権与党は、プーチン氏が大統領に就任してから1年半ほどたった2001年12月に設立された。この党名は、イリインが特に好み、政治文書で繰り返し使用している用語だ。例えば、次のような文章を『われらの課題』から引用することができる。

「彼ら（敵）には統一ロシアは必要ないのだ」（「ロシアの解体者たち」）

「統一ロシアとは自分の特別な信仰と自分の独自の文化を守る民族的、国家的に強いロシアである」（同上）

「統一ロシアを解体し、その独自の精神文化を全滅させるというまさにその目的のために、そのドクトリンが提起されているのだ」（「ロシア解体は世界に何を預言するか」）

特に、２つ目の引用では、「統一」と「ロシア」の両方の単語が大文字で始められており、イリインの思想のなかで重要な概念として固有名詞化されていることが分かる。

注目されるのは「統一ロシア」が、イリイン自身によってソ連崩壊後の政治運動で利用されるべき名称として提案されていることだ。

最晩年の政治文書「政治的空論は出て行け！（Долой политическое доктринёрство!）」（１９５４）では、「自分たちの政党と新聞にうまい名前を考えておいた方がいい」と指摘し、いくつかの案を提示している。

「新聞は例えば、『ロシアの理念』と呼ぶことができるだろう、特に、もしそこに反ロシア的で敵対的なものが暗示されているなら」「あるいは『統一ロシア』もいい、特に、新聞の方針にロシアの解体や崩壊に対して民心をこっそりと準備させることが盛り込まれているなら」

与党の名前に「統一ロシア」が表れたのは、プーチン氏が大統領に就任した翌２００１年12月の党大会だった。プーチン氏の信頼が厚いショイグ非常事態相（現安保会議書記）が率いる与党「統一（Единство）」と、ルシコフ・モスクワ市長らが結成した政治運動「祖国・全ロシア（Отечество - Вся Россия）」が合併・改編して「『統一と祖国』―統一ロシア」を創設したときだ。２００３年12月の党大会で、翌年3月の大統領選でのプーチン氏支持を決定するとともに、党名をシンプルに「統一ロシア」に変更した。

「統一ロシア」という党名は、単に「統一」と「祖国・全ロシア」の2つの党名を合わせただけだろうか。当時、すでにロシアではイリインの名前は知られ始めており、イリインの著作から借用された、あるいは着想を得た可能性は否定できない。

「統一ロシア」という党名を最終的に承認したのはプーチン氏だと見られ、イリインが「統一ロシア」という言葉に込めた深い意味を理解していただろう。「強いロシア」の復活に向けた国民の統一だけではなく、西欧によるロシア解体の試みへの対抗の意図が秘められていた。

もう一つの例は、第1章で扱った「ロシア世界（Русский мир）」だ。この保守派の重要な概念も、イリインの著作に見つけることができる。

「ロシア世界」という用語は2007年4月26日の年次教書演説でプーチン氏が使用し、ロシアの言語と文化を広める同名の基金が創設されたことには、すでに触れた。保守強硬派や民族主義者の間で、ウクライナ侵攻をめぐって「ロシア世界」への支持や「ロシア世界」を守らなければならないという護国論に転じていたことも説明した。

ただ、プーチン政権内で実際に「ロシア世界」という言葉を思いついたのが誰かは必ずしも分かっていない。歴史的には、ロシアの哲学者ニコライ・ベルジャーエフに『ロシアの理念（Русская Идея）』（1946）という著作があり、「ロシア世界」を連想させる。この著作もプーチン氏の愛読書のひとつだと見られる。「ロシアの理念」という言葉は、イリインも前述した新聞名の候補に挙げていた。

「ロシア世界」自体、「和の世界」といった言葉使いと同様、ある時空間を意味する言葉としてはそれほど特別な造語でもない。ただ「ロシア世界」については、イリインの政治文書「ロシアの理念」で以下のように語られていたことには注目してもいいだろう。

「ロシア人にとって自由とは、あたかも自然と同じように当然あるべきものだ。組織的本性や素朴さのなかや、即興的な軽快さや打ち解けた様子に表れ、東スラヴ人を総じて西欧の人々から、またいくつかの西スラヴ人からさえ際立たせている。この内的な自由は、ロシア語会話のゆったりと流れるような、歌うような調子、ロシア人の歩きぶりや身ぶり、ロシア人の服装や踊り、ロシア人の食べ物や日常生活といったわれわれの全てにおいて感じられるのだ。ロシア世界は広々とした空間で生き、育ってきた、そして、ゆったりとした気ままさへと引き寄せられてきたのだ」

イリインが言及した「自由」と「広々とした空間」が、ロシアの広大な土地と結びついていることは疑いない。イリインは、広大な空間の中央に位置するロシアの地理的特性がロシア人の性格や「ロシア世界」を形成する重要な要因になってきたと考えている。こうしたロシア人の「自由」は、西欧で発達してきた人権としての「自由」の意味合いとはやや異なる。

もっとも、引用した文章自体には強い政治的メッセージはない。イリインはロシア人の性格について語りながら、「ロシア世界」を説明しようとした。

2000年代前半、すでにイリインの著作を熟読し、理解を深めていたプーチン氏は、「統一ロシア」や「ロシア世界」といった言葉を、イリインが使用していることも知っていただろう。

プーチン氏にとっては、「ロシア世界」という言葉が、ロシア社会に受け入れられやすい政治用語に思えたのではないか。プーチン大統領も含めた保守派にとって「ロシア世界」という語感は、心の奥底に響く魅力を持っている。

イリイン思想の伝道師——映画監督ミハルコフ氏

共産主義勢力を厳しく批判し、ソ連崩壊後のロシア再生への処方箋を示したイリインの著書はソ連時代、当然ながら発禁処分にされた。読んだ者は投獄される。ソ連崩壊後、そのイリインの再評価を求める運動を主導し、プーチン政権内に広めようとしたのは、世界的な映画監督として知られるニキータ・ミハルコフ氏だ。

「この哲学者は何と先見の明があることか、と私は感銘を受けた」。2011年11月28日に放送された国営テレビ「ロシア24」のインタビューで、ミハルコフ氏は初めてイリインの著作に触れたときの感動をこう表現した。

「この著作で驚くべきことは、国家（ソ連）が上り坂にあるときに、人々が巨大な熱狂を抱いているときに、それをイリインが書いていたということだ。だが、彼は何が起こりうるか、国家崩壊の結果がどうなるか、予見していた。このことに私は強く衝撃を受けた」

イリインが『われらの課題』に収められた数々の政治文書を書いていた1940年代後半から50年代にかけて、ソ連には共産主義国家建設への熱気がまだあった。第2次世界大戦の戦勝国となって米国に次ぐ超大国として台頭し、国家経済は急速な発展への道を歩み始めていた。ミハルコフ氏は、イリインがそのときすでに、ソ連崩壊を予見し、その直後に何がロシアで起きるかを詳述していたことに驚いた。

ミハルコフ氏が発禁処分になっていたイリインの著作を発見したのは、まだソ連時代のことだった。映画監督として西欧を旅していたころだ。同じインタビューで、人々がイリインに出会ったときは、イリインの説はまだユートピアにしか思えなかった。だが、12～13年たって、一言一句すべて実際に起こった、と指摘した。

ソ連が崩壊したのが1991年12月であることを考えれば、ミハルコフ氏がイリインの著作を発見し、一部の同志たちと熟読し始めたのは1970年代末だろうか。

ミハルコフ氏が映画監督として確かな道を歩み始めたのも1970年代だ。1977年の作品「機械じかけのピアノのための未完成の戯曲」でサン・セバスティアン国際映画祭（スペイン）のグランプリを受賞した。ソ連崩壊後も「シベリアの理髪師」や「12人の怒れる男」など数々のヒット作を生み出し、日本でも名を知られる映画監督になった。

半面、ミハルコフ氏はロシアの文化人のなかでも際立つ愛国主義者、保守強硬派として知られている。第2次世界大戦の終戦の年の1945年に生まれたミハルコフ氏は70代になって、ますます先鋭的なナショナリズムの論調を強めるようになった。

例えば、国営放送「ロシア24」やインターネット上で公開されているミハルコフ氏の番組に「悪魔よ、去れ（Бесогон）」がある。ロシア正教のイコンがずらりと並ぶ部屋から、ロシアの伝統的な価値や米欧への対抗の意義について繰り返し発信するプロパガンダ番組だ。

実父は児童文学者でソ連国歌の歌詞の共作者、さらにソ連国歌をもとにつくられたロシア国歌の作詞者でもある作家セルゲイ・ミハルコフ氏（1913～2009）。2000年の12月にこのソ連国歌のメロディーを復活させたのは、プーチン氏だった。ミハルコフ氏は父子2代にわたって、愛国的な保守主義者としてプーチン政権と浅からぬ縁がある。

保守派であるミハルコフ監督のイリインへの心酔はよく知られている。2011年には国営テレビで自ら製作したドキュメンタリー・フィルム「ロシアの思想家イワン・イリイン」を放送した。前年の2010年に発行した自身の政治文書「法と正義。啓蒙保守主義のマニフェスト」にも、イリインの著作から次のような扇動的な文章を引用した。

「ロシアには強い、だが差異化された権力が必要だ。強い、だが抑制された法治の。強い、だが、単なる官僚主義的ではなく。強い、だが脱中央集権化された。軍事的に強化され、だが、ただ最後の手段の形として。警察により防御され、だが過剰な権限を持つ警察ではなく」

ミハルコフ氏もイリインと同じように、国の将来を憂える愛国者には違いない。政治マニフェストを発表したように、自ら保守主義的な社会・政治活動に携わってきた。そうしたミハルコフ氏にとっても、イリインはロシアが歩むべき道筋を示していると思われた。

ミハルコフ氏は、1990年代からイリインをロシアの政界と社会に広めようとしていた。1996年の大統領選では、現職のボリス・エリツィン氏の選挙運動に駆けつけ、支持者にイリインの政治文書「ロシアについて（О России）」を配ろうとした。ソ連崩壊の1991年に、100万部も印刷していたものだという。

だが、このときは選挙対策本部の一部メンバーの激しい反対に遭った。ミハルコフ氏は2007年に発行されたイリイン選集『ロシアのナショナリズムについて』[13]のまえがきでこのエピソードを明かした。配布を邪魔された理由について「イリインは、ロシア帝国の崩壊やロシア解体を渇望する、一時的に権力を握っただけの当局者たちすべてにとって、縁遠い、同時に恐ろしい人物だったからだ」と激しい言葉で非難している。

ミハルコフ氏はエリツィン政権の幹部らにイリインの政治文書を配布し、浸透させようとしていたが、政権内には反対者が少なからずいたことをこう認めた。当時のエリツィン政権は自由主義的な政治、経済改革を試み、米欧から巨額の支援を獲得しようとしていた。それだけに、イリインに強い嫌悪感を示したのも当然だったかもしれない。

イリインに染まる政権

イリインを拒むような自由主義的なロシアの政治環境は、1999年12月31日にエリツィン大統領が電撃的に辞任を発表し、プーチン氏を大統領代行に指名した前後から変化し始めている。同じころ、ミハルコフ氏はプーチン氏にも新しい暫定政権にも、国家再建への指針とすべくイリインを売り込んだ。

イリイン研究の第一人者であるY・リシツァ氏によると、ミハルコフ氏がプーチン氏にイリインの著作『ロシアについて。三つの話（О России. Три Речи.）』（1926～33）を渡したのは、2000年1月だった。大統領代行への就任直後に当たる。

ミハルコフ氏は映画の制作などを目的に自ら設立した「ニキータ・ミハルコフのスタジオ・トリテ

（Студия ТРИТЭ Никиты Михалкова）」でこの小冊子を再版し、政権内に配布した。

その後、大統領府で内政を担当していたウラジスラフ・スルコフ副長官がプーチン氏ら政権幹部にイリイン選集を贈ったこともあるという。２０００年代半ば、スルコフ氏は米欧の自由民主主義とは異なるプーチン政権の政治思想として「主権民主主義」を説いた。「主権民主主義」は権威主義的な性格を持つ政治体制を容認しており、イリインの思想的影響がうかがえる。スルコフ氏も２０００年代前半、すでにイリインを深く読み解いていたと見られる。

２０００年にミハルコフ氏からイリインの小冊子を渡されてから5年後、２００５年4月25日の年次教書演説でプーチン氏は初めてイリインを引用した。同年10月、イリインがスイスからモスクワのドンスコイ修道院の墓地に改葬される際、大統領だったプーチン氏はイリインとデニーキンの改葬のプロジェクトを「きわめて重要だ」と指摘し、支援した。[14]

改葬のための政府委員会が設けられた。政府委員会にはニキータ・ミハルコフ氏が理事長を務め、ロシアの文化遺産の保存に取り組む「ロシア文化基金」も加わった。

ドンスコイ修道院で催された改葬のセレモニーには、ロシア正教会のアレクシー2世総主教（当時）が参列し、次のような文書を読み上げた。「きょうの出来事は前世紀の悲劇的な歴史のなかで裂かれた人々の統合の回復が完了することを証明している。この日はまたロシア正教会の統合が回復されることも証明している」

ボリシェビキにより追われたイリインとデニーキンの祖国への帰還が、亡命を余儀なくされた旧体制の支持者とロシアに残った人々が再び統合されたことを象徴した。同時に、プーチン氏が橋渡しをしたロシア正教会と在外ロシア正教会との和解が進む象徴にもなった。この日の式典には在外ロシア正教会を代表する聖職者もロシアを訪れ、参列した。

前述したように、2006年には米ミシガン州立大学に保管されていたイリインの文書や写真、蔵書など膨大な資料がロシアに返還され、モスクワ国立大学に保管された。このときも政府委員会が設置され、ミハルコフ氏が率いるロシア文化基金が執行組織となった。

ミハルコフ氏を媒介として、国家元首のプーチン氏がイリインの著作に親しんだ2000年代前半、プーチン氏はソ連崩壊後の混乱で分裂した国家を再建し、ロシア社会を結束させるための新しい社会的合意を探していた。

2000年のインタビュー集『プーチン、自らを語る』によれば、プーチン氏は「社会を統一するための足場」として、愛国心と大国性、国家主義を挙げた。いずれも保守的性格を持つロシアの伝統的な価値観に通じ、イリインの思想のさまざまな柱とも共鳴する。

その2000年代前半は、プーチン氏がチーホン師を媒介に、ロシア正教会の原理主義への理解を深めていった時期とも重なる。正教とイリインが交錯しながら、プーチン氏の政治に深く根を下ろし、その理念的な基盤をつくっていった。

保守政権の教科書に

ソ連崩壊後、イリインの著作は復権し、発禁処分を解かれた。1993年には早くも全集の出版が始まった。モスクワの書店では現在、イリインの各種の著作や選集などを買うことができる。

もっとも、思想書というカテゴリーに入るため、一般の市民がイリインの著作に親しんでいるとはいえない。プーチン氏が年次教書演説で引用したことから、名前を聞いたことがある、という程度の人が多いだろう。

だが、プーチン政権内では幹部を中心に、イリインの著作が浸透していた。例えば、検事総長だったウラジーミル・ウスチノフ氏は2006年2月、最高検察庁での会合で、イリインを引用して「自分の国家の目的を受け入れない者を国民と呼ぶことができるだろうか」と訴えた。同じ年の2月、スルコフ大統領府副長官も与党・統一ロシアの人材育成のための会合で、イリインの言葉を引用した。

プーチン政権内ではイリインを読むよう強く推奨されていた事実がある。ロシアの複数のメディアによると、2014年の年始の休暇を前に、大統領府や与党・統一ロシアの幹部が地方政府の幹部や党員らにニコライ・ベルジャーエフやスラヴ派のニコライ・ダニレフスキーなどの著作とともにイリインの『われらの課題』を贈っていた[15]。有力紙コメルサントは、こうした贈り物を「宿題」だと称した。

2023年1月に取材したロシアの独立系の政治評論家コンスタンチン・コサチョフ氏は「イリインが不死鳥のようにロシアのメーンストリームに戻ってきた」と驚きを隠さなかった。「イリインは20世紀前半にロシア人の国家がどうあるべきかを提示した。その復活は、ロシアの社会意識が過去に逆戻りしていることを意味している」と懸念を示した。

イリインらの著作を読むように推奨するプーチン政権の幹部には、思想・啓蒙教育を通じ、政権の意思統一と結束を強めるねらいがあった。イリインの思想は文化人、保守派の論客の間にも支持を広げていた。政界だけでなく文化、思想、宗教界など多様な分野のエリートが、プーチン氏を中心とする保守主義の旗の下に結集しようとしていた。

一方、プーチン氏は国内で反政権運動の高まりに直面した。2011年12月、民主化や自由主義的な経済改革、汚職の根絶を求める知識人や若者による大規模な「反プーチン運動」がモスクワやサンクトペテルブルクなど大都市で始まり、全国の主要都市へと急速に広がった。

プーチン政権は平和的な反政権デモを、治安部隊の力によって鎮圧していく。これをきっかけとして政権は保守強硬と権威主義への路線転換を加速するのだが、その行く手には親欧米派によるウクライナの政変が迫りつつあった。

第4章

保守強硬への転換

パヴロフスキー元政治顧問の証言

「リベラルな中道派大統領」

政治学者のグレプ・パヴロフスキー氏にインタビューをしたのは2019年9月、場所は彼が創設したシンクタンク「効率政治基金」のモスクワ中心部にあるオフィスだった。黒縁の眼鏡をかけたパヴロフスキー氏は、短く刈り上げた白髪が68に達した年齢を感じさせた。それでも2時間近く、「プーチン政権の20年」をテーマとしたやり取りに疲れも見せなかった。

パヴロフスキー氏は、エリツィン政権時の1996年に大統領府に入り、プーチン体制の前半期が終わる2011年まで政治顧問を務めた。プーチン氏の「強い指導者」像を演出し、ロシア社会に浸透させる政治戦術を担った人物だ。

プーチン政権を陰で支え、内部から政権の動きをつぶさに観察してきた。2011年春、たもとを分かち、野に下る。その後は、リベラルな政治学者として政権批判の立場に転じた。残念なことに、病に倒れ、2023年2月26日、モスクワで他界された。

政権の中枢で長く働いた経験と独立した専門的視点をあわせ持つパヴロフスキー氏の証言を手がかりに、プーチン氏の変質を追ってみたい。

「プーチン氏に最も楽観的な雰囲気があったのは2000年3月の大統領選での勝利から2003年10月のユーコス事件までの期間だ。プーチン氏はリベラルな中道派として振る舞い、必要な改革を行った」

2019年９月、モスクワ市内で筆者の取材を受けたパヴロフスキー氏

いまでは信じがたいことかもしれない。だが、パヴロフスキー氏が指摘したように、２０００年5月に47歳の若さで第2代ロシア大統領に就いたプーチン氏は当初、さまざまな改革にも積極的な政治家だった。内政では連邦管区の設置、税制や年金制度の導入、新たな民法や刑法、刑事訴訟法などを整え、１９９０年代のエリツィン前政権時代に混乱をきわめていた社会秩序の安定と経済の立て直しを急いだ。

外交では、米欧との協調路線を取った。米欧では「強いロシア」の復活を掲げた旧ソ連国家保安委員会（ＫＧＢ）出身の元スパイに強い警戒感があったものの、プーチン氏はそうした懸念を払拭しようと努めていた。

象徴的だったのは、２００1年9月11日の米同時テロへの対応だ。ニューヨークのマンハッタン地区にあるワールドトレードセンターの超高層ビルに、イスラム過激派によってハイジャックされた航空機２機が相次いで激突し、直後にワシントンDCの国防総省にも1機が突入した。米本土の中枢が攻撃されるという未曽有の危機に直面した米国のブッシュ大統領（当時）に、主要国の首脳のなかでまっさきに電話を入れ、犠牲者への哀悼の意を伝えたのがプーチン氏だった。

「悪は罰せられなければならない」。米同時テロ発生から4日後の15日、訪問先のアルメニアで開いた記者会見で、イスラム過激派組織アルカイダが活動するアフガニスタンでの米国の対テロ軍事作戦に、早くも明確な支持を表明した。ロシア自身もチェチェンの独立派武装勢力という「テロリスト」との紛争を抱えていたという国内事情があった。

米国の対テロ軍事作戦への協力では、人道支援物資を積んだ米航空機のロシア領空通過を許可し、米国が旧ソ連・中央アジアの軍事基地を利用することを容認した。特に、ロシアが「裏庭」とみなす中央アジアのキルギスやウズベキスタンの基地利用を米国に認めたことは、対テロでの国際協調にロシアが積極的に参加する姿勢を内外にアピールすることになった。

欧州共通の家

そのわずか10日後の2001年9月25日、プーチン大統領はドイツを公式訪問している。東西ドイツの統一から11年がたっていた。プーチン氏は独連邦議会での演説の冒頭、「ロシアとドイツの関係史上初めて、そうした可能性がロシアの国家元首に生まれた」と自らの演説の意義を強調し、欧州とロシアの関係に歴史的な変化をもたらす決意を表明した。

プーチン氏は議会演説で、東西ドイツの分裂を招いたスターリンの全体主義も厳しく批判した。ソ連崩壊後、ロシアが「民主的権利と自由」の保証を基本方針とする国に生まれ変わったと力説し、「ともに欧州と世界全体の住民の安全保障を確立しよう」「欧州共通の家の建設にともに貢献しよう」などと呼びかけた。

　プーチン氏はこのとき、冷戦時代に互いを敵視した「ステレオタイプ」を乗り越えるよう強く求めた。ソ連崩壊で民主化への道を選んだロシアはもはや欧州の敵ではないとして、欧州連合（ＥＵ）とは経済や文化を柱にした地域統合の推進を、また米欧中心の軍事・政治同盟、北大西洋条約機構（ＮＡＴＯ）とは共同で安全保障を強化する方針を掲げた。

　特にＥＵとロシアが主導する旧ソ連地域による統一経済圏の形成は、プーチン氏の好んだ外交テーマだった。２０１０年代前半になってもまだ「リスボンからウラジオストクまで」というスローガンを忘れず、口にしていた。フランスのシャルル・ドゴール大統領が戦後、「大西洋からウラル（ロシア中部）まで」と述べ、大欧州の新秩序を唱えたことを踏まえた発言だった。

　一方、ＮＡＴＯとの間では2002年5月28日、ＮＡＴＯロシア理事会を創設した。エリツィン前政権時代の１９９７年に設立されていたＮＡＴＯとロシアの合同常設評議会の後継組織であり、改編により両者の間に実質的な協力体制を築く狙いがあった。

　同日発表されたＮＡＴＯ加盟国とロシアの首脳によるローマ宣言には「われわれの関係に新しいページ」を開くこと、そして「欧州大西洋地域において堅固な、包括的な平和をともに築く決意」がうたわれた。プーチン氏は冷戦時代に東西に分かれて敵対した両者が協調に転じ、世界に新しい安保秩序をもたらす機運が生まれつつあると信じていた。

　いかにプーチン氏が欧州との統合に前のめりだったかを示すエピソードがある。２０００年6月3日と4日にクリントン米大統領と開いた会談で、ロシアのＮＡＴＯ加盟を米国に打診していた。プーチン氏は何度もこの時の会話について公の場で語っている。よほど記憶に残っていたのだろう。単なる国民へのプロパガンダだとは切り捨てられない。

例えば、軍事侵攻直前の2022年2月21日に行った国民向けのテレビ演説では、2000年6月にモスクワを訪問したクリントン氏に次のように話しかけたと述べた。「NATOがロシアを受け入れることについて米国はどう考えますか」。だが、クリントン氏の回答は「きわめて慎重なものに見えた」という。

つまり、まったく相手にされず、門前払いをくらったということだ。プーチン氏の大統領就任からまだ1カ月しかたっておらず、さすがにタイミングが早すぎた。政権の初期、欧州との協力や統合について、プーチン氏がいかに楽観的に、あるいはナイーブに考えていたかが分かる。

協調への流れは続いた。翌2003年5月31日にロシア北西部の古都、プーチン氏の故郷でもあるサンクトペテルブルクで開いた欧州ロシア首脳会議も、新たな欧州統合を求める双方の期待が表れていた。首脳会議を締めくくる発言で、プーチン氏は「われわれには合同の戦略的目的、真の統一欧州の建設があることを確認した」と語った。

サンクトペテルブルクの現場で取材していたが、プーチン氏だけではなく、ロシアの政権全体や国民のあいだにも明るい未来への高揚感が見られた。2003年10月にプーチン政権下で最大の経済事件となったユーコス事件が起きてもまだ、おおむね内政的な問題にとどまっていた。米欧との協調外交への影響は、限定的だと見られていた。

ロシアと米欧の協調関係に明らかな亀裂が生じたのは1年後の2004年11月に浮上したウクライナ問題だった。当時、プーチン大統領や政権幹部の間で、ロシア正教の原理主義やイリインの政治思想が広がりつつあった時期と重なる。

だが、こうした思想的な土壌だけでは、のちに米欧との断絶につながる重大な決定が下されることはなかっただろう。現実の国際関係のなかで繰り返されていく地政学的対立が、2000年代前半から親しんだ宗教、政治思想によって増幅され、プーチン氏を2014年と2022年の2度にわたるウクライナ軍事侵攻に駆り立てていった。

「カラー革命」への恐怖

「2004年にウクライナで起きた革命後、プーチン政権の内部には何か恐怖のようなものが生じた」

天井に届くほど背の高い本棚に囲まれた会議室で、パヴロフスキー氏は当時を回想しながら、プーチン体制の変質について、こう語り始めた。

2004年の革命とは、同年11月21日のウクライナ大統領選の決選投票をきっかけに起きた「オレンジ革命」を指す。親欧米派勢力による大規模な抗議デモが起こり、ユーシチェンコ政権が誕生した。親欧米派が抗議活動でオレンジ色のシンボルカラーをリボンや旗などに使用したことからこう呼ばれた。

米欧とロシアの間でバランスを取っていたレオニード・クチマ大統領の後継体制を決める大統領選だった。決選投票では親欧米派の野党候補ヴィクトル・ユーシチェンコ氏と親ロシア派候補ビクトル・ヤヌコヴィチ首相の一騎打ちとなり、開票の結果、ヤヌコヴィチ氏の当選が発表された。

だが、ユーシチェンコ支持の親欧米派の不満は収まらない。ヤヌコヴィチ陣営に票を水増しするなどの選挙違反があったとして、決選投票の無効とやり直しを求めて大規模な抗議運動を繰り広げた。その結果、12月26日に決選投票の再投票が行われることになり、今度はユーシチェンコ氏が勝利した。民主化や経済的繁栄を求めてEUやNATOへの加盟をめざす親欧米路線か、ロシアとの歴史的、文化的、経済的つながりを重視する親ロシア路線か、東西の二者択一が問われたきわめて重要な国政選挙だった。

10年後の2014年2月に起きた親欧米派勢力による政変の直前の状況と構図は似ている。2004年も、欧州とロシアの間に位置するウクライナが、東西のどちらにかじを切るか歴史的な選択に直面した。国民は、親欧米の西部とロシアとの関係を重視する東部に色分けされていた。

2004年の「オレンジ革命」は、ロシアのプーチン政権が支持していた親ロシア派候補が決選投票の再投票で敗れたわけだが、2つの点でロシアの内政にも重大な意味を持つ出来事だった。

ひとつは、野党候補のユーシチェンコ氏に肩入れした米欧がウクライナの内政に露骨に干渉した、とロシアがみなしたことだ。もうひとつは、街頭での抗議運動によって政権が倒される前例が旧ソ連圏で起きたことだった。プーチン政権内に生じた「恐怖」とは、ロシアでもいずれ同じことが起きかねないという強迫観念に近い予感だった。

「オレンジ革命」は、旧ソ連圏での影響力を回復し、「強いロシア」を再興する外交方針や「欧州共通の家」をつくりたいというプーチン氏の期待にも反していた。後に「ひとつの民」と主張するようになるウクライナが米欧に取り込まれ、欧州とロシアとの間に新たな分断線が引かれることになるとの不安を抱いた。

米欧に対する猜疑心が募った。ウクライナで混乱が広がっていた２００４年12月６日、プーチン大統領は訪問先のトルコで記者団に「われわれが欧州を東西に分割していたようなことは望まない」と述べた。東西冷戦期の勢力争いのようにウクライナを分裂させようとしているとして、米欧を牽制した。

ウクライナの親欧米派を念頭に「（ヤヌコヴィチ氏勝利の）選挙結果にもかかわらず、力によるものも含めて、権力を奪取するという政治指導者たちの発言は、人々への圧力と脅しにほかならない」とも批判した。「ロシアではこうした事態の進展は支持しない」とくぎを刺した。イリインが預言したように、米欧によって「最も弱いウクライナ」が狙われた。

直前の２００４年５月には旧ソ連のエストニアとラトビア、リトアニアや東欧のポーランドを含む10カ国が悲願のEU加盟を果たし、ウクライナはEUと国境を接することになった。EU加盟の東への波はウクライナの民族意識をかき立て、米欧との政治・経済統合、つまり自由と民主主義という普遍的価値の追求へと向かわせていた。

旧ソ連カフカス（コーカサス）地方のジョージア（グルジア）でも、ウクライナの「オレンジ革命」の１年前、２００３年11月２日の議会選の結果をめぐり大規模な反政権デモが広がっていた。権威主義的な性格を強めていたシェワルナゼ大統領（元ソ連外相）が辞任に追い込まれ、反政権運動を率いた親欧米派のミハイル・サーカシビリ氏が翌２００４年１月の大統領選で当選した。ジョージアの政変は「バラ革命」と呼ばれた。

ジョージアの「バラ革命」にも、米国の影が見え隠れしていた。議会選後のデモが起きていた２００３年11月７日、シェワルナゼ氏は国営テレビで、著名な米投資家ジョージ・ソロス氏が世界の民主化の支援や市民社会の発展を目的に設立した「オープンソサエティ財団」が深くかかわっていると明らかにした。そして「ジョージアの国内問題はソロス氏のビジネスではない」と厳しく批判した。野党勢力に多額の資金が提供されていると見ていた。

オレンジ革命の1年後の2005年には、旧ソ連・中央アジアのキルギスで、やはり議会選後に広がった反政権デモで権威主義に傾いていたアカエフ政権が打倒された。キルギスの政変は「チューリップ革命」と名づけられた。こうした一連の名前から、旧ソ連で発生した一連の政変は「カラー革命」と呼ばれることになる。パヴロフスキー氏はこう指摘する。

「リベラル派の政党は街頭での運動が議会活動よりも重要であるという誤った結論を下してしまった」

「カラー革命」は、力による政権交代のあしき前例をつくり出した。プーチン政権が街頭での反政権運動の高まりに本格的に直面するのは、2011年末の「反プーチン運動」からだ。その大きなうねりを「カラー革命」が準備していた。

ただ、プーチン氏は相次ぐ「カラー革命」に不安を募らせつつも、表面的には抑制した姿勢を崩さなかった。2004年12月6日の発言では、ウクライナの「オレンジ革命」でも「どの国でも国民自身だけが自らの運命を決めることができる」と明言した。ウクライナが独立した国家であり、内政干渉はしないとの立場を取った。2014年のクリミア半島併合や東部紛争のような軍事介入はまだ選択肢にはなかった。

２００３年のジョージアの「バラ革命」でも、不介入の方針を明確にしていた。プーチン氏は革命後の同年11月24日の閣僚との会合で「力」を背景に革命が起きたとの懸念を示しながらも、シェワルナゼ前政権が外交と内政で数多くの過ちを犯したとも指摘した。「当然の結果だ」として革命を受け入れる方針を表明した。ジョージア領内で独立を一方的に主張する南オセチアやアブハジアに駐留しているロシア軍も介入の動きを見せなかった。

NATOへの不信

同じころプーチン政権は、米欧とその軍事同盟であるNATOへの不信も募らせていた。１９９９年3月にポーランドとチェコ、ハンガリーがNATOに加盟し、ソ連崩壊後では初の東方拡大が実現した。２００２年11月には、旧ソ連のバルト3国とルーマニアなど東欧4カ国の計7カ国の加盟が承認され、２００４年3月に正式に加盟した。

ロシアはこのとき、NATOの東方拡大について当初は反発しつつも、徐々に姿勢を軟化させ、最終的には容認している。１９９０年代に急激に落ち込んだ国家経済を再建するため、資源エネルギー輸出などで米欧の協力を必要としていたという事情があった。

EUとの間にいずれ「欧州共通の家」を建設するという期待もあった。２００２年11月の東方拡大の決定を控えた同年5月、NATOロシア理事会も設置され、両者の間には融和ムードが保たれていた。

当時、NATOの東方拡大よりも、ロシアがもっと神経をとがらせていたのは、米国が２００１年12月13日、弾道弾迎撃ミサイル（ABM）制限条約からの離脱をロシアに正式に通告した問題だった。

1972年に米国とソ連が締結した軍備制限条約で、核弾頭搭載の弾道ミサイルを迎撃するABMの配備を制限し、核抑止体制を堅持するための法的枠組みだった。

米国がABM制限条約から離脱すれば、ロシアの核抑止力が損なわれ、米ソ間で築いてきた核軍縮体制が崩れる恐れがあった。経済的に弱体化していたロシアの軍事力は、米国と並ぶ大量の核兵器の保有に依存していただけに、プーチン政権の不安が増幅された。

だが、世界で核拡散により弾道ミサイルの脅威が増しているとみなす米国のブッシュ政権は、ABM制限条約からの離脱で米本土を守るミサイル防衛（MD）構想の推進を急いだ。米国がロシアにABM制限条約からの脱退を通告すると、プーチン大統領は同日、緊急声明を発表し「（米政府の）決定は誤りだと考えている」と厳しく批判した。

米国はABM制限条約からの脱退に際して、ロシアの懸念を払拭しようと一定の配慮を試みている。2002年5月、米ロ首脳は戦略核弾頭を2012年までにそれぞれ3分の1程度の1700～2200発に減らす戦略攻撃兵器削減条約（モスクワ条約）に調印した。

それでも、ロシアの不安は収まらなかった。ロシアは、冷戦後、唯一の超大国となった米国がNATOの東方拡大やABM制限条約からの脱退で、米国を頂点とする国際秩序を強固にしようとしていると警戒を強めていった。米1極世界では弱体化したロシアの利益はもはや考慮されないのではないか――そうした懸念を抱いた。

ロシアは伝統的に友好国が多く、ソ連崩壊後も関係を維持していた中東でも、米国によって既存の秩序が破壊されるのを目の当たりにした。ブッシュ米大統領は2002年1月の一般教書演説で、イラクとイラン、北朝鮮の3カ国を「悪の枢軸」と呼び、大量破壊兵器を開発し、保有するテロ支援国家だと非難した。２００３年3月には、米国を主体とする有志連合がフセイン政権の打倒を目的に「イラク戦争」に踏み切った。

「悪の枢軸」という言葉は、冷戦時代の１９８３年、当時のレーガン米大統領が演説で、ソ連を「悪の帝国」と呼んで、非難したことを想起させた。

イラクのフセイン政権と友好関係を維持していたロシアは国際法違反だと反発したが、米国は中ロの反対を押し切り、国連安保理での決議がないまま、軍事侵攻に突入した。２００３年4月にはバグダッドを陥落させ、フセイン政権を崩壊させた。フセイン大統領自身も同年12月に逮捕され、２００６年末には死刑が執行された。

ところが、米国が侵攻の大義名分として掲げた核兵器や生物・化学兵器といった大量破壊兵器開発の証拠はいつまでたっても発見されない。米政府も戦後になってから、開戦の根拠としていた米中央情報局（ＣＩＡ）の情報に誤りがあったことを認めたが、後の祭りだった。米国の「嘘」に、プーチン政権は対米不信を募らせた。

だが、ロシアはこのときも、米欧との関係を重視し、イラク戦争で生じた米国との亀裂が決定的に広がらないよう腐心している。２００３年5月30、31日には、プーチン大統領の故郷サンクトペテルブルクの建都３００周年を祝う記念式典にブッシュ米大統領や小泉純一郎首相など40カ国以上の首脳を招いた。

続く、6月1～3日の主要国首脳会議（Ｇ８、エビアン・サミット）にはロシアが初めて参加し、先進各国との協調を演出した。同月１日の米ロ首脳会談でも、プーチン氏は「米ロ関係の基盤は揺るがなかった」と強調し、関係修復を印象づけた。

プーチン崇拝と「クレムリン宮廷」

2000年代半ば、プーチン大統領は対外的に西側、特に米国に対する不信感と、ウクライナ情勢をめぐるある種の恐怖心を募らせていた一方、国内では自らの統治に自信を深めていった。パヴロフスキー氏はこう回想する。

「2004~05年のころから、プーチン氏に対する崇拝が始まった。仕掛け人のひとりが私だった。われわれ（プーチン政権）はすでにチャンピオンだった。プーチン氏を崇めることで、成功を失うことがないようにした」

選挙戦術、メディアを通じたイメージ戦略、政治プロパガンダ、与党「統一ロシア」による議会支配、支持者を動員した集会……。あらゆる政治手段を利用し、プーチン氏の権力基盤を強化する試みが進んだ。政府や大手企業など行政や経済のさまざまな部門に、いわゆる「プーチン氏の旧友」が進出し、国家体制を牛耳るようになった。

「旧友」とは故郷を同じくする「サンクトペテルブルク派」の友人やKGB時代の同僚らプーチン氏が信頼する人々だった。エリツィン前政権の実力者は段階的に排除されていった。「チャンピオン」という言葉から、当時の政権の自信のほどがうかがわれる。

下院は1990年代のように与党と野党がいがみ合う政治舞台であることをやめた。プーチン体制の一部となり、政権による統治の道具になった。2003年12月のロシア下院選で、与党・統一ロシアが大勝し、議会支配を確立した。ロシア共産党など野党も広い意味で政権を支持する「体制内野党」となった。

下院選に続いて２００４年3月に投開票された大統領選でも、プーチン氏が71％の得票率で圧勝した。独立系世論調査機関レバダ・センターによると、プーチン氏の支持率は２００５年8月から２０１１年2月まで70％以上を下回ることはなく、90％に近づくこともあった。プーチン氏を頂点とする垂直統合型の権力構造が固まった。

好調なロシア経済もプーチン政権への追い風となった。ロシアの主要な輸出品である原油の価格が高騰した。ＷＴＩ（ウエスト・テキサス・インターミディエート）の先物相場は大統領就任前の１９９９年には１バレル20ドル前後だったが、２００５年には50ドルを突破した。ロシアの輸出収入は急増し、改革の原資となる政府歳入を豊かにしていった。パヴロフスキー氏は語る。

「プーチン氏の自信は増大した。彼の側近たちもそうだった。プーチン氏は高度な官僚機構を築くのではなく、自らに近い友人のグループを通じて国家を統治しようとした。いわゆる『クレムリン宮廷』だった。この統治手法はのちに大きな後遺症をもたらすことになる」

政権基盤を強固にし、内政に自信を深めたプーチン氏は、対外問題に視線を転じた。ＮＡＴＯの東方拡大、ウクライナ情勢への介入、イラク戦争、核軍縮体制の動揺……。ロシアから見れば、すべての重大な国際問題は米国によって深刻なものにされていた。冷戦後、米国が主導する新たな国際秩序への反発と危機感が募った。

反攻の狼煙《のろし》を上げたのは2007年2月10日、舞台は再びドイツだ。冷戦期の1960年代から開かれてきた民間主催の国際会議「ミュンヘン安全保障会議（MSC）」に参加したプーチン氏は、演説で米主導の国際秩序に挑戦状をたたきつけ、世界を驚愕《きょうがく》させる。

ミュンヘン演説、反米への号砲

43回目となった歴史あるミュンヘン安保会議の主役は、初めて出席した謎多きロシアの指導者、プーチン氏だった。会場の最前列には、ドイツのメルケル首相やウクライナのユーシチェンコ大統領も腰を下ろした。米欧を中心に40を超す国々の政府幹部や政治家、軍関係者、専門家が期待と不安を交錯させながら、プーチン氏の演説を待っていた。期待にたがわず、プーチン氏も演説の冒頭、率直に見解を述べると表明した。

「（民間主催の）カンファレンスという形式なので、国際安全保障の問題について実際に何を考えているかを述べても許されるでしょう。私の議論がみなさんにとってあまりにも挑発的で刺激が強い、あるいは不正確だと思われるとしても、怒らないでいただきたい」

さらにミュンヘン安保会議の議長には「私の演説が始まってから2、3分で『赤信号』のスイッチを押さないように」と冗談交じりに語りかけ、会場の笑いを誘う場面もあった。その直後、参加者は演説内容が笑い事ではなかったことを知る。

プーチン氏も話したことがあるが、ロシア人には時々、驚くほどの「率直さ」が表れることがある。何か隠されたたくらみがあるのではないかとか、本心は別にあるに違いないと勘ぐったり、疑念を抱いたりすると、外国人は真意を見誤りかねない。

米欧はロシアが欧州の一部であるとは認めながらも、自分たちとは異なる文化を持つとみなしてきた歴史的な経緯がある。謎に満ち、深い闇に覆われているように見えるロシアの「率直さ」を直視できず、深刻さを見逃すことが少なくない。

だからこそ、プーチン氏は演説の冒頭で警告した。演説の内容を軽視しないようにと。演説では2000年代半ば以降の「プーチン外交」に一貫するいくつかのテーマが語られ、その後の世界の安保に大きな影響を与えることになる。やがて、ウクライナ軍事侵攻にもつながった。

真っ先に取り上げたテーマは「米1極世界」だ。

プーチン氏は「1極世界」の定義について、超大国・米国を念頭に「ひとつの権力の中心、ひとつの力の中心、ひとつの決定の中心だ」と述べ、「ひとりの支配者、ひとりの主権者しかいない世界」だと断じた。

米欧諸国や日本は、冷戦後に唯一の超大国となった米国を中心に民主的、自由主義的な世界を構築するという理念に疑念を抱くことが少ない。第2次世界大戦後、欧州は米国が主導する西側陣営の主要なメンバーとなった。敗戦国となった日本も戦勝国の米国の秩序に組み込まれ、国家の再建と繁栄へ利益を享受した。

だが、ロシアは違う、とプーチン氏は考える。特に17世紀に始まったロマノフ王朝が領土を急速に拡大し、欧州列強の一国に数えられるようになって以降、ロシアは世界にいくつも存在する極の「1極」を占める当然の権利を備えたと自認した。

第3章までに検討したように、その背景には東西キリスト教の分裂と長きにわたる対立があり、正教の守護者を自任するロシアの歴史的な役割がある。ロシアから見れば、アングロサクソンの米国もまたローマ・カトリック教会の分派であり、正教世界の価値観とは相いれない。

しかも、ロシアは米欧世界からの疎外感を深め始めていた。1989年に米ロ首脳により冷戦終結が宣言され、ソ連が崩壊した後も、ロシアの米欧への政治的、経済的統合は進まなかった。2000年代半ばになると、前述したNATOの東方拡大やウクライナのオレンジ革命などで米欧との地政学的対立が再び浮上し、米欧との統合路線に疑念が生じていた。

プーチン氏は演説で「(米1極世界は)もちろん民主主義とは何ら共通点を持たない」と主張した。米国が1極世界をつくろうとした結果、米国による武力介入が各地で行われ、国際法の基本原則が軽視され、大量破壊兵器の拡散をもたらしたと対米批判を展開した。

政権基盤を固め、国家の再建を軌道に乗せつつあるプーチン氏には自信も見えた。「ブラジル、ロシア、インド、中国のBRICグループの国内総生産(GDP)はEUのGDPの合計を超えている」と聴衆にアピールした。BRICとは経済成長を加速していた新興国のブラジルと中印ロ4カ国の国名の頭文字を取ってつくられた呼び名で、のちに南アフリカを加え、BRICSと称されるようになった。

BRIC各国のような新たな「極」が台頭している以上、冷戦終結後に「1極世界も成立することはなかった」とプーチン氏はみなした。「世界成長の新しいセンターの経済的潜在力が政治的な影響力に転換され、多極性を強化していくだろう」と予想した。

「多極世界を」

冷戦後の世界に現れたのが米1極世界ではなく、多極世界である以上、これに合わせて世界の安保秩序も変えていかなければならない。プーチン氏は「われわれは、グローバルな安全保障の構造すべてを真剣に考えなければならない決定的な瞬間を迎えた」と訴えた。

このとき、「米１極世界」に対抗する「多極世界」の構築というプーチン外交の中核的な理念が浮上した。[1]ＢＲＩＣＳ諸国だけでなく、東南アジア諸国連合（ＡＳＥＡＮ）やＥＵなど新たな地域統合また諸大国がいくつもの「極」をなして多極化した国際秩序を形成していくという考え方だ。大国が覇権を競ってきた世界の歴史では、異例の試みだった。

以降、現在にいたるまでこの外交テーマはプーチン氏にとって重要性を増し続けている。ロシアが世界で独立したプレーヤーとなり、自己主張を強めようとしていたことを意味した。

２０２２年２月のウクライナ軍事侵攻を考えるうえでも、新たな「グローバル安全保障の構造」を熟考すべきだとした発言は見逃せない。ロシアは侵攻直前まで、この新たなグローバル安保に固執していた。

よく知られているように、ロシアは２０２１年末、米国とＮＡＴＯに欧州安保に関する提案を行い、新しい安保体制の構築を改めて主張した。ロシアはこのとき、米欧諸国にはまったく受け入れがたい要求をいくつも突きつけ、早くも翌２０２２年の年明けに協議は決裂した。ただ、15年以上前にすでに、プーチン氏が同じように「グローバルな安保」体制の見直しを要求していたことは想起されていい。

実際、その15年間、プーチン政権の基本的な要求項目はほぼ変わらなかった。ＮＡＴＯの東欧や旧ソ連圏への加盟国拡大や軍事力の東欧への配備拡大の停止を繰り返し求めてきた。プーチン氏から見れば、米欧はつねにロシアの要求と利益を無視し、グローバルな安保体制をロシアとともにつくり直す真剣な試みを拒否してきた。

その結果、プーチン政権はロシアの勢力圏が縮小するだけでなく、ロシア自身の安保が損なわれるとの強い危機感を抱くようになった。ミュンヘンでの演説からウクライナへの軍事侵攻まで15年の長い月日があったにもかかわらず、欧州安保をめぐって両者は根本的な妥協点を何も見いだせなかった。そして、ロシアは軍事侵攻という暴挙に訴えた。

2008年から2022年までミュンヘン安全保障会議の議長を務めた元独外交官のヴォルフガング・イッシンガー氏は、軍事侵攻直前の2022年2月16日にロシアの有力紙コメルサント電子版に掲載されたインタビューで、次のように述べている。

「ウラジーミル・プーチン氏は無責任なアバンチューリスト（冒険主義者）ではない。私にはいつも、彼が自ら背負うとても大きな責任を理解していると思われ、それだけに、大きな戦争になるとは想像できない」

イッシンガー氏はドイツの外務次官として、またNATOのロシアとの交渉担当者として、プーチン政権と深くかかわってきた。それでも、直前まで軍事侵攻も辞さないというロシアの決意を見誤っていた。プーチン氏の変質を理解できていなかった。

ウクライナ情勢とNATO東方拡大をめぐるプーチン氏とロシア保守派の危機感がどれほど大きかったかは、第2章と第3章で取り上げたロシア特有のナショナリズムを知らなければ、理解することは難しい。15年間にわたって安保協議に進展がなかったことに、ロシア側がいかに深く失望していたかも正しく分析できていなかった。

ウクライナの悲劇を防げなかったとの悔恨は、米欧側に残らざるをえない。

「私自身も、私の多くの同僚たちもそのときはどうやら、（プーチン氏の演説の）政治的、歴史的な意味を認識していなかったことを認める、それゆえ、正しい結論を下すこともできなかった。とりわけ米国は過小評価していた」

インタビューの最後で、イッシンガー氏はこう付け加えた。

一方、保守強硬派のパトルシェフ安全保障会議書記はウクライナ軍事侵攻後の2023年11月4日、保守派の啓発イベントで、プーチン氏によるミュンヘン演説が米欧に与えた衝撃を次のように評した。「国家元首によるミュンヘン演説は西欧陣営にショックと不快感を呼び起こした。まさにそれ以降、ロシアの国家元首を自分たちの敵に加え、その後、彼個人を悪魔とするキャンペーンに着手したのだ」

緊迫するNATO東方拡大問題

プーチン氏の演説では「米1極世界」への批判に続いて、軍縮や核不拡散、国連の役割、エネルギー協力、内政不干渉など幅広い問題について、いまではよく知られたロシアの主張が語られた。演説の締めくくりでは、第2章と第3章で見てきたように、他国とは異なる「特別なロシア」という理念も強調された。「ロシアは1000年以上の歴史を持つ国家であり、事実上、つねに独立した外交政策を行う特権を享受してきた。われわれは今日もこの伝統を変えるつもりはない」

さらにイッシンガー氏の「とりわけ米国は過小評価していた」という指摘との関連で、注目されるのはNATOの東方拡大に反対する以下のプーチン氏の発言だ。

「NATOは自分たちの前線の戦力をわが国境に向けて前進させることになったが、われわれは条約を順守し、こうした行動に対していかなる反応もしていない。NATOの拡大プロセスは同盟自身の近代化や欧州の安全保障の確立とは一切関係ないということは明らかだと考える。逆に、これは相互信頼の水準を低下させる深刻な挑発的ファクターである。われわれには率直にこう質問する正当な権利がある、この拡大は誰に対するものかと。ワルシャワ条約機構（冷戦期のソ連を中心とする社会主義諸国の軍事同盟）の解散後、米欧のパートナーによって与えられた保証はどうなったのか。こうした表明はいま、どこにあるのか。それについては、だれも思い出そうともしない。だが、私はこちらの聴衆に、何が話されたのかを思い出していただきたい。1990年5月17日にブリュッセルでヴェルナーNATO事務総長が行った演説から引用させていただく。彼はそのとき、こう述べた。『われわれが西ドイツの領土を越えてNATO部隊を配備しない用意があるという事実こそがソ連への安全の確かな保証を与えている』と。この保証はどこにいったのか。ベルリンの壁の石やコンクリートのブロックはずっと前に土産となって四散した。しかし、その崩壊は歴史的な選択のおかげでも可能になったことを忘れてはならない、民主主義と自由、開放、大欧州の家族の全メンバーと誠実なパートナーシップをつくるという、わが国民、ロシア国民の選択のおかげでもあるのだ」

長い引用になったが、米欧に対するプーチン氏とロシアの不信の原点を知るうえで、とても重要だ。2022年の侵攻直前の米国やNATOとの欧州安保に関する協議でも同様の主張が繰り返された。

ロシアはNATOの東方拡大により、東西冷戦期の旧敵に包囲網を狭められるかたちになった。NATOは1999年3月にソ連崩壊後初の東方拡大でポーランドとチェコ、ハンガリーの3カ国の加盟を、2004年3月には旧ソ連・バルト3国とルーマニアなど東欧4カ国の計7カ国の加盟をそれぞれ実現させた。

ＮＡＴＯ拡大の波はロシアに向かって押し寄せ、バルト3国の加盟で両者は国境を接することになった。ロシアは冷戦終結の宣言から20年以上たっても、依然として米欧から敵視され、疎外されているとの疑念を強めていた。

同様に深刻なことが２００２年5月23日にウクライナで相次いで起きていた。同国の国家安全保障・国防会議でＮＡＴＯ加盟の方針がクチマ大統領によって初めて正式に表明され、ＮＡＴＯ入りへの一歩を踏み出した。

続く２００４年12月末にはウクライナ大統領選の決選投票の再投票で、ＮＡＴＯへの早期加盟をめざす親欧米派のユーシチェンコ氏が勝利し、ＮＡＴＯ加盟への機運が一気に高まった。

旧ソ連圏では２００３年11月に始まった「バラ革命」の結果、ジョージア（グルジア）で発足した親欧米派のサーカシビリ政権もＮＡＴＯ加盟を掲げた。

ミュンヘン安全保障会議での演説では、ウクライナやジョージアのＮＡＴＯ加盟に直接、言及したわけではないが、プーチン氏がウクライナの将来の加盟問題も念頭に置いているのは明らかだ。安保会議の会場では、プーチン氏がユーシチェンコ大統領と厳しい表情で言葉を交わす光景が見られた。

ＮＡＴＯは約束を破ったのか

ＮＡＴＯとの関連では、この引用でもうひとつ見逃せないプーチン氏の発言がある。ＮＡＴＯ側が東方不拡大の約束を破ったとの指摘だ。ロシアはそれまで、ＮＡＴＯが東欧や旧ソ連に拡大しないと請け合ったという主張をそれほど強く前面に押し出していたわけではなかった。

ロシアが「NATOの約束破り」を国際舞台で公言するようになったのは、おそらくプーチン氏のミュンヘン安全保障会議での演説からだ。NATOがついた「嘘」を国際社会とロシア国民に訴え、外交的な劣勢をくつがえすための布石とする狙いがあった。以降、ロシアは「NATOの約束破り」があったと繰り返すようになり、これを米欧が無視するか否定するという対立の構図が鮮明になる。

実際に「NATOによる約束破り」があったのかどうかは、政治家や専門家の間でも意見が分かれてきた。プーチン氏がNATOと米欧諸国への不信感を強め、ウクライナへの軍事侵攻に踏み切る理由のひとつとなった重要な問題であり、ここで議論を整理しておきたい。

問題の発端は、1990年10月に実現した歴史的な東西ドイツの統一に向けて行われた西側諸国とソ連の協議だ。第2次世界大戦の終結以降、ドイツは米欧の自由主義陣営に属する西ドイツと、ソ連が率いる社会主義陣営の東ドイツに分割された。

1989年の冷戦終結宣言とベルリンの壁崩壊を受け、米国と西ドイツは東西ドイツの統一を決断し、ソ連との交渉に入った。問題は、ソ連が統一ドイツのNATO参加と東ドイツからのワルシャワ条約機構軍の撤退を受け入れ、その見返りに、NATOは東欧に拡大しないという取引があったかどうかだ。

ウクライナへの軍事侵攻が迫り、欧州の安全保障体制をめぐるロシアと米国やNATOの協議が行われていたさなかに、米ロがそれぞれ主張した内容を対置してみる。

「1インチたりとも東には拡大しないと、1990年代、われわれに言っていた。だが、どうだったか。ペテンだった。単なる厚顔無恥な嘘だった。5波のNATO拡大が行われた」

（プーチン氏が２０２１年12月23日、モスクワでの年末記者会見で）

「ＮＡＴＯが新しいメンバーを認めないと約束したことは決してない、ありえなかったし、これからもありえない」

（ブリンケン米国務長官が２０２２年１月７日、ワシントンＤＣでの記者会見で）

ＮＡＴＯは１９４９年の創設時に交わした北大西洋条約10条で「締約国は、全会一致の合意により、本条約の諸原則を促進し北大西洋地域の安全保障に貢献することができる他のいかなる欧州の国も本条約に加盟するよう招請することができる」と定めた。

ＮＡＴＯ加盟を求める権利は条件さえ満たせばどの国にもあるという、後に「門戸開放（オープンドア）政策」として知られる原則が、民主的で開かれたＮＡＴＯにはある。非メンバーのロシアが介入できる問題ではないという主張が繰り返されてきた。

それでも、ドイツ再統一という歴史的事業を前にして、ソ連を説得するための取引はあったのだろうか。結論から先にいえば、そうしたことを示す発言は米欧側に確かに何度もあった。「１インチたりとも東には拡大しない」というプーチン氏の発言も、ベルリンの壁崩壊から間もない１９９０年２月９日の会談で、ドイツ統一のための取引を探っていたベーカー米国務長官（当時）がゴルバチョフ・ソ連書記長（当時）に語った以下の言葉から引用されている。

「もし米国がＮＡＴＯの枠組みでドイツでのプレゼンスを維持するなら、ＮＡＴＯの管轄権もしくは軍事的プレゼンスは１インチたりとも東方に拡大しない。そうした保証を得ることは、ソ連にとってだけでなく他のヨーロッパ諸国にとっても重要なことだ[2]」

テキサスA&M大学准教授のジョシュア・R・I・シフリンソン氏は米誌『フォーリン・アフェアーズ』で、こうしたベーカー氏の会談記録を検証し、以下のように指摘した。

「『NATOゾーンの拡大は受け入れられない』と言うゴルバチョフ大統領に、ベーカーは『われわれも同じ立場だ』と応えた。公開された国務省の会議録によれば、ベーカーは2月9日のシェワルナゼとの会談でも『NATOの管轄地域、あるいは戦力が東方へと拡大することはない』と明確な保証を与えている。この意味ではNATOを東方に拡大させないという約束は明らかに存在した」[3]

西ドイツのコール首相も翌2月10日にモスクワで開いたゴルバチョフ氏との会談で、同様の約束をしている。

シフリンソン氏が指摘したように、ゴルバチョフ・ベーカー会談と同じ2月9日に開かれたベーカー氏とシェワルナゼ・ソ連外相による会談の米国側の会議録にもそうした発言が認められる。特に「明確な保証」に相当する部分では、「鉄壁の」を意味する「iron-clad」という形容詞を使って「iron-clad guarantees（鉄壁の保証）が、もちろんなければならない」と強調された。

自国の統一にかかわる論争だけに、ドイツでも関心が高い。独『シュピーゲル』誌はウクライナ軍事侵攻が開始された２０２２年2月24日の直前の同月18日、１９９１年3月にボンで開かれた米英仏独の外務省幹部の会合で、NATO東方拡大を「受け入れられない」ことに同意したとする新たな外交文書が発見されたと報じた。

シフリンソン氏は前掲の論文で「国際政治におけるインフォーマルなコミットメントに効力があることは研究者も政策担当者も長く認めてきた」と指摘し、「ドイツ統一に合意すれば、米欧は（東方への拡大を）自制するとモスクワが考えたとしても無理はない」と結論づけた。

ロシアにとってみれば、ＮＡＴＯの東方不拡大について「だまされた」と主張できる一定の根拠は確かにあった。ただ、シフリンソン氏も指摘しているように、当然ながら、ＮＡＴＯ東方不拡大の約束があったからといってウクライナ南部クリミア半島の一方的併合や東部紛争、２０２２年のウクライナへの侵略が正当化されるわけではない。

拡大を容認したロシア

米国がなぜＮＡＴＯ東方拡大の方針に転じたのかは、別に詳細な議論が必要になる。ここではロシア側の責任問題も指摘しておきたい。前段で「一定の根拠」と慎重な書き方にとどめたのは、ロシア側にも大きく分けて3つの点で落ち度が認められるからだ。

第1に、「口約束」はあっても、拘束力のある文書は作成されていない。プーチン氏も２０１７年放映の米映画監督オリバー・ストーン氏によるインタビュー作品で次のように認めた。「これは文書には定められていない。もはやゴルバチョフ氏側のミスだ」。文書化されておらず、米欧側に履行義務が発生したと主張するには法的根拠が十分ではなかった。[4]

第2に、ロシア自身がＮＡＴＯ拡大に道を開く重要な文書への署名に応じていた。東方拡大が始まる約2年前の１９９７年5月にＮＡＴＯとの間で署名された「ＮＡＴＯとロシア連邦の相互関係、協力、安全保障についての基本議定書」には次のような文言が盛り込まれた。

「基本議定書の規定は、ロシアあるいはＮＡＴＯに、互いの側の行動に関していかなるかたちでも拒否権を付与しない、またロシアとＮＡＴＯが独立して決定を採択し行動する権利を侵害することなく、制限もしない」

同時に基本議定書では、ロシア側の懸念にも一定の配慮がなされた。ロシアが2021年末の欧州安保に関する米国やNATOへの提案で改めて持ち出す安保の原則が、以下のように明記されていた。「欧州大西洋共同体のすべての国々の安全保障は不可分であるとの原則にのっとり、ロシアとNATOは欧州での共通の包括的な安全保障の確立にともに貢献していく」

さらに、ロシアの懸念に配慮して「NATOの加盟国は新しいメンバーの領域に核兵器を配備するための意図や計画、理由を持たないと確認する」との文言も盛り込まれた。

ソ連崩壊後の経済混乱が続いていた1990年代後半、ロシア経済は米欧からの多額の投資や金融支援、世界貿易機関（WTO）加盟問題など、米欧の協力なしには立ち行かない状況にあった。「NATOの東方拡大は誤りだ」として「基本議定書」への署名に抵抗していたエリツィン大統領（当時）だが、クリントン米大統領から説得され、折れざるをえなくなった。

2018年にクリントン電子図書館（Clinton Degital Library）に公開された外交文書によれば、1997年3月21日、ヘルシンキで開いた米ロ首脳会談で、エリツィン氏は「基本議定書」をめぐる米ロ交渉で前進があり、基本的に署名するとの意思を確認しながらも、渋々と発言した。「望んでいるからではない、これは強制された行動だ。いまは他に仕方がない[5]」

第3の問題は、ロシアの民主化路線からの逸脱だ。ロシアは「基本議定書」で「民主社会の建設と政治的、経済的転換の実現を継続する」と約束したが、NATO側から見れば、とてもそうは見えなかった。

チェチェン紛争（1994~2009）での人権侵害、それを告発した記者アンナ・ポリトコフスカヤ氏の射殺事件（2006）、ユーコス事件、英国に亡命した元スパイのアレクサンドル・リトビ

ロシア西部スモレンスク州の「カティンの森」には追悼施設が整備されている（2023年10月）

ネンコ氏の毒殺事件（２００６）……。

ソ連末期にゴルバチョフ氏が推し進めたグラスノスチ（情報公開）やペレストロイカ（再構築）という政治改革がもたらした民主化の流れはどこに行ったのか。ロシアのエリツィン初代大統領とプーチン氏が約束していた民主化は、混乱の１９９０年代を経て逆行したように見えた。ロシアに民主化を、そして西側の価値観に近づくよう期待した米欧諸国にとっては、民主主義とは正反対のロシアの異質性を示す事件は後を絶たなかった。

第２次世界大戦を境にソ連の支配下で苦しんだ東欧諸国の対ロシア不信と遺恨も、きわめて根深いものだった。１９４０年春に起きた「カティンの森事件」を挙げるまでもない。ソ連西部スモレンスク近郊の森でポーランド軍の捕虜がソ連秘密警察により大量虐殺され、秘密裏に埋められた凄惨な事件だ。

東西冷戦でソ連に「占領」された東欧の国々

では、多くの人々が政治弾圧の犠牲になった。民主化の機会を失い、西欧のような自由主義経済が発展する可能性も奪われた。1990年代から旧ソ連・バルト諸国の首脳や高官とインタビューを繰り返すなかで、ロシアの反発にもかかわらず、東欧諸国がNATO加盟を求めるのはやむを得ないことだと認識させられた。再びソ連の恐怖支配に引き戻されることがないという安全保障を獲得することは、いずれの国でも悲願となっていた。

一方、ロシアにはロシアなりの主張があった。東西ドイツの統一に同意し、ワルシャワ条約機構やソ連の解体を受け入れ、欧州と世界の新たな安保構築に貢献したという自負もあった。プーチン氏のミュンヘン演説は、そうしたロシアの訴えを浮き彫りにしていた。

NATOの東方拡大と同じころ、ロシアと米欧は中東や旧ユーゴスラビアなど国際情勢でも対立を先鋭化させていった。「欧州共通の家」の建設を呼びかけたプーチン氏のなかで、米欧に対する不信感と落胆が広がった。

ウクライナ侵略の脅し

ミュンヘン安保会議でプーチン大統領が口にした懸念は、翌2008年4月2~4日にルーマニアのブカレストで開催されたNATO首脳会議で現実のものとなった。旧ソ連のウクライナとジョージアの加盟候補国入りこそ見送られたものの、3日に発表された共同宣言に「われわれはきょう、これらの国々がNATOのメンバーになることに合意した」との明確な文言が盛り込まれた。

首脳会議に続いて4日には、NATOロシア理事会の非公開の会合が開かれた。強い危機感を抱いてブカレスト入りしていたプーチン大統領は会合で、米国のジョージ・ブッシュ大統領にこう怒りをぶちまけた。

「君は分かっているはずだ、ジョージ、ウクライナというのは国家でさえないのだ！　ウクライナとはいったい何か、その領土の一部は東欧であり、大部分はわれわれによって贈られたものだ」

２００８年4月7日付電子版でこう詳報したロシアの有力紙コメルサントは、「ウクライナがもしＮＡＴＯに加盟すれば、統一国家として存在することはまったくできないと示唆した」と指摘した。

つまり、プーチン氏はこのとき、ロシアがクリミア半島とウクライナ東部をいずれ奪取する可能性があると脅したに等しい。２０１４年のクリミア半島併合と東部紛争、続く２０２２年2月の軍事侵攻で実際に起きたことが、すでに警告されていた。[6]

プーチン氏は、ロシアにとって譲れない一線を示す「レッドライン」を明確に引いた。前年のミュンヘン演説でＮＡＴＯ拡大に猛反発したプーチン氏は1年後、さらに具体的に、ウクライナのＮＡＴＯ加盟が迫れば、何が起きるのかをはっきりと示した。プーチン氏がすでにその決意を固め、クリミア半島と東部を奪取する計画を秘めていたことを示唆する。

ウクライナのＮＡＴＯ加盟にはプーチン氏だけでなく、１９９９年末までロシア大統領だったエリツィン氏も強い危機感を抱いていた。前述した１９９７年3月21日、ヘルシンキで開いた米ロ首脳会談に話を戻す。

エリツィン大統領はクリントン米大統領に、最後までＮＡＴＯの東方不拡大を定める法的拘束力のある文書への署名に応じるよう求め、最後の取引を試みた。

「ひとつ、きわめて重要なことがある、（ＮＡＴＯの東方）拡大が旧ソ連諸国を含まないことだ。この文言がなければ私はいかなる合意にも署名できない。特にウクライナだ」

NATOの東方拡大を阻むことは重要だったが、とりわけ旧ソ連諸国の非加盟の確約を取り付けておくことが不可欠だった。なかでもエリツィン氏はウクライナに言及した。プーチン氏だけでなくエリツィン氏も、ロシア社会が将来にわたり、ウクライナのNATO加盟にどれだけ強く反発するかをよく分かっていた。

行き着く先は悲劇だ。ロシアがウクライナに軍事侵攻する危険を明言したわけではないが、エリツィン氏は同様のリスクがあることもよく認識していた。そして、この要求をクリントン米大統領は拒否した。

プーチン氏は2022年2月の軍事侵攻の直前まで、これらの要求に固執することになる。欧州安保に関する米国とNATOへの提案に盛り込んだ。

NATOの東方拡大をめぐるロシアとの対立については、軍事侵攻の開始から1カ月半ほどたった2022年4月7日、クリントン氏自身が米誌『ジ・アトランティック』への寄稿で解説している。[7] NATO拡大が軍事侵攻を引き起こしたとする批判にこう反論した。

「それ（軍事侵攻）が起きたかどうかはNATOよりも、ロシアが民主主義でいられたかどうか、ロシアが21世紀に自らの偉大さをどう定義するかにかかっていた」

「ロシアの民主主義の失敗とその報復主義への転換は、NATO本部があるブリュッセルで引き起こされたのではない。モスクワでプーチン氏によって決定された。彼はロシアの情報技術（IT）のすばらしいスキルを使って、シリコンバレーの競争者を生み出し、強く多様化した経済をつくり出すことができたはずだ。代わりに彼はこれらの能力を独占し、武器に変え、国内で権威主義を促進し、欧州や米国の政治に介入する手段も含めて国外に大混乱を引き起こすと決めた」

米国らしい反論といえるだろう。ロシアが米欧や日本のように民主主義への道を歩むことができたはずだ、とみなしている。米欧の多くの人々がクリントン氏と同じような考えや感想を持っているかもしれない。

だが、クリントン氏は論文で自己正当化を急ぐあまり、ロシアの根深い保守主義や民主主義の伝統の欠如、米欧に対する歴史的な不信感、1990年代の経済改革の失敗といういくつもの問題を見過ごしている。プーチン氏ひとりの決定の問題でもなかった。クリントン氏の寄稿にはまた、ロシアからは「誤り」としか思えない箇所も散見される。例えば、以下のような部分だ。

「確かに、NATOはロシアの反対にもかかわらず拡大したが、拡大は米国とロシアの関係を超えた問題だった」

「私はロシアが正しい選択をして、21世紀の偉大な民主主義になれるようできる限り助けた」

NATOを拡大しないという口約束は、すでに検討したように、米国だけでなく英仏独といった主な欧州諸国がロシアに伝えていた。東西ドイツの再統合の前後にはNATO主要国の総意が存在していたと見られ、「米国とロシアの関係を超えた問題」だから拡大するしかなかったという主張は説得力に欠ける。NATO加盟を悲願とする中・東欧諸国の声と米欧の勢力拡大の目的が一致し、東方拡大に方針転換したというのが、事実に近いだろう。

「21世紀の偉大な民主主義になれるようできる限りのことをした」という反論も、ロシアでは、そうは受け止められていない。ソ連崩壊後、多額の支援融資を実施した国際通貨基金（IMF）や米欧の指導を受けてロシア政府が断行した市場化への急進的な経済改革は、資本主義の基盤を持たないロシアの実情を無視していた。

ユーコスの身売り話を出すまでもなく、米欧企業は巨大なロシア市場で改革よりも最大限の利益をあげようとしたとみなされた。その反動が一因となり、プーチン政権とロシア国民の保守化や国家主義、反米欧への回帰が起きたことは否めない。

幻想の終わり

2000年代の終わりに米欧との溝は深まった。不信感にとらわれたプーチン氏の変化について、パヴロフスキー氏はこう解説する。

「プーチン氏は、ロシアが米欧の体制に統合されるという提案を受け取ることを長い間待っていた。ロシア側からも、メドベージェフ大統領（当時）が2008年、欧州大西洋地域の安全保障体制を合同で確立しようと提案したが、それが最後だった。ロシアがNATOに事実上加盟することを意味していたが、回答はなかった。プーチン氏はロシアがNATOやEUには結局、入れてもらえないと理解した。ロシアだけで自立できる国になる準備に着手することになる。特に軍事面での準備に。何よりも軍事的強化に解決策を見いだした」

プーチン氏のなかで「欧州共通の夢」への幻想は失われつつあった。ロシアは米欧が主導する安全保障の国際秩序から閉め出されたと感じた。米欧はもともと、ロシアを受け入れるつもりはなかったとの結論に至った。

プーチン氏は、西欧とロシアの統合は夢物語にすぎなかったと思い知った。当初、その実現を試みようとしたプーチン氏は、冷戦後に米欧とロシアが政治的、経済的に統合を果たすことを信じようとしたソ連のゴルバチョフ書記長と同じく、現実を見誤っていた。パヴロフスキー氏が指摘した軍事力強化への方針転換の成果はのちに、2018年3月1日の年次教書演説で明らかにされることになる。

プーチン氏は2008年3月の大統領選には出馬しなかった。同年5月、当時はリベラル派だと見られた旧友のドミトリー・メドベージェフ氏に国家元首の座を譲り、俗に言う「タンデム（2頭体制）」を敷いた。

プーチン氏の政治経歴で、2000年代前半がチーホン師やイワン・イリインの思想を媒介として保守的な思想になじんだ時だとすれば、2000年代後半からは米欧との溝の深さに失望し、保守強硬に路線を転じる準備段階に入る。首相に就いたプーチン氏は、米欧との統合を断念しただけでなく、米欧の政治や経済体制に幻滅さえ覚えるようになっていた。パヴロフスキー氏の発言に戻る。

「首相時代にプーチン氏の戦略が変化していった。2008年に起きた世界金融危機で、プーチン氏は米欧に対する評価を下げた。それまで、特にブッシュ政権（2001〜09年）のときには『米国好き』といえるほどだったが、米国にも対処できないことがあると分かった」

2008年9月、米投資銀行リーマン・ブラザーズの経営破綻をきっかけに金融危機がまたたく間に世界に広がり、多くの国の経済を混乱に陥れた。ロシアも例外ではなかった。ロシア経済はプーチン政権が発足した2000年から9年連続で平均して年約7％の高い経済成長を誇ったが、2009

年には7・8%のマイナスに転落した。プーチン政権の基盤強化を支えた石油価格が下落し、国外への資金の流出が止まらなくなった。

NATOの東方拡大で米欧に失望したプーチン氏は、世界金融危機をきっかけに米欧の経済システムを信頼することもやめた。特に、当時の米欧の政権に影響を与えていた新自由主義(ネオリベラリズム)への反発を強めた。

第2章で考察したように、市場競争を重視し、政府の介入をできるだけなくそうとした新自由主義にもとづく経済運営は、プーチン氏が傾倒するようになったロシアの保守的な価値観と鋭く対立していた。

リーマンショックは、企業利益を追求するあまり、放漫な住宅ローンの貸し付けに走った米金融界に原因があった。それだけに、プーチン氏の目には、個人の欲望を制御できない新自由主義の欠陥が明白になったと映った。

2003年のユーコス事件をきっかけに、プーチン政権はすでに経済活動での国家の役割を重視する国家資本主義へと傾いていた。個人主義ではなく集団的な価値に重きを置き、市場原理ではなく経済活動への国家の介入を拡大していた。

その結果、ロシアが米欧などに比べて、金融危機の悪影響が小さかったことも国家資本主義の経済運営への自信につながった。一方、米欧には、ロシア経済がソ連の統制経済に戻ろうとしているように見えていた。

プーチン政権は資本主義を堅持すると約束しながら、米欧の巨大資本からロシア経済を守り、国民に利益を配分するなどと利点を訴えていた。聞こえはいいが、実態はプーチン政権による経済支配に近かった。プーチン氏は信頼する旧友や元同僚らを使って、主要な経済活動を自らの手で操ることをますます好むようになった。

経済の国家管理は天然資源だけでなく、金融や農業、ＩＴ（情報技術）まであらゆる基幹産業に及んだ。独禁対策庁は２０１９年５月の報告書で、国内総生産（ＧＤＰ）に占める国家部門の割合が６～７割に達した可能性があると警鐘を鳴らした。巨大な国家部門は原油など資源輸出で稼いだ巨額の資金を集中的に投資し、経済を維持するメリットがあったものの、その肥大化は民間の活力を奪い、政財官の癒着を招いていた。

「米国好きブルジョア」の反動

先のパヴロフスキー氏の引用のなかで「ブッシュ政権のときには『米国好き』といえるほどだった」という発言は、少し奇異に思われるかもしれない。ＫＧＢ出身の元スパイが「米国好き」とは、いったいどういうことだろうか。

ソ連末期、若きプーチン氏はＫＧＢでドイツ語の訓練を受けた後、30代前半から5年近く東ドイツのドレスデンでスパイとして勤務した。プーチン氏自身の回想によれば、ロシアに比べれば豊かであり、華麗なバロック建築や美術館など欧州文化の香る外国の都市で、リュドミーラ夫人とともに質素ながらも楽しい生活を送っていた。プーチン氏はドイツ語の高い能力とドレスデンでの外国生活で、西欧社会を理解するための素養を身につけていた。

パヴロフスキー氏は２０００年に大統領に就任したプーチン氏について「性格的には典型的な都会のブルジョアであり、軍のボスといった風情ではなかった」とも評した。「都会のブルジョア」という見立てには、高給を手にして気楽な生活を送り、都会的な娯楽を好んでいるといったニュアンスがある。

「都会のブルジョア」というプーチン氏の性格に関して、パヴロフスキー氏はまた、大統領になっても「彼はたくさん働くのが好きだというタイプではなく、働きすぎると疲れてしまうような人間だった。いまでは変わったのだろうか」と興味深いコメントを残している。

パヴロフスキー氏はさらに、プーチン氏が最高権力に仕える保安機関の元スパイにしては権威主義的な色に染まらず、ソ連の中枢にあるKGBという組織に縛られるようなところもなかったと見ていた。

「プーチン氏はとても珍しい元KGBスパイだった。私は多くのKGB職員とかかわってきたが、あのような人間は見たことがない。彼はKGBの束縛から逃れ、いつも自由で、健全なユーモアのセンスがあった。当時は権威主義的でもなかった。政権に批判的な議論にも前向きに耳を傾けていた」

米欧ではプーチン氏に「元スパイ」のレッテルを張りたがるが、パヴロフスキー氏の見立てでは、それは必ずしも正しくない。大統領に就任したころは強権的ではなかったし、かつて敵であった米国との良好な関係をつくろうとする柔軟な思考を持ち合わせていた。

エリツィン氏を継いで第2代ロシア大統領となった2000～08年、確かにプーチン氏は権威主義的な傾向を強めていくが、それはKGBの元スパイだったからではない。1990年代のエリツィン政権によって大統領権力が強大化されたロシア憲法や、プーチン氏をかつぐ側近たち、皇帝《ツァーリ》による専制の長い歴史に、プーチン政権が持つ権威主義的傾向の源泉を見いだすべきだ。

それを助長した一因は、米国への不信感と国際問題をめぐる米欧との対立にある。ロシアにとって、西欧は歴史的な敵対者だった。

「ＫＧＢから自由だった」というプーチン氏の気質は、１９９０年代初めにプーチン氏がＫＧＢにあっさりと辞表を提出したことからも分かる。東西冷戦の終結とソ連末期の混乱で機能不全に陥りつつあったＫＧＢを見限り、大学時代の恩師だったサプチャク氏がトップを務めるレニングラード（現サンクトペテルブルク）市の幹部に転じた。プーチン氏自身、インタビュー集『プーチン、自らを語る』で、モスクワのＫＧＢ本部で働く話をもちかけられたものの、ＫＧＢに「未来はない」と断ったと述べている。

「米国好き」と称されたプーチン氏にとって、超大国を率いる、いわば世界最大の権力者のブッシュ米大統領に見習うべき点も少なくなかった。衰退したとはいえ、ロシアもかつての超大国だ。プーチン、ブッシュ両氏は当初、馬が合っているように見えた。

２００１年6月、スロベニアのリュブリャナで初めてプーチン氏と会談した後、ブッシュ氏は「私は彼の目をのぞき見て、彼の魂を感じることができた」「信用できる率直で立派な人間だ」と語っている。

だが、ブッシュ氏とプーチン氏の接近は長続きしなかった。ブッシュ政権が、国際協調を軽視して力に依存して米国の利益を追求する「単独行動主義（ユニラテラリズム）」を強めると、プーチン氏の「米国好き」も消えていく。

逆にプーチン氏は、ロシアの国益や安全保障が無視されたとして「反米」へと傾いた。当初は米欧との統合という新たな関係の構築に期待をかけていただけに、その反動も大きかった。

プーチン氏が〝切れた〟リビア空爆

NATOの東方拡大や世界金融危機に続いて、プーチン氏に「反米」を決意させた国際問題がある。2011年3月、米国とNATOの同盟国が強行した中東のリビア空爆だ。

権威主義的な政権が民衆のデモによって打倒される「アラブの春」の大波が、チュニジアやエジプトに続いて、リビアにも押し寄せていた。ムアンマル・カダフィ大佐による独裁体制の打倒を求める民衆の抗議運動が拡大し、激しい弾圧を受けていた。

これに対し、米欧諸国はデモの参加者を救う目的で、国連安保理決議にもとづく軍事介入に踏み切った。カダフィ政権の拠点を激しく空爆し、同年8月に崩壊させた。カダフィ大佐は10月、民兵により拘束され、死亡した。血まみれになって処刑される映像が流れ、世界に衝撃を与えた。

ロシアはリビア空爆を容認した3月17日の国連安保理決議の採択で、中国などとともに棄権した。当時、プーチン氏は首相であり、棄権の判断を下したのは、米欧との関係改善に望みをつないでいたメドベージェフ大統領だった。この時の安保理決議をめぐって、空爆の開始直後からメドベージェフ、プーチン両氏の間には亀裂が走った。

決議採択から4日後の3月21日、プーチン氏は公の場で「中世の十字軍の招集」を想起させると述べ、強い不快感を示した。続く、4月26日には、リビア空爆への反発の理由を具体的に次のように語った。

「（多国籍軍は）カダフィ氏の殺害を望まないと言っていた。いまや、何人もの高官が『そうだ、抹殺するつもりだ』と述べている」「(カダフィ大佐が) どのような人物であったとしても、人を処刑する権利があるというのか」

3年後の2014年4月17日、クリミア併合後に行った国民との直接対話では「そこから不信感が生まれた」と語り、リビア空爆が米欧との関係が悪化する転機になったと主張した。

一方、2008年5月に就任し、プーチン氏よりもリベラル寄りと見られたメドベージェフ政権は、翌2009年1月に発足した民主党のオバマ米政権との間で両国関係の立て直しを探っていた。当時、米ロ関係は2008年8月にジョージア領内で起きた南オセチア紛争をめぐり、急速に悪化していた。

2009年3月6日にはクリントン米国務長官とラブロフ・ロシア外相がジュネーブで米ロ外相会談を開き、笑顔で黄色と赤色の「リセット (再起動) ボタン」を押すパフォーマンスを演じて見せた。米ロ関係をやり直そうという国家方針の表明だった。

二大核保有国の米ロは、特に核軍縮の分野で前進を見せた。翌2010年4月8日に、プラハでオバマ、メドベージェフ両大統領が戦略核弾頭とその運搬手段の数を削減すると定めた新戦略兵器削減条約 (新START) に署名した。メドベージェフ政権は、2009年4月にオバマ氏が「核兵器のない世界を追求する」と表明した歴史的なプラハ演説に応える融和的な姿勢を見せた。

ところが米ロの「リセット」は長続きしない。「アラブの春」で米欧は中東各国の民主化を支持し、リビアに軍事介入した。プーチン氏は前述の直接対話で、リビア空爆についてこう言い放った。「まさにそこで当時の『再起動』も終わったのだ」

プーチン氏が米欧に対して〝切れた〟理由を、リビア空爆だけに求めることはできない。1999年にはNATO軍がユーゴスラビアでのセルビア系住民による民族浄化を阻止するとして「ユーゴ空爆」に踏み切った。2003年には米英など「有志連合」がフセイン政権を打倒したイラク戦争が続いた。いずれも、国連安保理の決議を受けておらず、ロシアや中国は反対していた。

プーチン氏は、米欧による権威主義国家への一連の軍事介入に危うさを感じ取った。2004年のウクライナの「オレンジ革命」や2003年のジョージアの「バラ革命」でも、米欧が親欧米派の抗議デモを支援していた。旧ソ連諸国や中東諸国への「内政干渉」は、いずれロシアにも及ぶのではないか――。

親ロシアのセルビア

プーチン氏はとりわけ「ユーゴ空爆」に激しい反発を示してきた。「もっともらしい口実をつくってユーゴスラビアを破壊した、これはだれがやったのか。ベオグラード（旧ユーゴスラビアの首都）を爆撃し、欧州の中心で戦争を引き起こしたのはだれか」。プーチン氏は2022年9月7日、ウラジオストクで開いた東方経済フォーラムでの演説で、こう米欧批判を展開した。

ウクライナ軍事侵攻を正当化しようとしていると日米欧のメディアでは解釈されるが、それだけではない。民族的、宗教的な背景があるからだ。「ユーゴ空爆」の対象となったセルビア人とロシア人は同じスラヴ系であり（セルビアは南スラヴ民族、ロシアは東スラヴ民族に分類される）、同じく正教徒が大半を占める国だ。

19世紀にロシアは「汎スラヴ主義」を掲げて、オスマン帝国の支配下にあったスラヴ系諸民族の独立運動を支援した。バルカン半島の主要な民族のひとつであるセルビア人にはとりわけ肩入れした。第1次世界大戦でも、サラエボ事件をきっかけにオーストリアから宣戦布告されたセルビアを支援するため参戦した。「ユーゴ空爆」への批判を繰り返すプーチン氏にも、バルカン半島でロシアの影響力を維持するとともに、ロシア人の民族感情に訴える内政的思惑があった。

一方、セルビア人の間でも、高齢者や保守層を中心にロシアへの親近感が残る。ベオグラードの市中心部の公園ではいまも、第2次世界大戦期に独立運動を率い、ユーゴスラビア社会主義連邦建国の英雄となったチトー元大統領とともにプーチン氏の似顔絵をあしらったTシャツが売られている。

セルビアはウクライナ軍事侵攻でもロシアに理解を示し、米欧の対ロシア制裁には加わらなかった。「ユーゴ空爆」をめぐってセルビアを支持したロシアへの恩義がある。経済的にも、ロシアから低価格で天然ガスの供給を受けるなど実質的な支援を受けている。

ベオグラードに建設された巨大な聖サワ大聖堂

東西冷戦が終結した後のセルビア人とロシア人の境遇にも似たところがある。セルビア人は冷戦期、6つの共和国が形成するユーゴスラビア社会主義連邦共和国で最も人口の多い主要な民族だった。冷戦の終結に伴い、多民族国家のユーゴスラビアでは民族間の対立が激しくなり、内戦に陥った。1991年から2006年までにすべての共和国が独立を果たし、国は完全に解体された。ロシアがソ連を失ったように、セルビア人もユーゴスラビア消滅の痛みを味わった。

第2次世界大戦後に発足したユーゴスラビアは、ソ連の社会主義とは一線を画した独自路線を歩み、ソ連とも対立した。それでもソ連崩壊後にセルビアとロシアとの親密な関係が復活した理由のひとつは、正教にある。

宗教を通じた結びつきは、セルビアの正教会の建設にも表れている。首都ベオグラードの中心部にある巨大な聖サワ大聖堂の内装の装飾工事はロシアが支援した。

聖サワ大聖堂は13世紀にセルビア正教会を創設し初代の大主教となった聖人サワの名を冠した。高さが79メートル、広さが3650平方メートルあり、いちどに1万人以上の信者を収容できるという。バルカン半島では最大の正教会の聖堂だ。

建設は19世紀末に決まったものの、外装工事がようやく終わったのは2004年で、100年以上かかった。資金不足のセルビアを助け、2015年からその内装工事を請け負っているのがロシアだ。プーチン大統領の指示であり、ロシア企業とともに多額の資金支援も実施している。

バルカン半島の旧東側陣営の地域では、ブルガリアやルーマニア、モンテネグロ、北マケドニアも正教徒が国民の多数派を占める。ただ、いずれも比較的小さな国々であり、NATOへの加盟を果たした。セルビアだけが親ロシアの正教国家となった。セルビアがEU加盟を希望しながら、いまだ実現が遠いのも、ロシアとの特別な関係にひとつの原因がある。

反プーチン運動

2008年5月から2012年5月まで首相を務めていたプーチン氏にとって、この4年間は米欧

2011年12月24日、モスクワ市内のアカデミカ・サハロフ大通りで実施された反プーチン・デモ。「彼ら（プーチン、メドベージェフ両氏）なき新年を」と書かれたポスターを掲げる女性

への接近をあきらめ、統合路線の断念へと転じる時期となった。当時、外交は表向きメドベージェフ大統領が担っており、プーチン氏の対外姿勢の変化はそれほど表面化することはなかった。

だが、２０１２年３月の大統領選に出馬し、国家元首に返り咲いたプーチン氏はもはや、２００８年までと同じ政治家ではなかった。ソ連崩壊後の１９９０年代、エリツィン政権が進めた政治や経済の自由化を後退させ、保守強硬路線に転換していくことになる。

プーチン政権の保守強硬とは、内政的には伝統的な価値観を擁護する一方、政治の民主化や経済の自由化に反して社会を締めつけることを意味した。外交的には、政権が国益を守るためには米欧との対立も辞さず、武力行使の脅しをかけることさえ拒まなかった。

プーチン氏を最終的に保守強硬へと転換させた事件は、２０１１年12月４日の下院選直後からモスクワやサンクトペテルブルクなど大都市で始まった「反プーチン運動」だ。知識人層や若者を中心にした大規模な反政権運動で、2つの不満が引き金となって拡大した。

1つ目の不満は、下院選でプーチン首相が党首を務める与党「統一ロシア」が大勝したことだ。有権者は、与党の強引な集票活動に不正を読み取った。もっと決定的だったのは、9月24日に開かれた「統一ロシア」の党大会で、メドベージェフ大統領が2012年3月の大統領選挙に同党からプーチン氏を擁立することを提案し、プーチン氏の大統領復帰が確実な情勢となっていたことだった。

米欧に近い価値観を持つようになった都市部の若者や知識人を中心とする有権者は、当時はリベラル色が強いと見られていたメドベージェフ氏の再選を望んでいた。プーチン体制が長期化すれば、汚職や不正がさらにはびこり、強権的な政治や経済の停滞が強まると懸念した。国家の進路を左右する大統領選を前に、プーチン氏に「否」を唱え、強烈な平手打ちをくらわせたかたちになった。

大統領選の前哨戦となった2011年12月4日の下院選から1週間もたたない同月10日、底冷えのするモスクワ中心部のボロトナヤ広場に、プラカードや横断幕を掲げた市民や野党政治家ら10万人以上が集結した。「プーチンは去れ！」「自由なロシアを！」などとシュプレヒコールが沸き起こり、選挙のやり直しを要求した。

ボロトナヤ広場にはデモ参加者が立錐《りっすい》の余地もないほど詰めかけた。シュプレヒコールはまるで地鳴りのように聞こえた。出動した機動隊隊員とデモ参加者の衝突も散発的に起き、騒然たる状況だった。

クレムリンはボロトナヤ広場からモスクワ川をはさんで、直線距離にして数百メートルしかない。プーチン氏は当時、首相であり、別の場所にある政府ビルに勤めていたが、ソ連崩壊以来、最大級の

2012年２月４日、モスクワ市中心部のボロトナヤ広場で前年12月に続いて実施された抗議集会。「プーチンは去れ、ここでは我々が権力だ」とのポスターを掲げた女性たち

政治デモに衝撃を受けた。

プーチン氏は２００５年夏以降、70～90％の支持率を誇っていたが、都市部の実態は全国的な世論調査の数字とは違った。プーチン氏が大統領に返り咲けば、ロシアが歴史的な独裁に回帰しかねないという危うさを感じ取った有権者が、「反プーチン」に立ち上がった。

ソ連末期を思い起こさせる異例の事態だった。

ロシア人は伝統的に権力に従順なはずだった。神への従順さや謙虚さが正教徒たるロシア民衆の美徳の一つだ。皇帝《ツァーリ》もおおむね民衆から敬愛されていた。専制体制が長く続き、農業が産業の中心だった後進国のロシア帝国では、市民社会の形成も遅れた。20世紀初めになっても農村人口は85％を占めた。

民衆の自由が制限されていた歴史も長かった。皇帝アレクサンドル２世が１８６１年に農奴解放令を発した当時、約６７００万人の総人口のうち、農奴は約35％も占めていた。農奴は厳密には奴隷ではないが、貴族ら地主が保有する土地にしばられ、移動や職業選択の自由を持たなかった。売り買いの対象でもあった。

1917年のロシア革命で平等をうたう社会主義のソ連が樹立されても、ソ連共産党による一党独裁によって国民は自由を奪われた。レーニンの後継者となった最高指導者ヨシフ・スターリンが大規模な粛清を行うなど恐怖政治を敷き、全体主義の下で国民生活は厳しく管理された。ソ連国家保安委員会（KGB）が、社会をくまなく監視していた。

ところが、1991年のソ連崩壊から20年を経て、ロシアの都市部では権力に対する意識の変化が起きていた。経済の発展で中間層が育ち、全国民の2～3割を占めるようになった。彼らは旅行やインターネットなどで米欧の情報を簡単に入手し、民主主義や自由主義経済の価値観を尊重するようになっていた。米欧発の娯楽に夢中になったり、留学したりする若者も急増していた。

民主化への道を歩み始めた20年間、都市部の市民は権力への恐怖を克服しようとしていた。ボロトナヤ広場の大規模な集会は市民社会が育ちつつあった表れであり、「反プーチン運動」の大きなうねりは2012年3月の大統領選を越えて同年末まで続いた。

米国の陰謀

パヴロフスキー氏は、反プーチン運動に直面したプーチン氏の変化をこう語る。

「プーチン氏はどんどん疑り深くなっていった。反プーチン運動の背後には、メドベージェフ派か米国か何らかの陰謀があると確信した。彼はこうしたすべての問題を試練としてではなく、脅威とみなすようになった」

メドベージェフ氏は2012年3月の大統領選に出馬する権利をプーチン氏に譲り、プーチン氏との信頼関係は維持された。メドベージェフ氏の再出馬を期待していたアルカジー・ドヴォルコヴィチ大統領補佐官（当時）ら政権内のリベラル派には、保守派に対抗して権力闘争を試みる力はなかった。通算3選をめざすプーチン氏が真の脅威だとみなしたのは米国だった。米国が「反プーチン運動」を主導する野党勢力を資金面で支援し、ジョージアやウクライナで起きたカラー革命の再現をくわだてているとの疑念を募らせた。

プーチン氏が忘れもしない出来事がある。「反プーチン運動」が始まる9カ月ほど前の2011年3月10日、モスクワを訪問していたオバマ米民主党政権のジョー・バイデン副大統領（当時）との会談だ。

その直後、バイデン氏とロシアの野党指導者や人権活動家との会合に出席した反政権派のボリス・ネムツォフ氏は、バイデン氏の会合での発言をこう引用した。

「私がプーチン氏の立場であれば、2012年の大統領選には出馬しないだろう。それは国と彼自身にとって悪いことになるだろう」

ソ連、そしてロシアとの対立の歴史に深く関与してきた米政権のナンバー2が、プーチン氏にロシア大統領選への出馬を思いとどまるよう警告した。プーチン氏から見れば、「内政干渉」に他ならない。しかも、バイデン氏はこのことを、「反プーチン運動」を率いることになる反政権派の幹部たちに向かって明言した。重大なシグナルだった。「反プーチン運動」を教唆したとみなされても仕方のないような発言だった。ロシア有力紙「独立新聞」は、バイデン氏のロシア訪問の目的がメドベージェフ大統領に再出馬を促すことにあったと報じた。

バイデン氏はまた、3月10日のプーチン氏との会談で、きわめて辛辣な言葉を投げている。2014年7月21日、米誌『ザ・ニューヨーカー』に公開されたインタビューで、バイデン氏自ら明かした当時の発言とは以下のようなものだった。

「あなたの目をのぞき見たが、あなたには魂があるとは思えない」

外交儀礼的にありえないような発言だが、10年前にブッシュ米大統領がプーチン氏との会談で語った有名な言葉「私は彼の目をのぞき見て、彼の魂を感じることができた」を逆手にとった発言だった。

このことを瞬時に悟ったプーチン氏も機転をきかせ、笑顔を見せながらこう返答したという。「われわれはお互いを理解している」。このとき、プーチン氏とバイデン氏は「宿命の敵」であると互いに確信したことだろう。

バイデン氏は上院議員として米ソの核軍縮協議に深くかかわり、ロシアやウクライナなど旧ソ連を構成する国々の情勢を深く理解していた。米上院外交委員会の有力メンバーなどとして「ユーゴ空爆」やNATOの東方拡大などを強く支持してきた。

ウクライナ情勢でも、2014年の親欧米派による政変を米副大統領として支援した。2010年代、ウクライナの天然ガス大手ブリスマの取締役に就いた息子のハンター氏を通じてウクライナの利権に関与した疑いがくすぶる。プーチン氏にしてみれば、最も重要な外交問題でロシアの前にたびたび立ちはだかってきた米国の中心にいたのがバイデン氏だった。

一方、「独裁者」との戦いは、生粋の民主党員であるバイデン氏の信念だ。ウクライナへの軍事侵攻が始まってから約1カ月後の2022年3月26日、ワルシャワで演説したバイデン氏は再び、プーチン氏が権力の座にとどまるべきではない、と異例の発言をした。

バイデン氏は、ウクライナ軍事侵攻が迫っていた2021年12月と2023年3月に「民主主義のためのサミット」を開催した。プーチン氏が率いる専制主義国家ロシアや競合する中国との闘いを念頭に民主主義陣営の国々が結束を強めるよう訴えたのは、記憶に新しい。

余談かもしれないが、バイデン氏との会合から4年後の2015年2月27日夜、ネムツォフ氏はクレムリンのすぐそばのモスクワ川にかかる橋の上で何者かに銃撃され、死亡した。エリツィン政権下の1997年から1998年には第1副首相も務めたカリスマ性のある民主派指導者で、プレイボーイとの異名も取る有望な政治家だった。暗殺も女性モデルと食事後に帰宅する途中で起きたという。プーチン政権下で、闇に葬られた数多い反政権派のひとりとなった。

ツァーリの涙

2012年3月4日投票の大統領選は結局、政府組織やマスコミを総動員し、保守層の支持を固めたプーチン氏が63・60%を得票し、圧勝した。2位のロシア共産党党首ゲンナジー・ジュガノフ氏はわずか17・18%にとどまったものの、得票率の差が示すほどには、プーチン陣営にとって簡単な選挙戦ではなかった。

大統領選を前に最高潮の盛り上がりを見せた「反プーチン運動」に、プーチン氏は米国の「陰謀」を見ていた。大統領選で、プーチン陣営の「敵」はジュガノフ氏でも反政権デモでもなかった。最大の「敵」は、国力でロシアをはるかに上回る米国であり、宿敵は対ロシア政策を主導するバイデン氏だった。

プーチン政権は、米国がロシアのプーチン体制の転換をめざし、内政に干渉しているとみなした。「反プーチン運動」の集会に対抗し、国内各地で「プーチン氏支持」の官製集会を開いた。「反プーチン運動」の集会に劣らぬ動員力を見せ、大統領選でのプーチン氏への投票を呼びかけた。支持集会では「外国の操り人形にロシアを渡すな！」といった反米スローガンのシュプレヒコールが鳴り響いた。

大統領選の投票が終わり、プーチン氏が勝利を確実にした3月4日夜。クレムリンと隣り合うマネージ広場で開かれた支持者の集会にメドベージェフ氏とともにプーチン氏が姿を見せた。壇上に立つと、その目には涙が光った。内外のメディアが、普段は感情の揺らぎを見せることのない「ツァーリ（皇帝）の涙」に驚き、また真意を測りかねた。演技ではないかとの見方も出た。

プーチン氏はこのときの「涙」の理由を、風が吹いていたせいだと釈明している。あるいは、その涙は米国を相手に国と自らの命運をかけた選挙戦に勝利したという安堵と高揚感の表れだったのか……。

警察の発表で約10万人の支持者がつめかけたこの集会で、主催者が用意したロシアの無数の三色旗がはためくなか、勝利演説に立ったプーチン氏はこう訴えた。

「われわれは、だれもわれわれに、何であれ、無理強いできないことを知らしめた。だれも、何であれだ！　ひとびとは実際に、新しいことや革新への希望を、ロシアの国家体制を破壊し権力を簒奪《さんだつ》することを唯一の目的とする政治的扇動から、たやすく見わけることができた！　ロシアの民衆は、そうした種類のこと、そうしたシナリオがわれわれの国では起こらないと証明した」

この発言からは、大統領選で勝利して「プーチン体制」を守るという目的と、第3章までに検討したロシアの国家体制を米欧から守るという2つの目的が一致したことが分かる。これ以降、反米の外交と国内の反政権派の弾圧に急速に傾くプーチン政権のなかで、つねにこれら2つの目的が重なり合い、大義名分を与えることになる。

反米の旗幟《きし》鮮明に

大統領選を控えたプーチン氏は、ロシア・メディアで7本の論文を続けざまに発表し、次期政権に向けた政治綱領を明らかにした。外交では米欧との新たな対立に、国内では「反プーチン運動」にそれぞれ直面していた。経済ではリーマンショックが引き起こした世界金融危機の影響が残っていた。7本の論文には、こうした課題の解決策を分野別に有権者に示す目的があり、統一のモチーフは、ロシアを米欧に依存しない「強い主権国家」として再興することにあった。

1月16日付のイズベスチヤ紙に掲載された最初の総論は「ロシアは集中する――われわれが対応しなければならない課題」[8]と名づけられた。これを皮切りに、2月末までのわずか1カ月半の間に、「ロシア　民族問題」「われわれには新しい経済が必要だ」「民主主義と国家の質」「公正さをつくり上げること。ロシアにとっての社会政策」「強くなる　ロシアにとっての国家安全保障」「ロシアと変わる世界」の合計7本が発表された。

総論となる最初の論文「ロシアは集中する――われわれが対応しなければならない課題」は、ロシアを取り巻く内外の環境変化、特に「反プーチン運動」に対する直接の回答となった。ロシア帝国を打倒した革命やソ連崩壊のような大混乱を避け、何よりもまず国家の発展に向けた「安定」を確立しなければならないと訴え、次のように団結を呼びかけた。

「そうした状況のなかで直近の課題となるのは、真の国家統一、言いかえれば、その全領土にロシア国民の主権を確立することだ」。プーチン氏は、第3章で取り上げた思想家のイワン・イリインが説いたように、あらゆる試練を迎えた国家の再興に「統一」が必要だと強調した。

プーチン氏はイリインやロシア正教の原理主義者チーホン師と同じく、ロシアという国家の文明モデルの使命も認識し、こう発信する。「ロシアはその文明モデル、偉大な歴史、地理、文化的遺伝子により課せられた役割を果たすことができるだけでなく、立派に果たさなければならない」

プーチン氏によれば、ひとつの文明モデルであるロシアの国家基盤のなかには「欧州文明の土台と東洋との長い相互関係の経験が内在的に結びついている」。さらに、ロシアがその文明モデルにふさわしい「権威と国力を再興しなければならなかった」と結論づけ、大国復活への決意を表明した。国民が「真の統一」を果たし、「権威と国力」を取り戻すことが、国民生活の大幅な改善や民主主義の発展に結びつくと指摘した。

続く2本目以降の論文で、プーチン氏は2000年代から準備していた国家建設への具体論を展開していく。

最初の論文から1週間後の1月23日、ロシア紙上に発表された第2の「ロシア　民族問題」では、多民族国家であるロシアの統一強化を唱えた。この論文で次のように引用したのもイリインだ。

「異なる地を根絶やしにせず、抑圧せず、隷属させてはならない、他の種族の正教とは異なる生命を窒息させてはならない、すべてを呼吸させ、偉大な祖国により、すべての人を守り、すべての人を和解させ、すべての人に自分たちの信仰を許し、自分たちの流儀で働くことを許し、至るところから最良の人々を国家的、文化的建設にいざなうべきだ」

ロシアは１９９０年代から２０００年代にかけて、南部での民族紛争でチェチェン共和国が連邦からの離脱を試みる事態に直面した。そうしたロシア解体のリスクを認めるプーチン氏はイリインと同じく、多民族社会でありながら「統一した国民」であるという帝国的な調和のなかに、ロシアの国家存続と発展への解決策を見いだそうとする。

４本目の「民主主義と国家の質」では、「反プーチン運動」に応える形で、国民に主権のある民主主義を実現し、選挙制度や政府を刷新しようと呼びかけた。

さらに６本目の論文「強くなる　ロシアにとっての国家安全保障」では、現代的な「新しい軍」の建設を掲げた。最後の「ロシアと変わる世界」では、ＮＡＴＯの加盟国や軍事施設の東方拡大、軍事力を用いた内政干渉が非難された。特に自らの「絶対的不可侵性」を誇る米国が「問題の本質だ」と厳しく批判した。２０２２年2月のウクライナ軍事侵攻を招いた欧州安保をめぐる米欧との協議にも重なる自論を展開した。

7本の論文は全体として、反米の旗幟《きし》を鮮明にしながらも、「真の民主主義」をつくることができると訴えている。プーチン氏がこれらの論文を発表してから10年あまり、反米は加速したが、民主主義の実現は遠のいた。

保守主義宣言

プーチン氏は大統領復帰後、初めて行った２０１２年12月12日の年次教書演説で次のように表明し、ロシアの伝統的な保守主義への回帰を示唆した。ロシアの保守主義を米欧への対抗軸とする準備に入った。

「21世紀の世界で経済的、文明的、軍事的な新しい状況が生じるなか、ロシアは主権を持った影響力のある国でなければならない。われわれはただ自信を持って発展していけばいいというのではなく、自らの国民的、精神的アイデンティティーを保持し、国家として自らを見失うことがないようにしなければならない。ロシアであり続けなければならない」

このとき、プーチン氏はまだ「保守主義」という言葉を使っていないが、「国民的、精神的アイデンティティーを保持」という発言で示唆した。政権の方針と国家のあり方を定める政治概念として「保守主義」を初めて標榜したのは、1年後の2013年12月12日に行った年次教書演説だった。

「世界でますます多くの人が、何千年にもわたって文明と各民族の精神的、倫理的基盤をつくってきた伝統的価値を守るというわれわれの立場を支持するようになっていることを知っている、それは伝統的な家族の価値観であり、真の人間的生活、宗教的であり、単なる物質的なものではない精神的な生活、ヒューマニズムや世界の多様性という価値観を含んでいる。もちろん、これは保守主義の立場だ」

この2013年の年次教書演説で、プーチン氏は統治の理念として「保守主義」を掲げた。同時に、保守主義を米欧の内政干渉に対抗するための政治手段としても提示した。プーチン氏は「保守主義の立場だ」と述べた後、こう主張した。

「われわれは近年、より先進的であるかのような発展モデルを他国に押しつけようとする試みが、実際には退化や野蛮さ、大量の流血へと転じるのを見てきた。中東や北アフリカ諸国の国々でそうしたことが起きてきた。そうした劇的な状況がシリアをめぐっても形成された」

「反プーチン運動」は２０１２年末までにほぼ鎮圧されていた。２０１３年末までの約１年間にプーチン氏は、政権の安定の回復に再び自信を深めていた。同年12月の年次教書では、攻守ところを変え、明らかに攻勢へと転じようとした。

その核となるのが、ロシアの伝統的な保守主義だった。米欧型の自由・民主主義に異を唱え、米欧主導の秩序に再び挑戦状を突きつけた。プーチン氏やロシアの保守派にとって米欧の自由主義は万能な処方箋ではなく、ロシア社会にはむしろ有害なものに見えていた。民主化を他国に強要する内政干渉も、同じく否定すべき対象だ。

カトリックに発する西欧社会への対抗軸であり、別の選択肢を提示し続けるというビザンチン帝国から受け継いだロシアの歴史的な使命が姿を見せた。その帰結として、ロシアの主権と伝統的な価値観を守るという保守主義は、リベラル派の市民と米欧の影響力の排除へと向けられた。対外的には、米欧との激しい対立を招くことになった。

大統領に返り咲いたプーチン氏について、パヴロフスキー氏はこう指摘する。

「大統領への復帰後、ロシア政治は大きく変わっていった。それまでの12年間、完全な民主主義はなかったものの、プーチン氏とメドベージェフ氏は市民社会の理念を保持していた。しかし、プーチン氏は大統領の通算３期目に入ると、社会を多数派と少数派とに分断して統治しようとした。彼はリベラルな少数派に対立して、多数派の代表者として自ら振る舞った」

プーチン氏は「保守主義」について、幅広い層の支持を獲得しようと「健全な保守主義」「穏健な保守主義」といった言葉で説明したが、実態は「保守強硬」への転換だった。

「反プーチン運動」に立ち上がったリベラル派の市民や活動家に対して、「弾圧」ともいえる厳しい姿勢で取り締まった。2012年には外国の資金を得て活動する非政府組織（NGO）や個人を取り締まるための「外国の代理人（エージェント）法」を施行した。反政権とみなす団体や個人を次々と「外国の代理人」に認定し、活動を制限した。

2020年8月には「反プーチン運動」で頭角を現していた反体制派の人気ブロガー、アレクセイ・ナワリヌイ氏の毒殺未遂事件が起きた。プーチン政権が帰国しないよう警告を発していたにもかかわらず、翌年1月に反政権運動を貫徹するため療養先のドイツから戻った。

ナワリヌイ氏は空路で到着したモスクワ郊外の空港でただちに拘束、逮捕され、実刑判決を受けて収監された。残念ながら2024年2月にシベリアの矯正収容所で突然死したが、ナワリヌイ氏は帰国すると決めたときにはすでに死を覚悟していたことだろう。

ノーバヤ・ガゼータなど独立系や反政権系のメディアも次々と閉鎖や活動禁止処分を下され、報道の自由も奪われていく。こうした反政権派に対する厳しい取り締まりは、19世紀に国内の自由主義を抑圧した帝政ロシアの保守反動を想起させた。

一方、2016年には、国内の治安と秩序の強化へ、ロシア内務省軍を大統領直属の「ロシア国家親衛隊」に改編した。プーチン氏はそのトップに腹心のビクトル・ゾロトフ氏を就けた。治安と自身の安全を守る最も信頼できる部隊とした。

米欧に対抗するための軍事力強化にも突き進んだ。その成果として、2018年3月1日の年次教書演説で、6種類の新型最新兵器を発表した。極超音速滑空弾頭の「アヴァンガルド」、次世代の大型大陸間弾道ミサイル「サルマト」、極超音速空対地ミサイル「キンジャール」などを柱とした。プーチン氏は大画面にこれら兵器の映像を映し出し、「現時点でこうした武器システムは世界のどの国にもない」と誇示した。その多くが核弾頭を搭載可能で、米国の弾道弾迎撃ミサイル（ABM）をかわすことができると主張した。

前述したように、米国が米ソ・米ロ間の軍備管理の柱だったABM制限条約からの脱退をロシアに通告したのが2001年12月。ロシアの核兵器に対する米国の戦略的優位が確立され、相互抑止の効果、つまり、核兵器による先制攻撃をしても攻撃された国が残された核戦力で確実に報復できるという「相互確証破壊」が崩される恐れがあった。

17年後に米国のABM制限条約脱退に対する軍事的回答を突きつけたかたちだ。この間、軍事力、とりわけ核戦力の強化に向け、ロシアは周到な準備をしていた。プーチン氏は年次教書演説で「米国の世界的なABM展開に関し、われわれに生じる脅威を無力化するために必要な措置を取ると米欧のパートナーたち、NATO加盟国に繰り返し述べてきた」と改めて警告した。

プーチン政権の保守強硬路線の矛先は海外にも向けられ、特に米英が破壊工作の標的となった。2016年11月の米大統領選ではロシアがサイバー攻撃などで介入し、2018年には英ソールズベリーでロシアの元情報機関員らの毒殺未遂事件が発生した。

２０１４年のウクライナ政変

プーチン政権の保守化とこうした一連の事件の背景には、プーチン氏が「ひとつの民」とみなすウクライナの問題があった。ウクライナ情勢が悪化し、米欧との対立に拍車がかかると、国内でもますます引き締めに走っていった。

ロシアとウクライナの関係は、よく知られているように、２０１４年2月に首都キーウ（キエフ）で起きた政変で決定的に悪化した。親欧米派野党勢力と親欧米派を支持する市民らが、親ロシア派のヤヌコヴィチ政権を大規模な抗議デモの末、打倒した歴史的な政治事件であり、市民革命とも呼ばれる。

ロシア系住民が多い東・南部を地盤とするヤヌコヴィチ大統領はプーチン政権と密接な関係にあり、ロシアを後ろ盾としていた。一方、西部を中心とする親欧米派は米欧諸国への接近、最終的にはＥＵとＮＡＴＯ加盟による民主化の進展や自由主義経済の実現を希求していた。

ウクライナではその10年前の２００４年にも、同じように「オレンジ革命」が起きていた。以来、ウクライナは西部の親欧米、東部の親ロシアに分かれ、欧州かロシアかという選択に大いに揺れてきた。[9]

政変への転機は、２０１３年11月28、29の両日、リトアニアの首都ビリニュスで開かれた第3回東方パートナーシップ首脳会議（サミット）だった。ＥＵと旧ソ連の東欧・カフカス地域6カ国（アゼルバイジャン、アルメニア、ウクライナ、ジョージア、ベラルーシ、モルドバ）が参加した。

東方パートナーシップとは、２００９年にＥＵと旧ソ連諸国との間で始まった政治、経済関係強化のための枠組みだ。ＥＵが旧ソ連諸国の民主化と経済改革に協力することで、将来、旧ソ連諸国のＥ

U加盟に道を開く思惑があった。一方、ロシアはこの枠組みを、欧州が旧ソ連圏に勢力を拡大するための地政学的プロジェクトだとみなし、警戒を強めていた。

11月末の東方パートナーシップ・サミットを前に、ウクライナをめぐるロシアとEUの綱引きは早くも激化していた。EUはサミットに向け、ウクライナとの間で自由貿易協定（FTA）と、包括的に関係を強化する連合協定に最終合意するための準備を急いでいた。

これに対し、ウクライナ政府はサミット直前の11月21日、調印準備を停止することを突然、決定した。連合協定を機にウクライナの欧州統合路線が加速すると見られていたが、頓挫した。

ウクライナ政府は調印準備の停止について、ロシアや他の旧ソ連諸国がつくる独立国家共同体（CIS）の国々との貿易・経済関係の悪化で失われた国内生産の回復に向けた措置を詳しく検討するためだと苦しい言い訳をした。

実際には、ウクライナはロシアから強い圧力をかけられていた。通商摩擦を仕掛けられ、ウクライナの国内産業が打撃を受けていた。

ロシアの主張は、ウクライナとEUがFTAと連合協定で合意すれば、ウクライナとすでにFTAを結んでいるロシアに、ウクライナ経由で競争力のある欧州製品が大量に流通しかねないというものだった。2015年の再選をめざしていたヤヌコヴィチ大統領は苦境に立たされ、ロシアの要求に応じるしかなかった。

ヤヌコヴィチ政権の心変わりが、キーウでの大規模なデモの引き金を引いた。米欧もデモを支援した。当初は市民の協力や連帯が強く感じられる平和的な抗議運動に見えたが、年明けの1月には一部が暴徒化した。大統領府に押し寄せようとするデモ隊と、デモを力ずくで鎮圧するよう命令されていた治安部隊の衝突が、市内の各所でエスカレートした。

東方パートナーシップ・サミットから翌年2月の政変の後まで、ビリニュスとキーウで現地取材をしたが、ヤヌコヴィチ政権の変心に対するデモ参加者の怒りはすさまじかった。ヘルメットや防弾チョッキなどに身を固めた一部のデモ隊は、キーウ市内の各地にバリケードやたてこもりの拠点を築いた。治安部隊との間で繰り返される衝突で、もうもうと黒煙が上がった。

政権側の狙撃兵も暗躍した。政変ではデモ参加者だけで100人以上が死亡し、治安部隊の隊員も含めた死者の数は120人を超えた。

大統領府を取り囲む抗議デモは武力革命の様相を帯びた。親欧米派勢力は、ヤヌコヴィチ政権をロシアの「傀儡《かいらい》政権」とみなし、汚職のはびこりや経済の長期低迷を招いた悪政にうんざりしていた。その怒りは収まらず、勢いは止まらなくなっていた。

キーウ市内が騒然とした2014年2月22日、身の危険が迫ったヤヌコヴィチ大統領は首都からひそかに東部へと逃れた。さらにロシアへと脱出し、政権が崩壊した。代わってキーウ中心部は、親欧米派の野党勢力が掌握した。最高会議（ウクライナ議会）は同じ22日、大統領を解任し、5月に大統領選を実施するとの決議を採択した。

このときのデモは、ロシアやベラルーシの反政権デモと比べても過激さが際立っていた。炊き出しでデモ参加者を支援するような熱気あふれた市民運動が広がった一方、デモの参加者、特に民族主義的な極右勢力が治安部隊を繰り返し挑発した。平和的なデモであり、衝突の責任はすべて治安部隊側にあるという主張は正しくない。

一方、そうした過激なデモの戦術は、参加者が死傷するリスクを伴うものの、間違いだったとはい

キーウ市内に築かれた反政権デモのバリケード（2014年1月27日）

えない。例えば、２０２０年8月にベラルーシで始まった反政権デモは、最後まで平和的だった。ルカシェンコ大統領が6選を決めた大統領選の不正疑惑をきっかけに、首都ミンスクなどで反政権デモが広がったが、治安部隊に対する挑発を控えた。

その結果、ベラルーシでは多くの活動家が逮捕され、２０２1年春までに反政権運動は鎮圧された。ロシアの支援を受けたルカシェンコ大統領がデモの平和的な性格を見透かし、強硬策で反政権派を抑え込んだ。ベラルーシの治安部隊は政権への忠誠心があり、強力だった。デモを弾圧しても犯罪に問われる懸念もなかった。

２０１4年のウクライナの親欧米派のデモもエスカレートを避けていれば、政変には至らず、ロシアの支援を受けたヤヌコヴィチ政権が存続していた可能性がある。悲願の国家独立から20年あまり、すでに自由と民主主義の意識が浸透し、ソ連時代とは大きく変質していた親欧米派の市民にとっては、受け入れられない選択だった。

合意破棄に激怒

この政変に激怒したのはプーチン大統領だ。第２次世界大戦の勃発80周年に関する２０２１年６月22日の独誌への寄稿では「米国がクーデターを組織し、欧州諸国が（米国の）意のままにそれを支持した」と激しく批判した。政変そのものだけでなく、事態収拾へ独仏ポーランドとロシアの仲介で成立していたヤヌコヴィチ政権と親欧米派野党勢力の合意が一方的に破棄されたことが、プーチン氏の怒りを増幅した。

ヤヌコヴィチ氏がキーウを脱出する直前の２月21日に署名された合意は「ウクライナの政治危機解決について」と題された。大統領選の前倒し実施や国家統一政府の発足、双方による暴力の停止などが盛り込まれた。仲介した独仏ポーランドの３カ国外相とロシアのルキン人権問題代表がまとめたぎりぎりの収拾策であり、ヤヌコヴィチ氏と親欧米派代表だけでなく、４カ国代表も合意文書に署名した。

ところが、合意の発表後も大統領府周辺の激しいデモは収束しない。それどころか、激しさを増した。ヤヌコヴィチ氏はもはやロシアに脱出するしか道が残されていなかった。それから８年後、プーチン氏は侵攻直前の２０２２年２月８日に開いたマクロン仏大統領との共同記者会見で、当時の幻の合意の件を再び持ち出し、怒りをあらわにした。

「２０１４年にはいくつかの国々、欧州の国々の代表が来て署名し、政治的プロセスの平和的な流れを保証したが、３日後には武力により権力が奪取されたではないか。自分たちは何もしないで、われ

ミンスク合意の舞台となったベラルーシ大統領公邸（独立宮殿、2015年2月11日）

われにだけ何らかの履行を要求するというのか。そうした遊びはしないでおこう、これは悪い砂遊びだ。そうしたゲームはわれわれには気に入らない」

プーチン氏にとっては「一杯食わされた」ということだろう。ウクライナ軍事侵攻の決断が迫るなかで、譲歩しないという意志が表れていた。

ただ、ウクライナの親欧米派が合意を無視したのは、理解できる。ヤヌコヴィチ政権の当面の存続は、ロシアによる内政への露骨な介入が続くことを意味した。政権側が大統領選の繰り上げ実施など不都合な約束を守らないことも予想された。

ヤヌコヴィチ政権を救おうとするプーチン氏の最後のくわだてに乗って、親欧米路線への転換を実現する千載一遇のチャンスを手放すことはできないと考えてもおかしくはない。親欧米派のロシアへの不信はかつてないほど募り、もはや事態は政変への流れを押しとどめられないほど悪化していた。

2013年秋の東方パートナーシップをめぐる欧州とロシアの駆け引きは、両者のはざまにあるウクライナを舞台とする勢力争いを先鋭化させた。翌年2月の政変までに、ロシアのプーチン政権とウクライナの親欧米派や支援する米欧諸国との拭いがたい相互不信と根本的な立場の違いが明確になっていた。仮に親欧米派がヤヌコヴィチ政権を打倒する試みを先延ばししていたとしても、結局は2月21日の合意事項の履行は困難だったかもしれない。

8年後のロシアの軍事侵攻の決定は、確かに既存の国際秩序を壊す「暴挙」だった。それでも、この合意破棄の件も含め、プーチン氏の米欧に対する不信感と怒りが幾重にも増幅されてきたことには、注意を払う必要がある。2004年の「オレンジ革命」で芽生えた米欧への不信感が、2014年2月に決定的となった。

キーウでの政変を受け、ロシアは2014年3月、ロシア系住民が多く、ロシア黒海艦隊の本部があるウクライナ南部クリミア半島に軍部隊を投入した。地元政府を操って住民投票を演出し、一方的にクリミアを併合した。

直後にはウクライナ東部ルガンスク、ドネツクの2州にも、現地の親ロシア派武装勢力を隠れみのにして多くのロシア軍兵士と工作員を送り込み、東部紛争を引き起こした。2022年2月の軍事侵攻までに約1万4000人が死亡した。

停戦と和平の試みも失敗した。2014年9月にミンスク議定書に合意し、2015年2月には停戦と和平への具体的道筋を示した合意（ミンスク合意）が成立した。しかし、その後の8年間で結局、ロシアとウクライナはミンスク合意の履行で歩み寄ることはなかった。実態はウクライナによる履行逃れだ。ロシアへの譲歩に反対する国民の声を受けてゼレンスキー氏が一部修正を求めたものの、プーチン氏に拒否されていた。

「ミンスク合意は勝者に有利な妥協だった」。2019年10月にキーウで会ったウクライナの政治専門家ワジム・カラチョフ氏は、履行のメドが立たずに袋小路に陥っていたミンスク合意について「(東部紛争で) ロシアは勝者となった。この点は理解しなければならない」と指摘した。勝者の条件に従わなければ、再び戦火が燃え上がりかねない。

さらに、プーチン氏の懸念と怒りを増幅したのは、ロシアの脅威の高まりに直面していたゼレンスキー氏がウクライナによる核兵器の再保有の可能性に言及したことだ。

ゼレンスキー氏は2022年2月19日のミュンヘン安全保障会議での演説で、ブダペスト覚書（ウクライナなど旧ソ連3カ国が核兵器を放棄する見返りに、米英ロの核保有3カ国がこれら3カ国の安全を保証した1994年の合意文書）の保証が受けられないままなら、「1994年の決定すべてが疑問視されるだろう」と述べ、核再武装を示唆した。悲痛だが不用意な発言が、5日後のロシアの軍事侵攻への決定打となってしまった。

2022年の軍事侵攻、正教国家の逆襲へ

2012年に大統領に復帰したプーチン氏には、もう一つの変化があった。パヴロフスキー氏はこう見た。

「プーチン氏が内政とのかかわりを失い、関心を持たなくなった。彼はグローバルな問題に取り組みたいと考えるようになり、クリミア後には成功したと考えるようになった」

3期目に入ったプーチン氏は、ロシアの国際的地位の回復に向けた戦略づくりに没頭する。その中心にあったのは、やはりウクライナ問題だ。2014年3月、電撃作戦でウクライナ南部クリミア半島に軍を展開し、一方的な併合に踏み切った。ロシア軍は死傷者をほとんど出さず、占領した。続く2015年9月末には、米欧と対立するアサド政権を支援し、米欧の影響力を排除するため、シリアへの爆撃作戦を開始した。権威主義的な政権を相次ぎ崩壊させた「アラブの春」の波を押しとどめ、ロシアの中東での影響力を回復しようとした。そのための外交上の仕掛けとした。

クリミア半島の「無血解放」とシリアへの軍事介入は、プーチン氏にとって成功体験となった。このときに抱くようになった自信も、2022年2月の全面的な軍事侵攻へとプーチン氏を駆り立てていくことになる。もっとも、軍事侵攻では当てにしていた短期決戦に失敗し、第2の選択肢である長期戦を迫られることになった。

米欧からは誇大妄想にしか見えないが、ロシアの保守強硬派は、ロシアが先頭に立って米欧に対抗していかなければならないと考えている。ビザンチン帝国から正教を、ひいてはキリスト教文明全体を守護するという使命を受け継いだロシアが負わなければならない宿命だ。プーチン政権もウクライナ軍事侵攻に、ロシアの狂信的な使命を見いだす。

軍事侵攻の開始から1年半あまりたった2023年10月5日、南部の保養地ソチでロシア専門家らを招いた毎年恒例のバルダイ会議で、プーチン氏は次のように演説した。

「ウクライナ危機は領土紛争ではない、このことは強調したい。ロシアは最も大きな、世界で最大の領土を持つ国だ。何らかの領土をこれ以上勝ち取るということには、われわれは全く関心がない。シベリアや東シベリア、極東をもっともっと開発しなければならない。これは領土紛争ではなく、地域的な地政学の均衡を確立するということでさえないのだ。問題ははるかに幅広く、より根本的なものである、つまり、新たな世界の秩序が基盤とすべき諸原則にかかわる話なのだ」

この発言に続いて、プーチン氏はチーホン師やイリインが語ったような文明論を展開する。そして、軍事侵攻の目的は、絶えず「敵」を必要とし、勢力の拡大を求める米欧の文明から世界を守り、自立した諸文明が並立し、発展していくためのより公正な新秩序をつくることだと主張した。

ウクライナ軍事侵攻によって、米欧の勢力拡大を阻むだけでなく、新たな国際秩序をもたらすという。米欧や日本から見れば、侵略者が領土的野心を正当化するための妄言にしか思えないが、正教の原理主義的な思想やイリイン、保守強硬派の主張を重ねてみれば、その発言の危うさは理解できるだろう。プーチン氏は軍事侵攻により、米欧が主導してきた冷戦後の歴史の流れを変えると宣言したに等しい。

ロシアの挑戦について、西側諸国は法の支配にもとづく既存の秩序を破壊しようとしていると批判している。その通りだ。そもそも2007年のプーチン氏の「ミュンヘン演説」以来、ロシアは米欧主導の秩序に挑む目的を隠してこなかった。

2024年の幕開けも、米欧との戦いを強調することから始めた。プーチン氏は1月1日、軍事侵攻で負傷した兵士が収容されているモスクワの軍病院を訪れ、敵はウクライナではなく「基本的に米欧諸国にいる」と語った。米欧が「ウクライナ人の手を借りて自分の課題を解決しようとしている、まさにロシアと戦うという課題を」と指摘し、米欧こそがロシアの解体をもくろんでいる敵だとの自説を繰り返した。

もっとも、ロシアにはひとりで既存の秩序を破壊するような国力はない。米1極世界に代わる「多極世界」の構築を呼びかけ、やはり米欧主導の秩序に反発する中国やイランなど旧帝国を味方にしようとする。中国の習近平国家主席にはウクライナ和平を仲介し、和平後の新秩序形成で主導権を握る思惑があり、中ロの接近は続くだろう。

ロシアが多極世界の軸にするのは、中印やブラジル、南アフリカと設けた地域協力機構BRICSや中国や中央アジア諸国、インド、パキスタンとつくる上海協力機構だ。特に2024年はBRICSの議長国でもあり、グローバルサウス（南半球を中心とする新興・途上国）を自分たちの陣営に引き込もうと画策している。

これに対して、バイデン米大統領は「民主主義と専制主義の戦いだ」と対決の構図を鮮明にし、自由・民主主義陣営の結束を固めて対抗しようとしてきた。ウクライナ軍事侵攻を失敗させ、既存の国際秩序に挑むロシアの野望をくじこうとした。バイデン氏のロシア抑止戦略の先には、超大国へと台頭しつつある中国を抑え込む国家戦略もあった。

ロシアの逆襲には歴史的に形成されてきた宗教的な動機や価値観が隠されているだけに、米欧は難しい戦いを強いられるかもしれない。アジアや中東、アフリカの国々の多くは米欧への富の偏在を問題視し、自分たちも主要なプレーヤーとして参加できるような新たな国際秩序を求めている。多くは欧米のキリスト教とは異なる宗教を信仰する。こうした国々の間で「民主主義と専制主義の戦い」というバイデン米大統領のスローガンがどこまで説得力を持っていたのかは不透明だ。

仮にロシアがウクライナ軍事侵攻で「勝利」を宣言するような事態になれば、プーチン氏は反米欧の世界戦略を加速しようとくわだてるだろう。2024年3月のロシア大統領選で圧勝したプーチン氏は政権基盤を再び固め、ロシア包囲網を狭める米欧に対抗し、新興国やグローバルサウスへの攻勢を強めている。

「宿敵」のバイデン氏は結局、自らの高齢問題を引き金に2024年11月の米大統領選から撤退し、ロシアとの闘争の舞台を下りようとしている。米大統領選で「米国第1主義」を掲げる共和党のドナルド・トランプ氏が返り咲けば、プーチン氏の野望にさらに弾みがつく恐れがある。

既存の秩序は何であれ、長期化すればするほど体制疲労を起こす。普遍的価値であるはずの自由と民主主義を掲げた米欧主導の秩序も、この法則からは逃れられない。日米欧など主要7カ国（G7）は、いまこそ自己変革を急ぎ、より公正な国際秩序をつくることが求められている。プーチン氏にこれ以上、すきを見せれば、歴史の流れが本当に変わりかねない。

あとがき

かつてはひとつの国の中にあったロシアとウクライナが互いに殺し合う敵同士になってしまい、残念でならない。戦争が始まってしまった以上、いまはその悲劇ができるだけ早く終わるよう祈るばかりだ。ひとりでも多くの命が救われてほしい。

戦争が実際に起きないよう良好な外交関係や国際環境を維持しておくことが何よりも重要だ。互いに理解と協力を深め、相互不信が募らないようにしなければならない。そうした鉄則がウクライナ侵略では機能しなかった。

長年、東スラヴについて学び、旧ソ連圏の報道に携わってきた身としても、今回の侵略で改めてロシア理解の難しさを思い知らされ、忸怩《じくじ》たる思いだ。

小著では政治や経済だけでなく、宗教や思想の分野にも解を探ろうとしたが、報道が本来扱うべきテーマの範囲からは外れていたかもしれない。それにもかかわらず、出版に快く応じていただいた日経BPと編集担当の堀口祐介氏にはこの場を借りて心から謝意を表したい。

2024年3月まで5年間におよぶ今回のモスクワ駐在中に父を、帰国直後には母を亡くすことになった。小著は誰よりも出版を喜んでくれたであろう両親に捧げたいと思う。10年近くモスクワ生活をともにしてくれた妻子にも感謝したい。

きわめて困難な政治情勢のなかでの取材や執筆となり、モスクワ支局のロシア人スタッフには大いに助けていただいた。ロシア語の解釈や資料収集、事実確認など、彼らの助力がなければ、実現できなかった。当然ながら、本書の内容や誤りの責任はすべて筆者にある。

戦時下のさまざまな制約から、欧米や日本の文献、資料を十分に参照することができなかった。この点、ご容赦願いたい。

筆者

——NATO東方不拡大の約束は存在した」『フォーリン・アフェアーズ日本語版』2014年12月号。

4 プーチン氏による「誤り」との批判的発言について、ゴルバチョフ氏はインタファクス通信に「当時の条件下では、同様の問題を法的に議論することさえ不可能だった。1991年7月まで2つの軍事・政治ブロック、NATOとワルシャワ条約機構が存在していた。ワルシャワ条約機構の加盟国はこの問題を提起しなかった」と反論した。"Горбачев отверг критику Путина в свой адрес по поводу договоренностей с НАТО," Интерфакс, 2017-06-13.

5 "Declassified Documents Concerning Russian President Boris Yeltsin," Clinton Digital Library, p.106. https://clinton.presidentiallibraries.us/items/show/57569

6 "Блок НАТО разошелся на блокпакеты," Коммерсантъ, 2008-04-07.

7 Bill Clinton, "I Tried to Put Russia on Another Path," *The Atlantic*, 2022-04-07.

8 ロシア語での原題は "Россия сосредотачивается — вызовы, на которые мы должны ответить."「ロシアは集中する」という言葉は、クリミア戦争の終戦直後、ロシア帝国の外相に就任したアレクサンドル・ゴルチャコフ氏が1856年8月21日付で各国駐在のロシア外交使節に発した通達に書かれた有名な言葉 "Россия не сердится, Россия сосредотачивается"（「ロシアは怒っているのではない、ロシアは集中している」）を引用したと見られる。

9 2001年のウクライナの国勢調査によると、ウクライナ全体では総人口に占めるロシア人の割合が17.3%だった。クリミア自治共和国ではロシア人の割合が58.3%、東部のドネツク州では38.2%、ルガンスク州では39.0%だった。いずれの行政地域でも前回調査の1989年よりロシア人の割合が低下し、ウクライナ人が上昇している。

けることが可能だろう。“The Spy War: How the C.I.A. Secretly Helps Ukraine Fight Putin,” *The New York Times*, 2024-02-25.

9 “Резолюция Белого Съезда подлинный текст некоторых резолюций, принятых на Съезде Белых Организаций, имевшем место в августе-сентябре 1938 г,” テキストはロシア国家アーカイブに保管される Электронная библиотека исторических документов を 参 照。https://docs.historyrussia.org/ru/nodes/296558-rezolyutsiya-belogo-sezda-podlinnyy-tekst-nekotoryh-rezolyutsiy-prinyatyh-na-sezde-belyh-organizatsiy-imevshem-mesto-v-avguste-sentyabre-1938-g

10 Ильин И.А. “О сопротивлении злу силой,” Даръ, 2022. 同書にもロシア正教会評議会による推薦が明記されている。

11 “Документальный Фильм о Путине,” РТР, 2001. https://vk.com/video-40006490_456245802

12 И.А.Ильин, “О русском фашизме,” *Русский Колокол. Журнал волевой идеи*, No.3, 1928, 56 p.

13 Ильин И.А. “О русском национализме,” Москва. Российский Фонд Культуры, 2007, 5-6 pp.

14 改葬の経緯とプーチン氏の関与については、ロシア紙 Культура（5-11 Апр. 2013）掲載の記事 “Ильин День” に収められたエレナ・チャフチャワゼ・ロシア文化基金副理事長のインタビューに詳しい。

15 “В поисках мудрости,” Коммерсанть, 2014-01-20.

【第４章】

1 「多極世界（многополярный мир）」という外交概念は、プーチン政権が考案したわけではない。エリツィン政権下で外相だったエフゲニー・プリマコフ氏（元首相）が外交専門誌『国際生活（Международная жизнь）』（1996年10号）に発表した論文「21世紀前夜の国際関係：諸問題、展望」で、「多極世界（многополюсный мир）」という概念を唱え、国際秩序の変化とロシア外交のあり方を議論した。プリマコフ氏が使用していた「多極」という言葉は、многополюсный で、プーチン政権の многополярный とは異なる用語だが、ほぼ同義だ。プリマコフ氏の論文は、多極世界という概念が、プーチン政権独自のものではなく、ソ連崩壊後のロシア外交に以前から存在していたことを示している。

2 「ゴルバチョフは語る　西の『約束』はあったのか　NATO 東方不拡大」朝日新聞デジタル、2022年３月12日付。

3 ジョシュア・R・I・シフリンソン「欧米はロシアへの約束を破ったのか

«глаголъ», Издательство СПБГУ, САНКТ-ПЕТЕРБУРГ, 1995, p.341.

26 “ТИХОН ШЕВКУНОВ:о России, церки и воине,” Осторожно: Собчак, 2023-05-15, https://www.youtube.com/watch?v=zgxYomCL4d8.

【第３章】

1 “Путин возложил цветы к надгробиям Деникина, Ильина и Шмелева,” РИА Новости, 2009-05-24.

2 イリインの伝記は、国立モスクワ大学の関連サイトに掲載された次の論文を主に参照。Ю.Т.Лисица, “КРАТКИЙ БИОГРАФИЧЕСКИЙ ОЧЕРК.” http://www.nasledie-iljina.srcc.msu.ru/NIVC-site%20Iljina-ZHIZNEOPISANIE/zhizneopisanie-k-b-o.html

3 イリインの著作からの引用は “И. А. ИЛЬИН Собрание сочинений в 10 томах,” Москва, РУССКАЯ КНИГА, 1993-1999. 及び И.А. Ильин “Наши задачи Том 1, 2,” Москва, Книга по Требованию, 2021. を底本とし、ロシア文化省がロシアの文化遺産公開などを目的に運営するポータルサイト Культура.РФ にあるイリインの特設サイト（https://www.culture.ru/catalog/archiv_ilina/）に掲載されたタイプライターによる原稿（写真）と照らし合わせてロシア語の原文を確認し翻訳した。

4 前掲の記事 “Путин возложил цветы к надгробиям Деникина, Ильина и Шмелева” に、「プーチン氏はしばしば、『ロシア解体は世界に何を預言するか』を読み返している」との記述がある。

5 Данилевский Н.Я. “Россия и Европа : Взгляд на культурные и политические отношения Славянского мира к Германо-Романскому. 6-е изд.,” Издательство «глаголъ», Издательство СПБГУ, САНКТ-ПЕТЕРБУРГ,1995, p.18.

6 チーホン師はこの日、『帝国の滅亡。ビザンチンの教訓』に続く新著『帝国の滅亡。ロシアの教訓』（“ГИБЕЛЬ ИМПЕРИИ Российский урок,” Москва, Вольный Странник, 2024.）の出版会見を開き、ロシア革命の再発は避けなければならないと訴えた。

7 アントン・バーバシン、ハンナ・ソバーン「プーチンを支えるイワン・イリインの思想——反西欧の立場とロシア的価値の再生」『フォーリン・アフェアーズ日本語版』2015年11月号。

8 プーチン氏が2022年２月の特別軍事作戦（ウクライナ軍事侵攻）開始の理由ともなった「前線基地」、またイリインの述べた「最大の前進地点が出撃拠点にかわる」については、米中央情報局（CIA）とウクライナがロシアの国境沿いに12カ所の情報収集基地を設けていたことを報じた次の記事を関連づ

ている。

10 プーチン政権とオリガルヒの利権争いの詳細については、小著『帝国自滅 プーチン VS 新興財閥』（日本経済新聞出版、2016年）を参照されたい。

11 “Епископ Тихон: мы должны вместе сохранить Европу христианской,” РИА Новости 電子版, 2016-02-19. チーホン師のインタビューは、カトリック教会の教皇フランシスコとロシア正教会のキリル総主教が2016年２月12日にキューバで歴史的な会談を実現した１週間後に掲載された。チーホン師は西方教会を批判しながらも、トップ会談で合意した東西教会の協力拡大には前向きな姿勢を示した。

12 ドストエフスキー『カラマーゾフの兄弟（中）』原卓也訳、新潮文庫、1978年、p.127.

13 “Путин считает, что сила России — прежде всего в духовности,” РИА Новости, 2005-09-09.

14 Бердяев Н. “Царство Духа и Царство Кесаря. Экзистенциальная диалектика божественного и человеческого,” АСТ, Москва, 2006, p.275.

15 同書, p.277.

16 『［新版］ロシアを知る事典』平凡社、2004年、p.428.

17 “ПОЛНОЕ СОБРАНИЕ СОЧИНЕНИЙ Ф.И.ТЮТЧЕВА,” С-ПЕТЕРБУРГ, Т-ВО, А.Ф.Маркс, 1913, p.312.

18 “Полное собрание сочинений Алексея Степановича Хомякова: Том 2,” Москва, Университетская типография,1886, p.326.

19 “Священник Павел Флоренский СОЧИНЕНИЯ В ЧЕТЫРЕХ ТОМАХ: Том 1,” Москва, Мысль, 1994, p.403.

20 N.ゲヴォルクヤン・N.チマコワ・A.コレスニコフ『プーチン、自らを語る』高橋則明訳、扶桑社、2000年、p.265.

21 イスラム教徒を意味し、この文中ではオスマン帝国を指す。アガルは旧約聖書中の女性で、アブラハムの第二の妻。

22 Владислав Сурков, “Рождение Севера,” Актуальные комментарии, 2023-09-27. https://actualcomment.ru/rozhdenie-severa-2309262036.html.

23 高野雅之『ロシア思想史　メシアニズムの系譜』早稲田大学出版部、1989年、p.26.

24 Бердяев Н.А. “РУССКАЯ ИДЕЯ Основные проблемы русской мысли XIX века и начала XX века·СУДЬБА РОССИИ,” ЗАО «СВАРОГ и К», Москва, 1997, p.9.

25 Данилевский Н.Я.“Россия и Европа : Взгляд на культурные и политические отношения Славянского мира к Германо-Романскому. 6-е изд.,” Издательство

16　https://i-sng.ru/publikacii/vosstanovlenie-russkogo-mira-ili-ist/

【第２章】

1　スレテンスキー修道院のホームページでは、ロシア語で наместник と表記された。日本のロシア語辞書では「副修道院長」とも訳される。主教の管轄下にある修道院の運営のために任命された聖職者を指し、ロシア語の辞書やロシア正教の用語説明によれば、игумен（修道院長）や архимандрит（大僧院長）とほぼ同義であると説明される。チーホン師は1998年に総主教アレクシー２世から игумен の地位を与えられた。

2　ロシアのメディアは繰り返し、チーホン師がプーチン氏の「懺悔聴聞僧」であると伝えてきた。チーホン師は2023年11月22日にロシア通信で開いた記者会見で、この件を質問され、「私は神の恵みによりウラジーミル・ウラジーミロヴィチ（プーチン氏）と知り合った」「私にとってそれはきわめて光栄なことであり、とても大きな責任だ」と語った。実際に懺悔聴聞僧かどうかについては「私が言うことはできない。彼（プーチン氏）が言うべきことだ」と述べ、否定しなかった。

3　"Беседы с батюшкой. Десятилетие со дня кончины отца Иоанна Кестьяинкина（司祭様との対話。イオアーン・クレスチヤンキン長老の死去から10年）," テレビチャンネル Союз, 2016-02-05.

4　Митрополитет Тихон（Шевкунов）, "«Несвятые святые» и другие рассказы," Издательство Псково-Печерского монастыря, Печоры, 2018, изд.17, p.40.

5　ロシアのジャーナリスト、アレクサンドル・ヴェルホフスキー氏は、著書（Александр Верховский, "Политическое православие Русские православные националисты и фундаменталисты, 1995-2001гг.," информационно-аналитический центр «Сова», Москва, 2003.）で、ソ連崩壊を受けてロシア社会に広がった「正教民族主義」との関連で「原理主義者」を論じた。また、インターネットサイト "Православие.Ру" を開始したチーホン師のスレテンスキー修道院が、正教民族主義者の重要なプロパガンダ・センターのひとつになっていると指摘した（同著、p.22.）。

6　この著作のロシア語の正式名称は、上記の脚注４を参照されたい。

7　"«Путин — неверующий человек»: экс-сенатор Пугачев о том, как познакомил президента с Шевкуновым и есть ли у него «духовник»," Дождь, 2017-11-16.

8　"Путин и его семья-христиане. Это главное," ИЗВЕСТИЯ 電子版, 2001-12-07.

9　チーホン師はビザンチン帝国が始まった年を、ローマ帝国が分裂した395年ではなく、正教の中心地コンスタンチノープルが建設された330年とみなし

4　「マロロシア（Малороссия）」はさまざまな定義が可能で、時代により変化していた地域概念だ。プーチン氏は論文「ロシア人とウクライナ人の歴史的一体性」で、1667年にポーランドと結んだアンドルソヴォの講和と1686年のポーランドとの永遠平和条約でロシアへの編入が確定した初期の「マーラヤ・ルーシ（Малая Русь）」（Малороссия とほぼ同義）の領域は、都市のキエフと、ポルタワ、チェルニゴフ、ザポロジエを含むドニプロ川左岸（東岸）だと述べた。

5　グレゴリオ暦では２月９日。ウクライナ人民共和国で旧暦に代わってグレゴリオ暦の使用が始まったのは1918年２月16日。

6　ウクライナ中央ラーダが1917年に発布した３つのウニヴェルサール（布告）のテキストは、ウクライナ憲法裁判所（Конституційний Суд України）の公式ホームページを参照。https://ccu.gov.ua/docs/170

7　現ウクライナのドネツク、ルガンスク、ドニエプロペトロフスク、ザポロジエ各州のほか、ハリコフやヘルソン、ニコラエフ各州の一部、ロシアのロストフ州の一部。

8　"Интервью Министра иностранных дел Россий С.В.Лаврова для фильма к юбилею В.В. Жириновского, Москва, 25 апреля 2016 года" https://www.mid.ru/ru/foreign_policy/news/1527437/ このインタビューでラブロフ氏は「ロシア世界は民族主義と何の共通点もない」と主張した。

9　「ロシア世界」という言葉が生まれた背景については、ピョートル・シシェドロヴィツキー氏の以下のインタビューを参照。"Русский Мир: восстановление контекста," https://archipelag.ru/ru_mir/history/history01/shedrovitsky-russmir/

10　ピョートル・シシェドロヴィツキー氏による「ロシア世界」の説明は、同氏が運営するインターネットサイト РУССКИЙ МИР И ТРАНСНАЦИОНАЛЬНОЕ РУССКОЕ に詳しい。https://shchedrovitskiy.com/russkiy-mir/

11　"Доктрина Русского мира," Книжный мир, 2016.

12　ダリヤ・ドゥーギン氏の暗殺へのウクライナ特殊機関の関与については、米紙ワシントン・ポストが2022年10月23日に報じた。https://www.washingtonpost.com/world/2023/10/23/ukraine-cia-shadow-war-russia/

13　"Kremlin Insiders Alarmed Over Growing Toll of Putin's War in Ukraine," Bloomberg News, 2022-04-20（JST）.

14　Zygar M. "How Vladimir Putin Lost Interest in the Present," *The New York Times*, 2022-03-10.

15　Zygar M. "Meet Putin's Ghostwriter," *The New York Times*, 2023-09-19.

【注】

6　オプリーチナはのちに、ピョートル大帝が発展させた秘密警察制度「Слово и дело государево（陛下のお言葉とご行為）」、19世紀の皇帝官房第三部、ロシア帝国内務省警察部警備局、ソ連時代の反革命・サボタージュ取締全ロシア非常委員会（ЧК）、内務人民委員部、ソ連国家保安委員会（КГБ）、現代のロシア連邦保安庁（ФСБ）へと続く秘密警察や抑圧的な治安組織の歴史に道を開いた。

7　ロシア正教会の聖職者すべてが積極的にウクライナ軍事侵攻を支持しているわけではない。2023年5月にはモスクワのイオアーン・コワリ司祭が、ロシア軍の勝利を願う祈り「聖なるルーシ」で、「勝利」と読むべき文句を「平和」と読みかえたとして僧位を剝奪された。軍事侵攻が始まって以降、他にも多くの聖職者が侵攻に反対したなどの理由で僧位を剝奪されている。

8　トルストイ『戦争と平和（三）』工藤精一郎訳、新潮文庫、2006年、p.606.

9　ナポレオンのモスクワ遠征直前の教会の数については以下を参照。“Московская епархия в Отечественной войне 1812 года,” ЦЕРКОВНЫЙ ВЕСТНИК, ЖМП No.10 октябрь 2012/17 октября 2012 г. http://www.e-vestnik.ru/analytics/moskovskaya_eparhiya_v_voine_1812/

10　ウクライナ軍事侵攻開始後の2022年9月に起きたノルドストリーム爆破事件。バルト海海底を通ってロシアからドイツに天然ガスを供給するパイプライン「ノルドストリーム」が何者かの破壊工作によって爆破された。「ノルドストリーム1」と「ノルドストリーム2」があり、「2」は稼働前だった。だれによる犯行かは諸説あり、特定できていない。

11　“День народного единства: что мы отмечаем 4 ноября,” ТАСС, 2021-11-03.

【第1章】

1　「民」と訳したロシア語の単語は народ（ナロード）。同じ引用文中の「国民」も同じ単語であり、訳し分けた。ナロードは日本語では「国民」「民族」「大衆」「民衆」「人々」などいろいろな訳語を充てることが可能だ。軍事侵攻の前後、ウクライナ人とロシア人の同一性を歴史、言語、宗教さまざまな面で論じているプーチン氏は、ナロードを「民族」に近い意味で使用している。

2　ウクライナの歴史学者で民族独立運動を率いたミハイロ・フルシェフシキー（Грушевський М. С.）が新たなウクライナ史観を打ち立てた
“Історія України-Руси（ウクライナ・ルーシの歴史）”（全10巻）の第1巻は1898年に刊行された。

3　В.С.Власов, “Історія України: підруч. для 8-го кл. загально-освіт.навч.закл.,” Київ, Вид-во “Ранок,” 2020, p.139.

【注】

【序章】

1 “Слово Святейшего Патриарха Кирилла в Неделю 4-ю Великого поста после Литургии в главном храме Вооруженных сил РФ,” Официальный сайт Московского Патриархата, 2022-04-03. http://www.patriarchia.ru/db/text/5914188

2 高橋保行『ギリシャ正教』講談社学術文庫、1980年、p.88. 高橋氏は、国家と権力がしばしば対立関係にあった西欧とビザンチン帝国を対比し、ビザンチン帝国に関して「帝国を代表する皇帝と、教会を代表する総主教が互いに立場を理解し、共通のゴールに向かって進む形をビザンチン・ハーモニーとよぶ」と述べた。同様に、ロシア正教会トップのキリル総主教も2023年4月18日の礼拝後、「(ロシアでは) 実際に世俗権力と教会の関係にある種のシンフォニー」が形成されてきたと語った。
“Патриарх Кирилл заверил, что никогда не получал от Путина приказов,” ТАСС, 2023-04-18.

3 「日本初のロシア正教会を設立、キリル府主教――日ロの宗教交流を深める(フォーカス)」『日本経済新聞』2008年11月12日付夕刊、p.5.

4 А.В.Моторин, “Творчество святителя Макария, митрополита Московского и всея Руси, и становление русского православного самодержавия(モスクワと全ルーシの府主教聖マカリーの創作とロシアの正教専制国家の形成),” *Ученые записки Новгородского государственного университета имени Ярослава Мудрого*, No.3(28), 2020.

5 アレクサンドロフスカヤ・スロボダは16世紀後半にイワン雷帝の公邸があり、一時、事実上の首都となっていた。2023年11月にそのクレムリンを訪れた際、案内係の女性がイワン雷帝の息子殺しは、カトリック教会側がロシア正教会を誹謗《ひぼう》中傷するためにでっち上げた作り話の可能性があると話した。プーチン氏に近い保守強硬派のウラジーミル・メジンスキー前ロシア文化相(現大統領補佐官)は著書『イワン雷帝―「血まみれの」外国人たちがモスコヴィヤで見たものとは』(“Царь Иван Грозный — «Кровавый» Что увидели иностранцы в Московии,” изд. РОДИНА, Москва, 2023, p.127.)で「われわれの敵たちによって情報戦が行われていた。イワン4世とロシアの人々に対する否定的な情報が16世紀末までヨーロッパに、文字通りあふれていた」と指摘した。ロシア保守派による歴史の見直しの一例であり、ローマ・カトリックとの間に存在する歴史的な不信感も映している。

［ 著者略歴 ］

石川陽平

いしかわ・ようへい

日本経済新聞論説委員兼編集委員

1985年早稲田大学第一文学部入学、86〜87年米アーラム大学交換留学、
92年早稲田大学大学院文学研究科修士課程修了（ロシア文学専攻）、
同年日本経済新聞社入社。98〜99年モスクワ国立国際関係大学留学。
2000年以降モスクワ支局員、同支局長として計14年間ロシアで勤務。
23年より現職。ロシア語、ウクライナ語、英語で幅広く取材。
著書に『帝国自滅 プーチンvs新興財閥』（日本経済新聞出版、2016）がある。

プーチンの帝国論

何がロシアを軍事侵攻に駆り立てたのか

2024年9月11日　1版1刷

著者――石川陽平

発行者――中川ヒロミ
発行――株式会社日経ＢＰ
日本経済新聞出版
発売――株式会社日経ＢＰマーケティング
〒105-8308
東京都港区虎ノ門4-3-12
装幀――野網デザイン事務所
ＤＴＰ――ＣＡＰＳ
印刷・製本――シナノ印刷

ISBN978-4-296-11848-9
Prinled in Japan

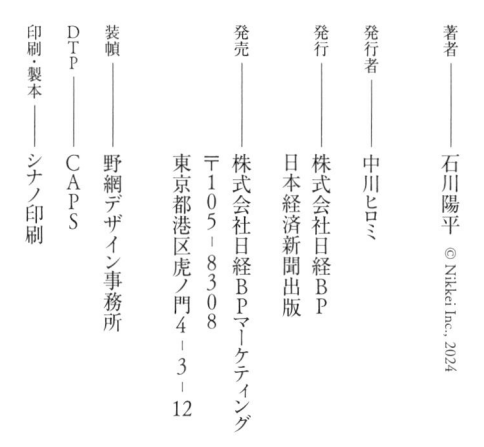